스페인어를 사용하는 나라들

España
Cuba
México
Venezuela
Colombia
Panamá
Honduras
Guatemala
El Salvador
República Dominicana
Puerto Rico
Nicaragua
Costa Rica
Ecuador
Perú
Bolivia
Argentina
Paraguay
Uruguay
Chile

1등 스페인어

1판 2쇄 2024년 3월 1일

저　　자 Mr. Sun 어학연구소, Isabela Bae
펴 낸 곳 OLD STAIRS
출판 등록 2008년1월10일 제313-2010-284호
이 메 일 oldstairs@daum.net

가격은 뒷면 표지 참조

ISBN 979-11-91156-57-7

1등 스페인어 활용법

01 스페인어 알파벳 익히기

겉으로 보기에는 영어의 알파벳과 비슷하지만,
읽는 방법과 발음에는 차이가 있는 **스페인어의 알파벳**.

QR코드를 찍으면 **완벽한 원어민 발음**을 들을 수 있다.
원어민 발음을 들으며 완벽한 발음으로 스페인어를 시작하자.

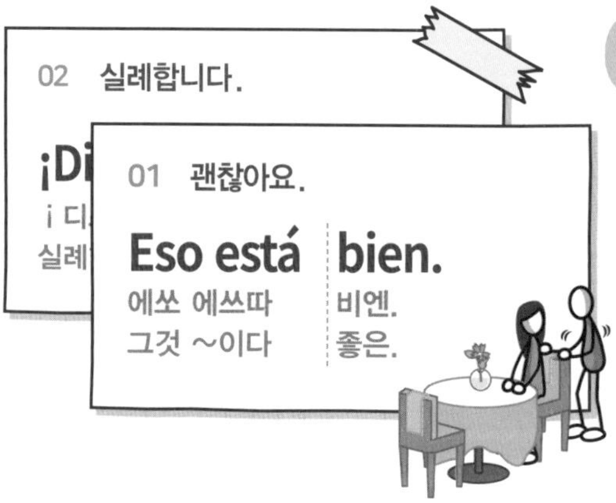

02 200가지 필수 표현으로 스페인어와 친해지기

일상생활에서
가장 자주 쓰이는 표현을 선정했다.

복잡한 문법 구조, 성수 개념 등을 배우기에 앞서
가장 자주 쓰이는 문장들로 스페인어와 친해지자.

03 만화로 이해하는 스페인어

본격적으로 스페인어를 배우기 전에,
스페인어의 배경을 알아보자.

스페인어의 뿌리, 발음, 성수 개념의 배경을 먼저 알면,
암기하는 속도도, 이해하는 속도도 불붙을 것이다.
술술 읽히는 만화로 스페인어도 챙기고, 교양도 챙기자.

04 핵심 문법 익히기

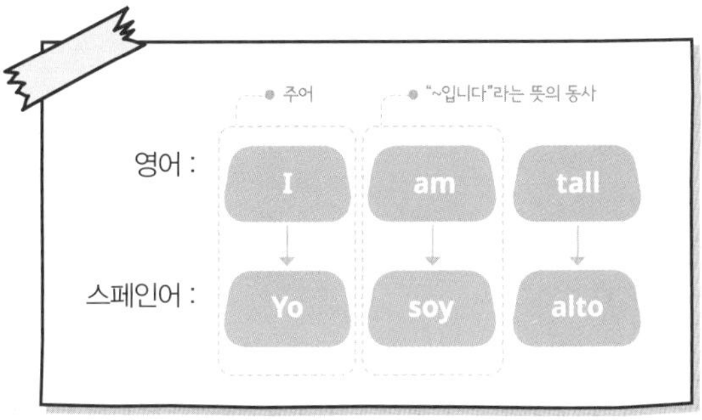

어려운 내용, 당장 필요하지 않은 내용은
과감히 생략하고 **필요한 내용만 담았다.**

눈에 확 들어오는 그림과 함께,
이야기하듯 쉽게 풀어낸 설명을 읽다 보면
어느새 스페인어 문법의 기초가 저절로 이해될 것이다.

복잡한 문법 개념은 동영상 강의 QR코드를 확인해보자.
최고의 스페인어 강사가 스페인어를 시원하게 정리해 준다.

05 실력 다지기

재미있게 읽는 것만으로 끝내서는
제대로 공부를 했다고 할 수 없다.

문법 설명 뒤에 **배운 내용을 복습할 수 있는 연습 문제**가 실려 있다. 문제마다 친절한 그림 힌트가
함께 있으니, 내용을 잘 이해했다면
아무런 어려움 없이 해결할 수 있다.

06 일상에서 활용하기

일상적인 대화의 회화문이다.
각각의 상황에 맞는 팁(TIP)도 적혀 있어,
회화문을 읽기만 해도 쉽고 재미있게
스페인어의 기본 표현을 익힐 수 있다.

발음을 어떻게 할지 몰라 고민이라면 걱정은 넣어두자.
올드스테어즈만의 **발음표기**가 함께 실려 있어
스페인어를 읽는 즐거움을 바로 누릴 수 있다.

+ 기초단어 PDF 제공

명사 / 동사 / 형용사 / 부사

문장을 구사하기 위해 꼭 필요한 기초 단어 1,000개를 선정했다.
품사별로 잘 정리된 1,000개의 단어를 꼭 암기하자.
스페인어 문장을 술술 막힘없이 독해할 수 있을 것이다.

▶공식 홈페이지 mrsun.com 에서 다운로드 받으세요.

Tabla de Contenido

table of contents

마무리 단어 학습

명사 500 단어
동사 200 단어
형용사 150 단어
부사 100 단어

▶공식 홈페이지 mrsun.com 에서 다운로드 받으세요.

만화로 이해하는 스페인어

Aprende español con cómics

안녕, 나는 여러분에게 스페인어에 대해 알려줄 스페인어 요정이야.
올레!
스페인어는 스페인 말로
'에스판뇰(español)'이라고 하는데
'코리안' 말고 '한국어'처럼
Español
이건 스페인 사람이 자기 나라를 가리켜 부를 때 '에스파냐(España)'라고 하기 때문이야.
España!
스페인어는 우리나라에서 많이 배우는 제2외국어는 아니지만
2022학년도 수능 제2외국어 순위
1. 일본어
2. 아랍어
3. 중국어
4. 한문
5. 스페인어
6. 프랑스어
세계적으로 영어보다 사용자 수가 많아! 중국어 다음으로 많이 쓰여.
1위 중국어 (9억명)
2위 스페인어 (4억명)
3위 영어 (3억명)
알다시피 중국어 사용자 수가 제일 많은 건 중국의 인구가 무척 많기 때문이야.
바글
1,415,046,000명
바글
그런데 스페인어는 많은 사람이 쓰는 것은 물론이고 정말 세계 각지에서 널리 쓰여.
그 모자 대박이네.
그렇지? 할부 24개월이야.
심지어 스페인어를 단독으로 쓰는 나라만 21개국, 스페인어 사용이 공인된 나라는 11개국이야.
멕시코, 아르헨티나, 칠레, 콜롬비아, 스페인 등…
생각했던 것보다 스페인어의 위상이 너무 높아서 놀란 친구들이 있을 거야.
스페인어가 이렇게 많이 쓰여?
스페인어
어쩌면 이렇게도 많은 사람이 스페인어를 쓸까?
Español
왜냐하면 이른바 '대항해시대'의 주역이 바로 스페인이었기 때문이야.
가자, 새로운 세계로!

축구 경기를 볼 때 스페인 축구팀을
'무적함대'라고 표현하지?
내가 간다~
이 순간 스페인의 무적함대가 골대로 나아갑니다~!!
스페인은 '무적함대'를 통해 지중해와
대서양을 누비던 해상 강국이었어.
바다는 우리 무대라고.
스페인 왕실은 이웃 국가인 포르투갈이
아프리카에서 진출해서 막대한 부를
얻는 것을 봤어.
아프리카
오~ 저거 좋아보인다~
해외 진출에 관심을 갖던 찰나,
우리에게 잘 알려진 인물인 콜럼버스가
스페인 왕실의 문을 두드리지.
크흠!
크리스토퍼 콜럼버스
이탈리아의 탐험가.
쿠바, 아이티, 트리니다드 등을 발견했다.
사실 콜럼버스는 포르투갈, 영국,
이탈리아에도 지원을 요청했지만
아무도 그의 말에 귀 기울이지 않았어.
……
아니, 이게 진짜 대박이라니까요….
콜럼버스는 의외로 거리 계산을
잘 못 했을뿐더러, 까다롭게 요구하는
것도 많았거든.
3?
2?
그러나 스페인은 콜럼버스를 후원했고
콜럼버스는 아시아를 찾아 떠나지.
좋은 결과 가지고 와~
물론이죠!
스페인
물론 다들 알다시피 콜럼버스가 닻을
내린 곳은 아시아가 아니라 아메리카
대륙이었지만.
GET!
콜럼버스는 '길치' 스킬을 획득했다!
콜럼버스의 아메리카 대륙 진출 이후
유럽 국가들의 식민지 경영이 가속화되기
시작해.
여기까지 내 꺼 할래.
웃기지 마. 거긴 내 꺼야.
스페인에 의해 마야 문명이 무너지고
잉카 제국과 아즈텍이 멸망한 뒤
너희들이 있으면 방해돼.
우르르…
톡!
마야문명
잉카제국
아즈텍
라틴 아메리카 지역의 대부분은
스페인의 지배를 받게 되지.
당시 라틴 아메리카 지역에는 지방마다
사용하던 말이 따로 있었지만
지껄
왁자

문자조차 발달하지 않은 상태였기 때문에 스페인어가 빠르게 전파되고 공용어로 기능하게 돼.
내가 여기 짱이야!
스페인은 아메리카 대륙은 물론 아프리카와 아시아에까지 식민지를 건설했고
영국보다도 이전에 '해가 지지 않는 나라'를 이룩했어.
그러나 결국 해는 지게 마련이지.
에구머니나.
대항해시대에 건너왔던 백인들은 점령지에서 후손을 낳았고
우리 애기 예쁘다~
그 후손들은 정복지의 귀족으로 군림했지만
크흠!
유럽 본토에 있는 백인에 비해 차별 대우를 받았어.
이 몸은 본토 귀족!
그러다 미국이 영국으로부터 독립하고
자유다~
프랑스 대혁명을 통해 유럽의 질서가 바뀐 것을 실감했으며
와아아!
아이티에서 흑인 노예들이 프랑스로부터 독립한 것을 보고 비로소 독립을 꿈꾸게 돼.
나도 자유야!
그러다 1800년대 초반 나폴레옹이 스페인에 침입해 스페인 왕을 갈아치워 버린 틈을 타서
너 마음에 안 들어!
베네수엘라, 콜롬비아, 에콰도르 등이 잇달아 해방되고 라틴 아메리카 전체가 독립의 물결에 휩싸였어.
지배의 시대는 갔어.
우리도 자유를 되찾자!

결국 스페인은 라틴 아메리카 식민지 대부분의 지배권을 잃게 됐지.
지배권
가져가지 마…!
그러나 라틴 아메리카의 독립은 그저 '스페인으로부터의 독립'이었고 귀족 계층의 이야기였을 뿐
독립도 아니고 혁명도 아니야.
콜럼버스 등의 유럽인 정복자들은 원주민들에게 너무나 가혹했고
강제 이주 노예 거래 노역
살려줘…
정복자의 후손들 역시도 정복지 원주민들의 삶에는 아무런 관심이 없었어.
………
강제 이주 노예 거래 노역
미국의 독립이 아메리칸 인디언의 삶과는 전혀 무관했던 것처럼
라틴아메리카 원주민의 삶은 독립하기 전보다 오히려 비참해졌어.
어떻게 살라는 거야.
오히려 스페인 국왕이 법으로나마 지켜주던 원주민의 영토가 약탈당하기 시작하지.
내 꺼야~ 히히
영토
그리고 1898년 세계의 강자로 급부상한 미국과의 전쟁에서 스페인이 완전히 패하면서
나대지 마라.
쿠바와 필리핀마저 잃게 되고 스페인 식민제국은 사실상 소멸해버렸어.
안돼!
식민제국
'해가 지지 않는 나라'였던 스페인은 강대국의 반열에서 완전히 밀려났고
이럴 수는 없어….
결국 스페인의 무적함대가 지나간 자리에는 스페인어만이 남았지.
덩그러니
스페인어
이렇게 해서 브라질을 제외하면 라틴 아메리카의 거의 모든 나라가 아직도 '스페인어'를 사용하고 있어.
ESP
ESP
ESP

만화는 76쪽에서 계속 이어집니다.

INTRO

스페인어에 대하여

알파벳과 발음

숫자 세는 법

스페인어 필수 표현

스페인어 읽는 법

알파벳과 발음

영어와 비슷한 **발음**, 영어와 다른 **발음**

스페인어의 알파벳은 'el alfabeto' [엘 알파f베또] 혹은 'el abecedario' [엘 아베쎄다리오]라고 부릅니다. 모두 27개의 글자로 구성되어 있습니다.

알파벳	이름	단어	발음	뜻
A	아	Amigo	[아미고]	친구
B	베	Bicicleta	[비씨끌레따]	자전거
C	쎄	Cereza	[쎄레싸]	체리
D	데	Dado	[다도]	주사위
E	에	Elefante	[엘레판f떼]	코끼리
F	에페f에	Flor	[플f로르]	꽃
G	헤	Egipto	[에힙또]	이집트
H	아체	Horno	[오르노]	오븐
I	이	Inglaterra	[인글라떼ㄹ~아]	영국
J	호따	Jalapeño	[할라뻬뇨]	할라피뇨
K	까	Kiwi	[끼위]	키위
L	엘레	Luna	[을루나]	달
M	에메	Música	[무씨까]	음악
N	에네	Nombre	[놈브레]	이름
Ñ	엔녜	Piña	[삔냐]	파인애플
O	오	Oso	[오쏘]	곰
P	뻬	Pepino	[뻬삐노]	오이
Q	꾸	Queso	[께쏘]	치즈
R	에ㄹ~에	Romero	[ㄹ~오메오]	로즈메리
S	에쎄	Sangría	[쌍그리아]	샹그리아
T	떼	Tango	[땅고]	탱고
U	우	Universidad	[우니베르씨닫]	대학교
V	우베	Verbo	[베르보]	동사
W	우베도블레	Whisky	[위쓰끼]	위스키
X	에끼쓰	Examen	[엑싸멘]	시험
Y	예(이그리에가)	Yo	[요]	나
Z	쎄따	Zapato	[싸빠또]	신발

항상 **일정한 발음**의 **단모음**들

스페인어는 영어와 마찬가지로 5개의 모음을 가지고 있습니다. 하지만 영어와 달리, 스페인어의 모음은 발음이 바뀌지 않습니다. 단어의 어느 위치에서나 음의 변화 없이 '아, 에, 이, 오, 우' 로 발음하므로 발음기호가 없습니다.

A a 아 — Amigo [아미고] : 친구

E e 에 — Elefante [엘레판^{f}떼] : 코끼리

I i 이 — Inglaterra [잉글라떼ㄹ~아] : 영국

O o 오 — Oso [오쏘] : 곰

U u 우 — Universidad [우니베르씨닫] : 대학교

영어보다 **된 발음**의 자음들

C c (ㄲ c, ㅆ c)
- Caramelo [까라멜로] : 사탕
- Gracias [그라씨아쓰] : 감사합니다
- Cebolla [쎄보야] : 양파

S s (ㅆ s)
- Sol [쏠] : 해(sun)
- Sangría [쌍그리아] : 샹그리아
- Adiós [아디오쓰] : 안녕

K k (ㄲ k)
- Kiwi [끼위] : 키위
- Kilo [낄로] : 킬로
- Vodka [보드까] : 보드카

T t (ㄸ t)
- Té [떼] : 차
- Tenedor [떼네도르] : 포크
- Tango [땅고] : 탱고

P p (ㅃ p)
- Pájaro [빠하로] : 새
- Pepino [뻬삐노] : 오이
- Jalapeño [할라뻰뇨] : 할라피뇨

Z z (ㅆ z)
- Zapato [싸빠또] : 신발
- Zumo [쑤모] : 주스
- Plaza [플라싸] : 광장

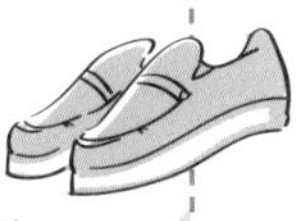

Q q (ㄲ k)
- Queso [께쏘] : 치즈
- Parque [빠르께] : 공원
- Quesadilla [께싸디야] : 퀘사디아

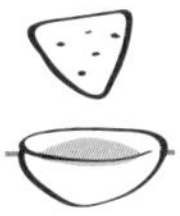

Intro

스페인어 읽는 법

알파벳과 발음

영어와 **다른 발음**의 **자음들**

'Ñ'는 우리말의 '늬' 처럼 발음하고, 영어의 NY처럼 발음합니다.
'Ñ'는 스페인어에만 존재하는 독특한 알파벳입니다.

Ññ Eñe **엔녜**	Español [에스빤뇰] : 스페인 사람	Señorita [쎈뇨리따] : 아가씨	Uña [운냐] : 손톱	Montaña [몬딴냐] : 산

특수기호 중에는 자주 사용되지는 않지만 Ü도 있습니다. U 위에 점을 두 개 찍은 모양이죠?
이 경우 '우' 발음을 꼭 하고 지나가라는 뜻인데, 사용되는 단어가 많지 않습니다. (ex. Cigüeña '씨구에냐' : 황새)

스페인에서의 **'R'** 는 'ㄹ'를 여러 번 빠르게 반복하듯이 혀를 떨어서 발음합니다.
'RR'는 **'R'** 보다 조금 더 길게 발음하시면 됩니다.

Rr Erre **에ㄹ~에**	Perro [뻬ㄹ~오] : 개	Burrito [부ㄹ~이또] : 부리또	Ratón [ㄹ~아똔] : 쥐	Romero [ㄹ~오메로] : 로즈메리

'L'가 하나 있으면 영어의 **'L'**은 비슷하게 발음합니다.
하지만 **'LL'**는 **'Y'** 혹은 **'I'** 처럼 발음합니다. LL는 과거에 스페인어 알파벳 중 하나였지만, 현재는 제외되었습니다.

Ll Ele **엘레**	Paella [빠에야] : 빠에야	Quesadilla [께싸디야] : 퀘사디아	Llave [야베] : 열쇠	Silla [씨야] : 의자

'J'는 영어와는 다르게 'ㅎ'으로 발음합니다.

Jj Jota **호따**	Jalapeño [할라뻬뇨] : 할라피뇨	Jueves [후에베쓰] : 목요일	Jabón [하본] : 비누	Oveja [오베하] : 양

'H'는 항상 발음하지 않습니다.

Hh Hache **아체**	Horno [오르노] : 오븐	Hielo [이엘로] : 얼음	Hospital [오스삐딸] : 병원	Huevo [우에보] : 계란

특수한 형태의 **발음**

'G'는 때로는 'ㄱ'으로, 때로는 'ㅎ'으로 발음합니다.

Gg

Ge
헤

G+자음
'G'이후에 자음이 나오면 그로 발음합니다.

Grasa
[그라싸] : 기름, 지방

G+E
'G'와 'E'가 결합되면 헤 발음이 납니다.

Ángel
[앙헬] : 천사

G+I
'G'와 'I'가 결합되면 히 발음이 납니다.

Girasol
[히라쏠] : 해바라기

G+UI
'G'와 'UI'가 결합되면 기 발음이 납니다.

Guitarra
[기따ㄹ~아] : 기타

G+UE
'G'와 'UE'가 결합되면 게 발음이 납니다.

Hamburguesa
[암부르게사] : 햄버거

'C'는 때로는 'ㄲ'으로, 때로는 'ㅆ' 으로 발음합니다.

Cc

Ce
쎄

C+A
'C'와 'A'가 결합되면 까로 발음합니다.

Caramelo
[까라멜로] : 사탕

C+I
'C'와 'I'가 결합되면 씨로 발음합니다.

Cisne
[씨쓰네] : 백조

C+E
'C'와 'E'가 결합되면 쎄 발음이 납니다.

Cereza
[쎄레싸] : 체리

C+U
'C'와 'U'가 결합되면 꾸 발음이 납니다.

Cuchara
[꾸차라] : 숟가락

C+O
'C'와 'O'가 결합되면 꼬 발음이 납니다.

Coco
[꼬꼬] : 코코넛

스페인어 읽는 법

강세 (악센트)

스페인어의 발음을 잘하기 위해서 악센트(단어의 강세)는 매우 중요합니다. 하지만 걱정할 필요가 없습니다. 스페인어의 각 단어는 어디에 강세가 있는지 단어의 모양으로 이미 우리에게 알려주고 있기 때문입니다.

1 강세표시가 있는 경우

어떤 단어에는 이미 강세 표시가 포함되어 있습니다.
이 강세표시를 Tilde[띨데]라고 부르는데 주로 강세가 불규칙한 단어에 쓰입니다.
또한, **Tilde**는 사용자가 임의로 찍어주는 게 아니라 단어에 포함되어 있다는 것을 기억해 주세요.

강세표시 (Tilde) : 마음대로 뗄 수 없다

teléfono [뗄레포노] : 전화기

2 강세표시가 없는 경우

우선 단어의 끝을 살펴보세요. 모든 단어는 자음이나 모음 둘 중 하나로 끝날 것입니다.

festival 자음
[페f스티발] : 축제

paella 모음
[빠에야] : 빠에야

만약, 자음으로 끝나면 맨 뒤 음절에 강세가 있습니다 : AGUDA형 강세
모음으로 끝나면 맨 뒤에서 두 번째 음절에 강세가 있습니다 : GRAVE형 강세

mujer [무헤르] : 여자

burrito [부ㄹ~이또] : 부리또

Español [에쓰빤뇰] : 스페인어

amigo [아미고] : 친구

하지만, 자음 중에 n , s 로 끝나는 경우는 강세가 뒤에서 두 번째 음절에 있습니다.

자음으로 끝나는 경우 : **mujer**
[무헤르] : 여자

모음으로 끝나는 경우 : **hombre**
[옴브레] : 남자

n, s로 끝나는 경우 : **joven**
[호벤] : 청년

TIP (음절과 강세)

음절이란?

1음절 2음절 3음절 4음절 5음절

I / ma / gi / na / ción

모음이 포함된 하나의 덩어리마다
하나의 음절입니다.

대부분 뒤에서 두 번째 음절에 강세가 있습니다. 왜냐하면...

사실 대부분의 단어들이 모음으로 끝납니다. 특히나 대부분의 형용사는 모음으로 끝납니다.
게다가 자음으로 끝나는 단어들 중 그나마도 n, s가 많습니다.
또 자음으로 끝나는 단어 중에는 자체적으로 Tilde가 붙어있는 경우도 많습니다.

Tilde에 따라 의미가 달라지는 단어도 있습니다.

음절이 하나인 경우를 monosílaba라고 하는데 강세를 지닐 필요가 없으므로 Tilde를 표기하지 않습니다.
하지만 같은 모양이면서 단어의 뜻이 다른 경우, 이를 구별하기 위해 Tilde를 표기하기도 합니다.

Él vs. El

1. Él : 그(he) Él es guapo. [엘 에쓰 구아뽀] 그는 미남이다.
2. El : 그(정관사) El hombre. [엘 옴브레] 그 남자.

Tú vs. Tu

1. Tú : 너(you) Tú eres hermosa. [뚜 에레쓰 에르모싸] 너는 아름답다.
2. Tu : 너(your) Tu casa. [뚜 까싸] 너의 집.

ESDRÚJULA 강세 : 맨 뒤에서 세 번째 음절에 강세가 있습니다.

1> 영어의 id, ic, cal 로 끝나는 형용사나 명사는
대부분 ESDRÚJULA 강세

영어	스페인어	한국어
rapid	rápido	빠른
solid	sólido	단단한
romantic	romántico	낭만적인
logical	lógico	논리적인

2> mente로 끝나는 부사 (영어의 ly = mente)

- 형용사였을 때의 강세를 유지합니다.
  만약 형용사에 Tilde가 없었다면,
  Tilde 표기도 없습니다.

rápido rápidamente

lento lentamente

이 단어의 원래 강세 위치
GRAVE형강세

ón, és, án : n,s로 끝났지만 AGUDA형 강세

n, s로 끝났지만 GRAVE형 강세가 아닙니다. AGUDA형 강세입니다. Tilde 표시에 따라 맨 뒤 음절에 강세가 있습니다.
이 경우는 100% 남성명사입니다. 이 명사들을 복수로 만들기 위해 es가 붙는 경우 Tilde 표시는 사라집니다.
하지만, 원래의 강세는 유지됩니다.

capitán capitanes

스페인어의 수사
숫자 세는 법

기수사 서수사

사물의 수량이나 순서를 나타내는 말을 '수사'라고 부릅니다.
해당 사물의 특정 성질을 말해주는 것이니 형용사의 일종이라고도 할 수 있지요.
수사 중에서도 수량을 나타내는, '하나, 둘, 셋' 따위는 '기수사'라고 부릅니다.
어떤 숫자들은 그냥 외우는 수밖에 없습니다.
그러나 어떤 숫자들은, 이미 외운 숫자들을 일정한 규칙에 따라 조합하는 것으로 만들 수 있습니다.

1 ~ 20

고유한 철자의 아이들이니 그냥 외워줍니다.

그냥 외운다

20 ~ 100

21 ~ 29

20은 베인떼 [Veinte]지만, 21부터 베인띠 [Veinti]가 됩니다.

21=20+1 (베인띠 우노)

29=20+9 (베인띠 누에베)

30 ~ 99

두 자리+한자리 조합으로 이뤄진 숫자입니다.
'30과 1', '80과 9' 이런 식으로 쓰시면 됩니다.
31부터 'y'가 붙습니다.

31=30y1 (뜨레인따 이 우노)

이 'y'는 영어의 'and'
30과 1이라는 뜻입니다.

89=80y9 (오쪤따 이 누에베)

100 ~ ∞

세 자리+두 자리+한자리, 네 자리+세 자리+두 자리+한자리
조합으로 이뤄진 숫자입니다.

416=400+16 (꾸아뜨로씨엔또쓰 디에씨쎄이쓰)

400과 16은 고유한 이름을 갖고 있어
4+100+10+6이 아닌, 400+16이 됩니다.

4885=4+1000+800+80y5 (꾸아뜨로 밀 오초씨엔또쓰 오쪤따 이 씽꼬)

*100 은 cien, 101부터는 ciento + uno

수사의 종류에는 한 가지가 더 있는데, 바로 '첫째, 둘째, 셋째'와 같이 순서를 나타내는 '서수사'가 이것입니다.
영어로 치면 'first, second, third'와 같은 표현들입니다.

기수사 하나, 둘, 셋

0 cero 쎄로	1 uno 우노	2 dos 도쓰	3 tres 뜨레쓰	4 cuatro 꾸아뜨로	5 cinco 씽꼬	6 seis 쎄이쓰	7 siete 씨에떼	8 ocho 오쪼	9 nueve 누에베
10 diez 디에쓰	11 once 온쎄	12 doce 도쎄	13 trece 뜨레쎄	14 catorce 까또르쎄	15 quince 낀쎄	16 dieciséis 디에씨쎄이쓰	17 diecisiete 디에씨씨에떼	18 dieciocho 디에씨오쪼	19 diecinueve 디에씨누에베
20 veinte 베인떼	21 veintiuno 베인띠우노	22 veintidós 베인띠도쓰	23 veintitrés 베인띠뜨레쓰	24 veinti cuatro 베인띠꾸아뜨로	25 veinticinco 베인띠씽꼬	26 veintiséis 베인띠쎄이쓰	27 veinti siete 베인띠씨에떼	28 veintiocho 베인띠오쪼	29 veinti nueve 베인띠누에베
30 treinta 뜨레인따	31 treinta y uno 뜨레인따 이 우노	32 treinta y dos 뜨레인따 이 도쓰	33 treinta y tres 뜨레인따 이 뜨레쓰	34 treinta y cuatro 뜨레인따 이 꾸아뜨로	35 treinta y cinco 뜨레인따 이 씽꼬	36 treinta y seis 뜨레인따 이 쎄이쓰	37 treinta y siete 뜨레인따 이 씨에떼	38 treinta y ocho 뜨레인따 이 오쪼	39 treinta y nueve 뜨레인따 이 누에베
40 cuarenta 꾸아렌따	41 cuarenta y uno 꾸아렌따 이 우노	42 cuarenta y dos 꾸아렌따 이 도쓰	43 cuarenta y tres 꾸아렌따 이 뜨레쓰	44 cuarenta y cuatro 꾸아렌따 이 꾸아뜨로	45 cuarenta y cinco 꾸아렌따 이 씽꼬	46 cuarenta y seis 꾸아렌따 이 쎄이쓰	47 cuarenta y siete 꾸아렌따 이 씨에떼	48 cuarenta y ocho 꾸아렌따 이 오쪼	49 cuarenta y nueve 꾸아렌따 이 누에베
50 cincuenta 씽꾸엔따	51 cincuenta y uno 씽꾸엔따 이 우노	52 cincuenta y dos 씽꾸엔따 이 도쓰	53 cincuenta y tres 씽꾸엔따 이 뜨레쓰	54 cincuenta y cuatro 씽꾸엔따 이 꾸아뜨로	55 cincuenta y cinco 씽꾸엔따 이 씽꼬	56 cincuenta y seis 씽꾸엔따 이 쎄이쓰	57 cincuenta y siete 씽꾸엔따 이 씨에떼	58 cincuenta y ocho 씽꾸엔따 이 오쪼	59 cincuenta y nueve 씽꾸엔따 이 누에베
60 sesenta 쎄쎈따	61 sesenta y uno 쎄쎈따 이 우노	62 sesenta y dos 쎄쎈따 이 도쓰	63 sesenta y tres 쎄쎈따 이 뜨레쓰	64 sesenta y cuatro 쎄쎈따 이 꾸아뜨로	65 sesenta y cinco 쎄쎈따 이 씽꼬	66 sesenta y seis 쎄쎈따 이 쎄이쓰	67 sesenta y siete 쎄쎈따 이 씨에떼	68 sesenta y ocho 쎄쎈따 이 오쪼	69 sesenta y nueve 쎄쎈따 이 누에베
70 setenta 쎄뗀따	71 setenta y uno 쎄뗀따 이 우노	72 setenta y dos 쎄뗀따 이 도쓰	73 setenta y tres 쎄뗀따 이 뜨레쓰	74 setenta y cuatro 쎄뗀따 이 꾸아뜨로	75 setenta y cinco 쎄뗀따 이 씽꼬	76 setenta y seis 쎄뗀따 이 쎄이쓰	77 setenta y siete 쎄뗀따 이 씨에떼	78 setenta y ocho 쎄뗀따 이 오쪼	79 setenta y nueve 쎄뗀따 이 누에베
80 ochenta 오첸따	81 ochenta y uno 오첸따 이 우노	82 ochenta y dos 오첸따 이 도쓰	83 ochenta y tres 오첸따 이 뜨레쓰	84 ochenta y cuatro 오첸따 이 꾸아뜨로	85 ochenta y cinco 오첸따 이 씽꼬	86 ochenta y seis 오첸따 이 쎄이쓰	87 ochenta y siete 오첸따 이 씨에떼	88 ochenta y ocho 오첸따 이 오쪼	89 ochenta y nueve 오첸따 이 누에베
90 noventa 노벤따	91 noventa y uno 노벤따 이 우노	92 noventa y dos 노벤따 이 도쓰	93 noventa y tres 노벤따 이 뜨레쓰	94 noventa y cuatro 노벤따 이 꾸아뜨로	95 noventa y cinco 노벤따 이 씽꼬	96 noventa y seis 노벤따 이 쎄이쓰	97 noventa y siete 노벤따 이 씨에떼	98 noventa y ocho 노벤따 이 오쪼	99 noventa y nueve 노벤따 이 누에베

100 cien 씨엔	200 doscientos 도쓰씨엔또쓰	300 trescientos 뜨레쓰씨엔또쓰	400 cuatrocientos 꾸아뜨로씨엔또쓰	500 quinientos 끼니엔또쓰	600 seiscientos 쎄이쓰씨엔또쓰	700 setecientos 쎄떼씨엔또쓰	800 ochocientos 오쪼씨엔또쓰	900 novecientos 노베씨엔또쓰

1,000 mil 밀	10,000 diez mil 디에쓰 밀	100,000 cien mil 씨엔 밀	1,000,000 un millón 운 미욘	10,000,000 diez millones 디에쓰 미요네쓰

서수사 첫 번째, 두 번째, 세 번째

	1 primero 쁘리메로	2 segundo 쎄군도	3 tercero 떼르쎄로	4 cuarto 꾸아르또	5 quinto 낀또	6 sexto 쎅쓰또	7 séptimo 쎕띠모	8 octavo 옥따보	9 noveno 노베노
10 décimo 데씨모	11 un décimo primero 운 데씨모 쁘리메로	12 duodécimo 듀오데씨모	13 décimo tercero 데씨모 떼르쎄로	14 décimo cuarto 데씨모 꾸아르또	15 décimo quinto 데씨모 낀또	16 décimo sexto 데씨모 쎅쓰또	17 décimo séptimo 데씨모 쎕띠모	18 décimo octavo 데씨모 옥따보	19 décimo noveno 데씨모 노베노
20 vigésimo 비헤씨모	21 vigésimo primero 비헤씨모 쁘리메로	22 vigésimo segundo 비헤씨모 쎄군도	23 vigésimo tercero 비헤씨모 떼르쎄로	24 vigésimo cuarto 비헤씨모 꾸아르또	25 vigésimo quinto 비헤씨모 낀또	26 vigésimo sexto 비헤씨모 쎅쓰또	27 vigésimo séptimo 비헤씨모 쎕띠모	28 vigésimo octavo 비헤씨모 옥따보	29 vigésimo noveno 비헤씨모 노베노
30 trigésimo 뜨리헤씨모	31 trigésimo primero 뜨리헤씨모 쁘리메로	32 trigésimo segundo 뜨리헤씨모 쎄군도	33 trigésimo tercero 뜨리헤씨모 떼르쎄로	34 trigésimo cuarto 뜨리헤씨모 꾸아르또	35 trigésimo quinto 뜨리헤씨모 낀또	36 trigésimo sexto 뜨리헤씨모 쎅쓰또	37 trigésimo séptimo 뜨리헤씨모 쎕띠모	38 trigésimo octavo 뜨리헤씨모 옥따보	39 trigésimo noveno 뜨리헤씨모 노베노
40 cuadragésimo 꾸아드라헤씨모	41 cuadragésimo primero 꾸아드라헤씨모 쁘리메로	42 cuadragésimo segundo 꾸아드라헤씨모 쎄군도	43 cuadragésimo tercero 꾸아드라헤씨모 떼르쎄로	44 cuadragésimo cuarto 꾸아드라헤씨모 꾸아르또	45 cuadragésimo quinto 꾸아드라헤씨모 낀또	46 cuadragésimo sexto 꾸아드라헤씨모 쎅쓰또	47 cuadragésimo séptimo 꾸아드라헤씨모 쎕띠모	48 cuadragésimo octavo 꾸아드라헤씨모 옥따보	49 cuadragésimo noveno 꾸아드라헤씨모 노베노
50 quincuagésimo 낀꾸아헤씨모	51 quincuagésimo primero 낀꾸아헤씨모 쁘리메로	52 quincuagésimo segundo 낀꾸아헤씨모 쎄군도	53 quincuagésimo tercero 낀꾸아헤씨모 떼르쎄로	54 quincuagésimo cuarto 낀꾸아헤씨모 꾸아르또	55 quincuagésimo quinto 낀꾸아헤씨모 낀또	56 quincuagésimo sexto 낀꾸아헤씨모 쎅쓰또	57 quincuagésimo séptimo 낀꾸아헤씨모 쎕띠모	58 quincuagésimo octavo 낀꾸아헤씨모 옥따보	59 quincuagésimo noveno 낀꾸아헤씨모 노베노
60 sexagésimo 쎅싸헤씨모	61 sexagésimo primero 쎅싸헤씨모 쁘리메로	62 sexagésimo segundo 쎅싸헤씨모 쎄군도	63 sexagésimo tercero 쎅싸헤씨모 떼르쎄로	64 sexagésimo cuarto 쎅싸헤씨모 꾸아르또	65 sexagésimo quinto 쎅싸헤씨모 낀또	66 sexagésimo sexto 쎅싸헤씨모 쎅쓰또	67 sexagésimo séptimo 쎅싸헤씨모 쎕띠모	68 sexagésimo octavo 쎅싸헤씨모 옥따보	69 sexagésimo noveno 쎅싸헤씨모 노베노
70 septuagésimo 쎕뚜아헤씨모	71 septuagésimo primero 쎕뚜아헤씨모 쁘리메로	72 septuagésimo segundo 쎕뚜아헤씨모 쎄군도	73 septuagésimo tercero 쎕뚜아헤씨모 떼르쎄로	74 septuagésimo cuarto 쎕뚜아헤씨모 꾸아르또	75 septuagésimo quinto 쎕뚜아헤씨모 낀또	76 septuagésimo sexto 쎕뚜아헤씨모 쎅쓰또	77 septuagésimo séptimo 쎕뚜아헤씨모 쎕띠모	78 septuagésimo octavo 쎕뚜아헤씨모 옥따보	79 septuagésimo noveno 쎕뚜아헤씨모 노베노
80 octogésimo 옥또헤씨모	81 octogésimo primero 옥또헤씨모 쁘리메로	82 octogésimo segundo 옥또헤씨모 쎄군도	83 octogésimo tercero 옥또헤씨모 떼르쎄로	84 octogésimo cuarto 옥또헤씨모 꾸아르또	85 octogésimo quinto 옥또헤씨모 낀또	86 octogésimo sexto 옥또헤씨모 쎅쓰또	87 octogésimo séptimo 옥또헤씨모 쎕띠모	88 octogésimo octavo 옥또헤씨모 옥따보	89 octogésimo noveno 옥또헤씨모 노베노
90 nonagésimo 노나헤씨모	91 nonagésimo primero 노나헤씨모 쁘리메로	92 nonagésimo segundo 노나헤씨모 쎄군도	93 nonagésimo tercero 노나헤씨모 떼르쎄로	94 nonagésimo cuarto 노나헤씨모 꾸아르또	95 nonagésimo quinto 노나헤씨모 낀또	96 nonagésimo sexto 노나헤씨모 쎅쓰또	97 nonagésimo séptimo 노나헤씨모 쎕띠모	98 nonagésimo octavo 노나헤씨모 옥따보	99 nonagésimo noveno 노나헤씨모 노베노

100 centésimo 쎈떼씨모	200 ducen tésimo 두쎈떼씨모	300 tricen tésimo 뜨리쎈떼씨모	400 cuadrin gentésimo 꾸아드린헨떼씨모	500 quingen tésimo 낀헨떼씨모	600 sexcen tésimo 쎅쎈떼시모	700 septin gentésimo 쎕띤헨떼씨모	800 octin gentésimo 옥띤헨떼씨모	900 nonin gentésimo 노닌헨떼씨모

1,000 milésimo 밀레씨모	10,000 diezmilésimo 디에쓰밀레씨모	100,000 cienmilésimo 씨엔밀레씨모	1,000,000 millonésimo 미요네씨모	10,000,000 diezmillonésimo 디에쓰미요네씨모

스페인어의 시간
24시간 말하는 법

¿Qué hora es?
[께 오라 에쓰?]
몇 시야?

스페인어의 시간은 우리와 비슷합니다.
12시간을 기준으로 말하기도 하고
때로는 24시간 기준 Hora militar[오라 밀리따르]
으로 말하기도 합니다. 12시간 기준으로 말할 때,
지금이 새벽인지, 밤인지, 낮인지 구분해줍니다.

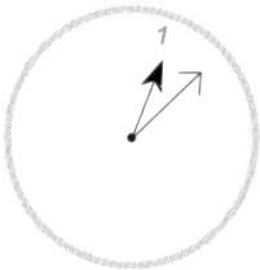

1시 10분

시간 앞에 정관사
일반적으로 Las(복수)를 붙이고,
새벽 1시와 오후 1시일 때만
La(단수)를 사용합니다.

숫자는 기수사
시간이든 분이든,
앞에서 배운
기수사를 사용합니다.

시간에 따른 동사
일반적으로 Son(복수)을 쓰고,
새벽 1시와 오후 1시일 때만
Es(단수)를 사용합니다.

Es la 1(una) y 10(diez) de la mañana.
에쓰 / 을라 우나 / 이 / 디에쓰 / 데 을라 마냐나
~입니다 / 1시 / 그리고 / 10분 / 오전

자정, 밤 12시	*las 12* de la noche *las 12* de la medianoche	을라쓰 도쎄 데 을라 노체 을라쓰 도쎄 데 을라 메디아노체
새벽 1시	*la 1* de la mañana	을라 우나 데 을라 마냐나
새벽 2시	*las 2* de la mañana	을라쓰 도쓰 데 을라 마냐나
새벽 3시	*las 3* de la mañana	을라쓰 뜨레쓰 데 을라 마냐나
새벽 4시	*las 4* de la mañana	을라쓰 꾸아뜨로 데 을라 마냐나
새벽 5시	*las 5* de la mañana	을라쓰 씽꼬 데 을라 마냐나
새벽 6시	*las 6* de la mañana	을라쓰 쎄이쓰 데 을라 마냐나
아침 7시	*las 7* de la mañana	을라쓰 씨에떼 데 을라 마냐나
아침 8시	*las 8* de la mañana	을라쓰 오쵸 데 을라 마냐나
아침 9시	*las 9* de la mañana	을라쓰 누에베 데 을라 마냐나
아침 10시	*las 10* de la mañana	을라쓰 디에쓰 데 을라 마냐나
아침 11시	*las 11* de la mañana	을라쓰 온쎄 데 을라 마냐나
낮 12시	*las 12* del mediodía *las 12* de la tarde	을라쓰 도쎄 델 메디오디아 을라쓰 도쎄 데 을라 따르데
낮 1시	*la 1* de la tarde	을라 우나 데 을라 따르데
낮 2시	*las 2* de la tarde	을라쓰 도쓰 데 을라 따르데
낮 3시	*las 3* de la tarde	을라쓰 뜨레쓰 데 을라 따르데
낮 4시	*las 4* de la tarde	을라쓰 꾸아뜨로 데 을라 따르데
낮 5시	*las 5* de la tarde	을라쓰 씽꼬 데 을라 따르데
밤 6시	*las 6* de la tarde	을라쓰 쎄이쓰 데 을라 따르데
밤 7시	*las 7* de la tarde	을라쓰 씨에떼 데 을라 따르데
밤 8시	*las 8* de la noche	을라쓰 오쵸 데 을라 노체
밤 9시	*las 9* de la noche	을라쓰 누에베 데 을라 노체
밤 10시	*las 10* de la noche	을라쓰 디에쓰 데 라 노체
밤 11시	*las 11* de la noche	을라쓰 온쎄 데 을라 노체

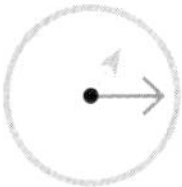

2시 15분

Son las dos y cuarto de la tarde
[쏜 / 을라쓰 도쓰 / 이 / 꾸아르또 / 데 을라 따르데]
~입니다 / 2시 / 그리고 / 1/4 (4분의 1) / 낮

스페인어에도 '15분' 단위에만 쓰는 표현이 있습니다.
바로 '4분의 1'을 의미하는 cuarto 라는 표현이죠.
모양과 의미가 영어의 quarter와 유사합니다.

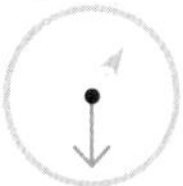

2시 30분

Son las dos y media de la tarde
[쏜 / 을라쓰 도쓰 / 이 / 메디아 / 데 을라 따르데]
~입니다 / 2시 / 그리고 / 중간의 / 낮

우리말로 2시 30분을 '두시 반이야.'라고 하죠.
media 는 '반'을 의미하는 표현입니다.

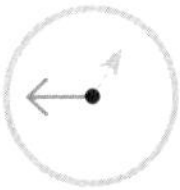

2시 45분

Son las tres menos cuarto
[쏜 / 을라쓰 뜨레쓰 / 메노쓰 / 꾸아르또]
~입니다 / 3시 / 보다 적게 / 1/4 (4분의 1)

우리말로 '3시 15분 전이야.'라고 하는 표현입니다.
menos 는 '~보다 전'을 의미합니다.

가장 자주 사용되는
스페인어 필수 표현

001-019

001 고맙습니다.

Gracias.
그라씨아쓰.
고마워.

002 천만에요.

De	**nada.**
데	나다.
~의	0개.

003 미안해요.

Lo	**siento.**
을로	씨엔또.
(나) 그것	느끼다.

004 제 잘못이에요.

Es	**mi culpa.**
에쓰	미 꿀빠.
(그것) ~이다	나의 탓.

005 날 용서해 줘.

Perdóname.
뻬르도나메.
용서해라 (나).

006 괜찮아요.

Está	**bien.**
에쓰따	비엔.
(그것) ~이다	좋은.

007 저기요, 실례합니다.

¡Disculpe!
¡디쓰꿀뻬!
실례합니다!

008 메뉴판 주세요.

La carta,	**por favor.**
을라 까르따,	뽀르 파^{f}보르.
그 메뉴,	부탁합니다.

009 부탁합니다.

Por favor.
뽀르 파^{f}보르.
부탁합니다.

010 이게 뭐예요?

¿Qué	es	esto?
¿께	에쓰	에쓰또?
무엇	~이다	이것?

011 이걸로 주세요.

Este,	por favor.
에쓰떼,	뽀르 파f보르.
이것,	부탁합니다.

012 맞아요.

Sí.
씨.
네.

013 제가 주문한 게 아니에요.

No	pedí	esto.
노	뻬디	에쓰또.
부정	주문했다	이것.

014 (아싸!) 너무 좋아!

Oh, sí.
오, 씨.
아싸.

015 우와.

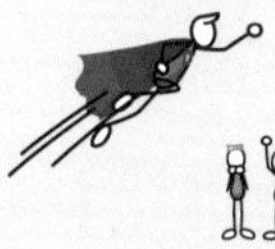

Guau.
구아우.
우와.

016 안녕하세요.

Hola.
올라.
안녕 (Hello).

017 안녕하세요.

Buenos	días.	Buenas	tardes.
부에노쓰	디아쓰.	부에나쓰	따르데쓰.
좋은 (Good)	날들 (day).	좋은 (Good)	오후들 (afternoon).

018 어떻게 지내요?

¿Cómo	estás?
¿꼬모	에쓰따쓰?
어떻게	(너) ~이다?

019 저는 잘 지내요.

Estoy	bien.
에쓰또이	비엔.
(나) ~이다	좋은.

가장 자주 사용되는

스페인어 필수 표현

020-038

020 너는 어때?

¿Y	tú?
¿이	뚜?
그리고	너?

021 오랜만이야.

Cuánto	tiempo!
꾸안또	띠엠뽀.
얼마나	시간!

022 만나서 반갑습니다.

Un placer	conocerte.
운 쁠라쎄르	꼬노쎄르떼.
하나의 즐거움	알게 되다 (너를).

023 성함이 어떻게 되세요?

¿Cómo	te	llamas?
¿꼬모	떼	야마쓰?
어떻게	너 스스로를	부르다?

024 저는 미나입니다.

Soy	Mina.	=	Mi nombre	es	Mina.
쏘이	미나.		미 놈브레	에쓰	미나.
(나) ~이다	미나.		나의 이름	~이다	미나.

025 저는 스무 살이에요.

Tengo	veinte	años.
뗑고	베인떼	아뇨쓰.
(나) 가지고 있다	스물	해.

026 어디서 오셨어요?

¿De	dónde	eres?
¿데	돈데	에레쓰?
~에서부터	어디에	~이다 (너)?

027 한국에서 왔어요.

Soy	de	Corea.
쏘이	데	꼬레아.
(나) ~이다	~로부터	한국.

028 당신과 이야기 좀 하고 싶어요.

Quiero	hablar	contigo.
끼에로	아블라르	꼰띠고.
(나) 원하다	말하다	너와 함께.

029 친구가 되자.

Seamos	amigos.
쎄아모쓰	아미고쓰.
~이어라	친구들.

030 전화번호 좀 알려 주세요.

¿Puedo	yo tener	tu número?
¿뿌에도	요 떼네르	뚜 누메로?
~할 수 있다	나는 가지고 있다.	너의 번호?

031 문자 해.

Mándame	un mensaje.
만다메	운 멘싸헤.
(너) 보내라 (나에게)	하나의 메시지.

032 연락하면서 지내자!

¡Mantengámonos	en	contacto!
¡만뗑까모쓰	엔	꼰딱또!
유지해라	~에	연락!

033 정말?

¿De	verdad?
¿데	베르닫?
~의	진실?

034 그건 쉽지요.

Eso	es	fácil.
에쏘	에쓰	파f씰.
그것	~이다	쉬운.

035 좋은 생각이에요.

Es	una buena idea.
에쓰	우나 부에나 이데아.
(그것) ~이다	하나의 좋은 생각.

036 알겠어요. 그럴게요.

Vale.
발레.
알겠어.

037 나는 그렇게 생각 안 해요. (아닐걸)

No	creo.
노	끄레오.
부정	(나) 생각하다.

038 내게 생각이 있어요.

Tengo	una idea.
뗑고	우나 이데아.
(나는) ~가지고 있다	하나의 생각.

가장 자주 사용되는

스페인어 필수 표현

039-057

039 실망했어요.

Estoy	decepcionado.
에스또이	데쎕씨오나도.
(나) ~이다	실망한.

040 매우 좋아.

Muy	bien.
무이	비엔.
매우	좋은.

041 저도 그래요.

Yo	también.
요	땀비엔.
나	역시.

042 재미있다!

Es	interesante.
에쓰	인떼레싼떼.
(그것) ~이다	흥미 있는.

043 당신은 정말 재미있어요.

Eres	divertido.
에레쓰	디베르띠도.
(너) ~이다	웃긴.

044 당신 정말 친절하시군요!

¡Eres	tan	amable!
¡에레쓰	딴	아마블레!
(너) ~이다	그토록	친절한!

045 좋은 하루 보내시길.

¡Que tenga	un buen día!
¡께 뗑가	운 부엔 디아!
(당신) ~가져라	하나의 좋은 날!

046 잘 가!

¡Adiós!
¡아디오쓰!
안녕!

047 잘 자.

Buenas	noches.
부에나쓰	노체쓰.
좋은(Good)	밤들(night).

048 너도.

Tú | **también.**
뚜 | 땀삐엔.
너 | 또한.

049 다음에 만나요.

¡Hasta | **luego!**
¡아쓰따 | 을루에고!
~까지 | 나중에!

050 곧 만나요.

¡Hasta | **pronto!**
¡아쓰따 | 쁘론또!
~까지 | 곧!

051 몸 건강해.
(헤어질 때 인사말)

Cuídate.
꾸이다떼.
조심해라 (너).

052 행운을 빌어요!

¡Buena suerte!
¡부에나 쑤에르떼!
좋은 운!

053 기운 내요!
힘을 내!

¡Ánimo!
¡아니모!
활력!

054 서둘러!

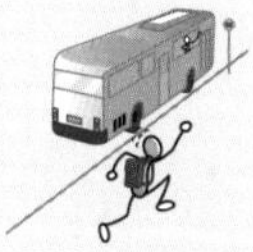

¡Date | **prisa!**
¡다떼 | 쁘리싸!
주어라 (너에게) | 서두름!

055 축하합니다!

¡Felicidades!
¡펠f리씨다데쓰!
축하합니다!

056 생일 축하해요!

¡Feliz | **cumpleaños!**
¡펠f리쓰 | 꿈쁠레아뇨쓰!
행복한 | 생일!

057 건배!

¡Salud!
¡쌀룯!
건강!

가장 자주 사용되는

스페인어 필수 표현

058-076

058 치즈~!
(사진 찍을 때)

¡Digan patata!
¡디간 빠따따!
말하다 (당신들) 감자!

059 이런!
아이고!
어머나!

¡Uy!
¡우이!
이런!

060 누구세요?(눈에 보이지 않을 때)

¿Quién	**es?**
¿끼엔	에쓰?
누구	~이다?

061 누구세요?

¿Quién	**eres?**
¿끼엔	에레쓰?
누구	(너) ~이다?

062 네?(전화 받을 때)
여보세요?

¿Dígame?
¿디가메?
여보세요 (나에게)?

063 듣고 있어.

Estoy	**escuchando.**
에쓰또이	에쓰꾸찬도.
(나) ~이다	듣는 중.

064 어디 있었던 거예요?

¿Dónde	**estabas?**
¿돈데	에쓰따바쓰?
어디	(너) ~이었다?

065 나 여기 있어.

Estoy	**aquí.**
에쓰또이	아끼.
(나) ~이다	여기.

066 들어오세요.

Entre.
엔뜨레.
들어와라.

067 나 바빠.

Estoy | **ocupado.**
에쓰또이 | 오꾸빠도.
(나) ~이다 | 바쁜.

068 바빴어요.

Estaba | **ocupado.**
에쓰따바 | 오꾸빠도.
(나) ~이었다 | 바쁜.

069 한가해요.

Estoy | **libre.**
에쓰또이 | 을리브레.
(나) ~이다 | 자유로운.

070 앉으세요.

Toma | **asiento.**
또마 | 아씨엔또.
(너) 잡아라 | 좌석.

071 계속하세요.

Adelante.
아델란떼.
들어와라.

072 잠시 들어봐.

Escucha.
에쓰꾸차.
(너) 들어라.

073 도와주시겠어요?

¿Puedes | **ayudarme?**
¿뿌에데쓰 | 아유다르메?
~할 수 있다 | (너) 돕다 (나를)?

074 질문이 있어요.

Tengo | **una pregunta.**
뗑고 | 우나 쁘레군따.
(나) 가지고 있다 | 하나의 질문.

075 내가 해 봐도 돼요?

¿Puedo | **intentarlo?**
¿뿌에도 | 인뗀따를로?
~할 수 있다 | (나) 시도하다 (그것)?

076 시도해 볼게요.

Lo | **intentaré.**
을로 | 인뗀따레.
(나) 그것 | 시도할 것이다.

가장 자주 사용되는
스페인어 필수 표현

077-095

077 저거 봐!

¡Mira	eso!
¡미라	에쏘!
보아라	그것!

078 마음에 들어요.

Me	gusta.
메	구쓰따.
나	좋아하다.

079 그냥 그래.

Más	o	menos.
마쓰	오	메노쓰.
더	아니면	덜.

080 그게 전부예요?

¿Eso	es	todo?
¿에쏘	에쓰	또도?
그것	~이다	전부?

081 그게 다예요.

Es	todo.
에쓰	또도.
(그것) ~이다	전부.

082 그거면 충분해요.

Es	suficiente.
에쓰	쑤피f씨엔떼.
(그것) ~이다	충분한.

083 좀 깎아 주세요.

Hazme	un descuento.
아쓰메	운 데쓰꾸엔또.
(너) ~해라 (나에게)	하나의 할인.

084 너무 작아요.

Es	demasiado	pequeño.
에쓰	데마씨아도	뻬께뇨.
(그것) ~이다	지나치게	작은.

085 그렇지 않아요.

No es	cierto.
노 에쓰	씨에르또.
(그것) 부정 ~이다	사실.

086 너무 비싸요.

Es	demasiado	caro.
에쓰	데마씨아도	까로.
(그것) ~이다	지나치게	비싼.

087 매우 싸요.

Es	tan	barato.
에쓰	딴	바라또.
(그것) ~이다	매우	싼.

088 생각해 볼게.

Déjame	pensar.
데하메	뻰싸르.
(너) 놓아두어라 (나에게)	생각하다.

089 괜찮아요.
(거절)

No,	gracias.
노,	그라씨아쓰
부정,	감사합니다.

090 잠시만요.

¡Un momento,	por favor!
¡운 모멘또,	뽀르 파ᶠ보르!
하나의 잠깐,	부탁합니다!

091 왜 안 돼요?

¿Por qué	no?
¿뽀르 께	노?
왜	부정?

092 어디에 있나요?

¿Dónde	está?
¿돈데	에쓰따?
어디에	~이다?

093 언제인데?

¿Cuándo	es?
¿꾸안도	에쓰?
언제	~이다?

094 얼마나 걸립니까?

¿Cuánto	tiempo	tardará?
¿꾸안또	띠엠뽀	따르다라?
얼마나	시간	~걸릴 것이다?

095 기다릴 수 있어요.

Puedo	esperar.
뿌에도	에쓰뻬라르.
(나) ~할 수 있다	기다리다.

가장 자주 사용되는

스페인어 필수 표현

096-114

096 너무 기대돼요.

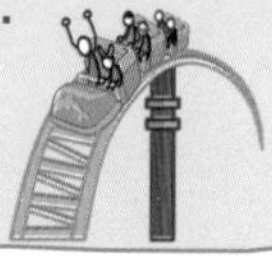

Estoy	emocionado.
에쓰또이	에모씨오나도.
(나) ~이다	감격한.

097 그게 최고의 방법이에요.

Es	la mejor	forma.
에쓰	을라 메호르	포f르마.
(그것) ~이다	그 제일 좋은	방법.

098 당신을 위한 거예요.

Es	para	ti.
에쓰	빠라	띠.
(그것) ~이다	~위하여	너를.

099 그렇게 할게.

Lo	haré.
을로	아레.
(나) 그것	~할 것이다.

100 주문할게요.

¿Puedo	hacer	el pedido,	por favor?
¿뿌에도	아쎄르	엘 뻬디도,	뽀르 파f보르?
~할 수 있다	(나) ~하다	그 주문,	부탁합니다?

101 추천해줄 만하신 게 있나요?

¿Qué	recomendarías?
¿께	ㄹ~에꼬멘다리아쓰?
무엇	추천할 것이다 (너)?

102 한번 볼까요…

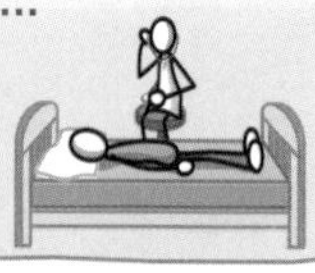

Veamos.
베아모쓰.
보아라.

103 뭐든지 좋아요.

Cualquier cosa	está	bien.
꾸알끼에르 꼬싸	에쓰따	비엔.
어떤 것이라도	~이다	좋은.

104 상관없어요.

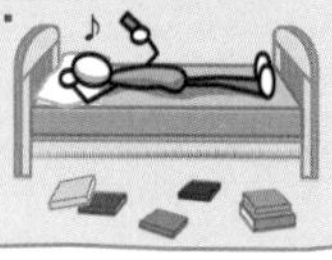

No	importa.
노	임뽀르따.
(부정)	중요하다.

105 필요해요.

Lo	necesito.
을로	네쎄씨또.
(나) 그것	필요하다.

106 배고파요.

Tengo	hambre.
뗑고	암브레.
(나) 가지고 있다	배고픔.

107 나는 배고프지 않아.

No tengo	hambre.
노 뗑고	암브레.
(나) [부정] 가지고 있다	배고픔.

108 배불러요.

Estoy	lleno.
에쓰또이	예노.
(나) ~이다	가득 찬.

109 목말라요.

Tengo	sed.
뗑고	쎋.
(나) 가지고 있다	목마름.

110 최대한 빨리.

Lo	más	pronto	posible.
을로	마쓰	쁘론또	뽀씨블레.
그것	더	재빠른	가능한.

111 서둘러서.

Rápidamente.
ㄹ~아삐다멘떼.
빨리.

112 준비됐어요?

¿Estás	listo?
¿에쓰따쓰	을리쓰또?
(너) ~이다	준비된?

113 준비됐어요.

Estoy	listo.
에쓰또이	을리쓰또.
(나) ~이다	준비된.

114 아직이에요.

Aún	no.
아운	노.
아직	[부정].

가장 자주 사용되는
스페인어 필수 표현

115–133

115 언제부터 언제까지요?

¿Desde	cuándo	hasta	cuándo?
¿데쓰데	꾸안도	아쓰따	꾸안도?
~부터	언제	~까지	언제?

116 맛 좋아?

¿Sabe	bien?
¿싸베	비엔?
맛이 나다	좋은?

117 음식은 어때요?

¿Cómo	está	la comida?
¿꼬모	에쓰따	을라 꼬미다?
어떻게	~이다	그 음식?

118 어떤 거?

¿Cuál?
¿꾸알?
어떤 것?

119 얼마큼?
몇 개?

¿Cuánto?
¿꾸안또?
얼마나?

120 몇 정거장이나 떨어져 있나요?

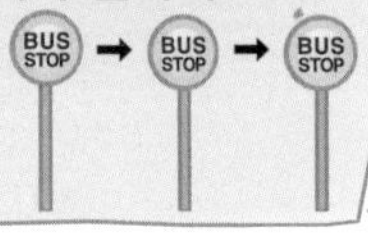

¿A	cuántas	paradas	de	aquí?
¿아	꾸안따쓰	빠라다쓰	데	아끼?
~에게	얼마나	정류장	~에서	여기?

121 얼마나 자주?

¿Cuántas	veces?
¿꾸안따쓰	베쎄쓰?
얼마나	몇 번?

122 얼마나 빨리?
얼마 동안?

¿Cuánto	tiempo?
¿꾸안또	띠엠뽀?
얼마나	시간?

123 화장실이 어디예요?

¿Dónde	está	el baño?
¿돈데	에쓰따	엘 바뇨?
어디에	~이다	그 화장실?

124 더 주세요.

Más,	por favor.
마쓰,	뽀르 파^{f}보르.
더,	부탁합니다.

125 충분해.

Suficiente.
쑤피^{f}씨엔떼.
충분한.

126 그건 너무 많아요.

Es	mucho.
에쓰	무초.
(그것) ~이다	많은.

127 맛있다.

Es	delicioso.
에쓰	델리씨오쏘.
(그것) ~이다	맛있는.

128 완벽해.

Perfecto.
뻬르펙^{f}또.
완벽한.

129 나쁘지 않아.

No está	mal.
노 에쓰따	말.
(그것) 부정 ~이다	나쁜.

130 제대로 골랐네.

Buena	elección.
부에나	엘렉씨온.
좋은	선택.

131 잘했어.

Buen	trabajo.
부엔	뜨라바호.
좋은	일.

132 문제없어요.

No hay	problema.
노 아이	쁘로블레마.
부정 ~이다	문제.

133 깜짝 놀랐어.

Estoy	sorprendido.
에쓰또이	쏘르쁘렌디도.
(나) ~이다	놀란.

가장 자주 사용되는

스페인어 필수 표현

134–152

134 너무 짜요.

Es	**demasiado**	**salado.**
에쓰	데마씨아도	쌀라도.
(그것) ~이다	지나치게	짠.

135 너무 매워요.

Es	**demasiado**	**picante.**
에쓰	데마씨아도	삐깐떼.
(그것) ~이다	지나치게	매운.

136 너무 달아요.

Es	**demasiado**	**dulce.**
에쓰	데마씨아도	둘쎄.
(그것) ~이다	지나치게	단.

137 너무 더워요.

Hace	**demasiado**	**calor.**
아쎄	데마씨아도	깔로르.
~하다	지나치게	더운.

138 너무 추워요.

Hace	**demasiado**	**frío.**
아쎄	데마씨아도	프f리오.
~하다	지나치게	추운.

139 계산서 주세요.

La cuenta,	**por favor.**
을라 꾸엔따,	뽀르 파f보르.
그 계산서,	부탁합니다.

140 내가 계산할게.

Invito	**yo.**
인비또	요.
초대하다	나.

141 할 수 있어?

¿Puedes	**hacerlo?**
¿뿌에데쓰	아쎄를로?
(너) ~할 수 있다	하다 (그것)?

142 나는 할 수 있어요!

Puedo	**hacerlo.**
뿌에도	아쎄를로.
(나) ~할 수 있다	하다 (그것).

143 지금.

Ahora.
아오라.
지금.

144 언제든지.

Cuando	**sea.**
꾸안도	쎄아.
~할 때	~일 때.

145 곧 (금세).

Pronto.
쁘론또.
미리.

146 아, 안 돼···

Oh	**no···**
오	노···
오	부정···

147 다음번.

La próxima	**vez.**
을라 쁘록씨마	베쓰.
그 다음	회.

148 한 번 더.

Una vez	**más.**
우나 베쓰	마쓰.
한 번	더.

149 해라.

Hazlo.
아쓸로.
(너) ~해라 (그것).

150 괜찮아요?

¿Estás	**bien?**
¿에쓰따쓰	비엔?
(너) ~이다	좋은?

151 바쁘세요?

¿Estás	**ocupado?**
¿에쓰따쓰	오꾸빠도?
(너) ~이다	바쁜?

152 도와주세요!

¡Ayúdame!
¡아유다메!
(너) 도와라 (나)!

가장 자주 사용되는
스페인어 필수 표현

153-171

153 누구?

¿Quién?
¿끼엔?
누구?

154 어디예요?

¿Dónde	**estás?**
¿돈데	에쓰따쓰?
어디에	~이다 (너)?

155 어떻게?

¿Cómo?
¿꼬모?
어떻게?

156 왜?

¿Por qué?
¿뽀르 께?
왜?

157 어때?

¿Cómo	**es?**
¿꼬모	에쓰?
어떻게	~이다?

158 그래서?

¿Y?
¿이?
그래서?

159 무슨 일이 벌어진 거야?

¿Qué	**pasó?**
¿께	빠쏘?
무엇	지나갔다?

160 무슨 문제 있어요?

¿Hay	**algún**	**problema?**
¿아이	알군	쁘로블레마?
~이 있다	어떤	문제?

161 나는 몰라요.

No	**sé.**
노	쎄.
부정	(나) 알고 있다.

162 다시 말씀해 주실래요?

¿Perdón?
¿뻬르돈?
미안합니다?

163 저를 거기로 데려다줄 수 있어요?

¿Puedes	tú	llevarme	allí?
¿뿌에데쓰	뚜	예바르메	아이?
~할 수 있다	너	데리고 가다 (나를)	저기?

164 당신에게 달렸어요.

Depende	de	ti.
데뻰데	데	띠.
좌우되다	~에	너.

165 큰일 났다.

Estoy	metido	en	un lío.
에쓰또이	메띠도	엔	운 을리오.
(나) ~이다	들어간	~에	하나의 말썽거리.

166 걱정하지 마.

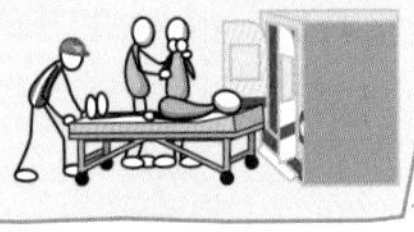

No	te	preocupes.
노	떼	쁘레오꾸뻬쓰.
부정	너 스스로를	걱정해라.

167 신경 쓰지 마세요. 별거 아니야.

Olvídalo.
올비달로.
잊어라 (그것).

168 환불하고 싶어요.

Quiero	un reembolso.
끼에로	운 ㄹ~에엠볼쏘.
(나) 원하다	하나의 환불.

169 모든 것이 정상이에요.

Todo	está	bien.
또도	에쓰따	비엔.
전부	~이다	좋은.

170 말이 안 되잖아.

No tiene	sentido.
노 띠에네	쎈띠도.
부정 가지고 있다	감각.

171 잃어버렸어요.

Lo	perdí.
을로	뻬르디.
(나) 그것	잃었다.

가장 자주 사용되는
스페인어 필수 표현

172–190

172 시간 없어요.

No tengo	tiempo.
노 뗑고	띠엠뽀.
(나) 부정 가지고 있다	시간.

173 가야겠어요.

Tengo que	irme.
뗑고 께	이르메.
(나) ~해야 하다	가다 (나).

174 가고 싶어.

Quiero	ir.
끼에로	이르.
(나) 원하다	가다.

175 가자!

¡Vámonos!
¡바모노쓰!
가라!

176 걸어가면 돼요.

Puedo	caminar.
뿌에도	까미나르.
(나) ~할 수 있다	걷다.

177 곧 돌아올게요.

Vuelvo	enseguida.
부엘보	엔쎄기다.
(나) 돌아오다	즉시.

178 늦었어요.

Llego	tarde.
예고	따르데.
(나) 도착하다	늦게.

179 진심이에요.

Estoy	hablando	en serio.
에쓰또이	아블란도	엔 쎄리오.
(나) ~이다	말하는 중	진지하게.

180 감동했어요.

Estoy	conmovido.
에쓰또이	꼰모비도.
(나) ~이다	감동한.

181 동감이에요.

Estoy	**de acuerdo.**
에쓰또이	데 아꾸에르도.
(나) ~이다	동의하는.

182 네가 그리워.

Te	**echo de menos.**
떼	에초 데 메노쓰.
너를	그리워하다.

183 사랑해.

Te	**quiero.**
떼	끼에로.
너를	사랑하다.

184 네가 옳아.

Tienes	**razón.**
띠에네쓰	ㄹ~아쏜.
(너) 가지고 있다	이유.

185 네가 틀렸어.

Estás	**equivocado.**
에쓰따쓰	에끼보까도.
(너) ~이다	틀린.

186 지겨워요.

Estoy	**aburrido.**
에쓰또이	아부ㄹ~이도.
(나) ~이다	지루한.

187 아파요.

Estoy	**enfermo.**
에쓰또이	엔페f르모.
(나) ~이다	아픈.

188 무서워.

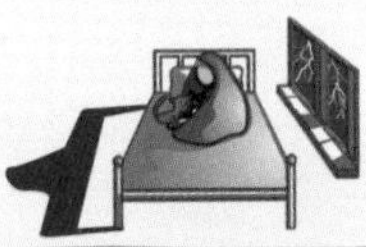

Tengo	**miedo.**
뗑고	미에도.
(나) 가지고 있다	무서움.

189 피곤해요.

Estoy	**cansado.**
에쓰또이	깐싸도.
(나) ~이다	피곤한.

190 그거 재미있네.

Es	**divertido.**
에쓰	디베르띠도.
(그것) ~이다	재미있는.

Intro

가장 자주 사용되는

스페인어 필수 표현

191-209

191 이건 무리예요.

Es	duro.
에쓰	두로.
(그것) ~이다	힘든.

192 이건 어려워요.

Es	difícil.
에쓰	디피f씰.
(그것) ~이다	어려운.

193 그건 중요해요.

Es	importante.
에쓰	임뽀르딴데.
(그것) ~이다	중요한.

194 이건 유용해요.

Es	útil.
에쓰	우띨.
(그것) ~이다	유용한.

195 대단했어요.

Fue	genial.
푸f에	헤니알.
(그것) ~이었다	대단한.

196 좋았어요.

Estaba	bien.
에쓰따바	비엔.
(그것) ~이었다	좋은.

197 그만해.

¡Para!
¡빠라!
멈추어라!

198 조심해.

Ten	cuidado.
뗀	꾸이다도.
(너) 가져라	조심.

199 화가 납니다.

Estoy	enfadado.
에쓰또이	엔파f다도.
(나) ~이다	화가 난.

200 화내지 마.

No estés	enfadado.
노 에쓰떼쓰	엔파^{f}다도.
(너) 부정 ~이어라	화가 난.

201 이해가 안 돼요.

No entiendo.
노 엔띠엔도.
(나) 부정 이해하다.

202 혹시 모르니까.

Por	si	acaso.
뽀르	씨	아까쏘.
~을 위해	만일	우연.

203 왜 그랬어?

¿Por qué	has	hecho	eso?
¿뽀르 께	아쓰	에초	에쏘?
왜	했다	(너) ~하다	그것?

204 뭘 원하는 거야?

¿Qué	necesitas?
¿께	네쎄씨따쓰?
무엇	필요하다 (너)?

205 내가 해야 해?

¿Tengo yo que	hacer	eso?
¿뗑고 요 께	아쎄르	에쏘?
나는 해야만 한다.	~하다	그것?

206 부탁 하나 해도 될까요?

¿Puedo	pedirte	un favor?
¿뿌에도	뻬디르떼	운 파^{f}보르?
(나) ~할 수 있다	부탁하다 (너에게)	하나의 부탁?

207 나 기다리는 중이에요.

Estoy	esperando.
에쓰또이	에쓰뻬란도.
(나) ~이다	기다리는 중.

208 저 지금 가고 있어요.

Ya	llego.
야	예고.
지금은	도착하다.

209 노력 중이에요.

Estoy	intentando.
에쓰또이	인뗀딴도.
(나) ~이다	시도하는 중.

01

영어는 Be동사
스페인어는 Ser동사

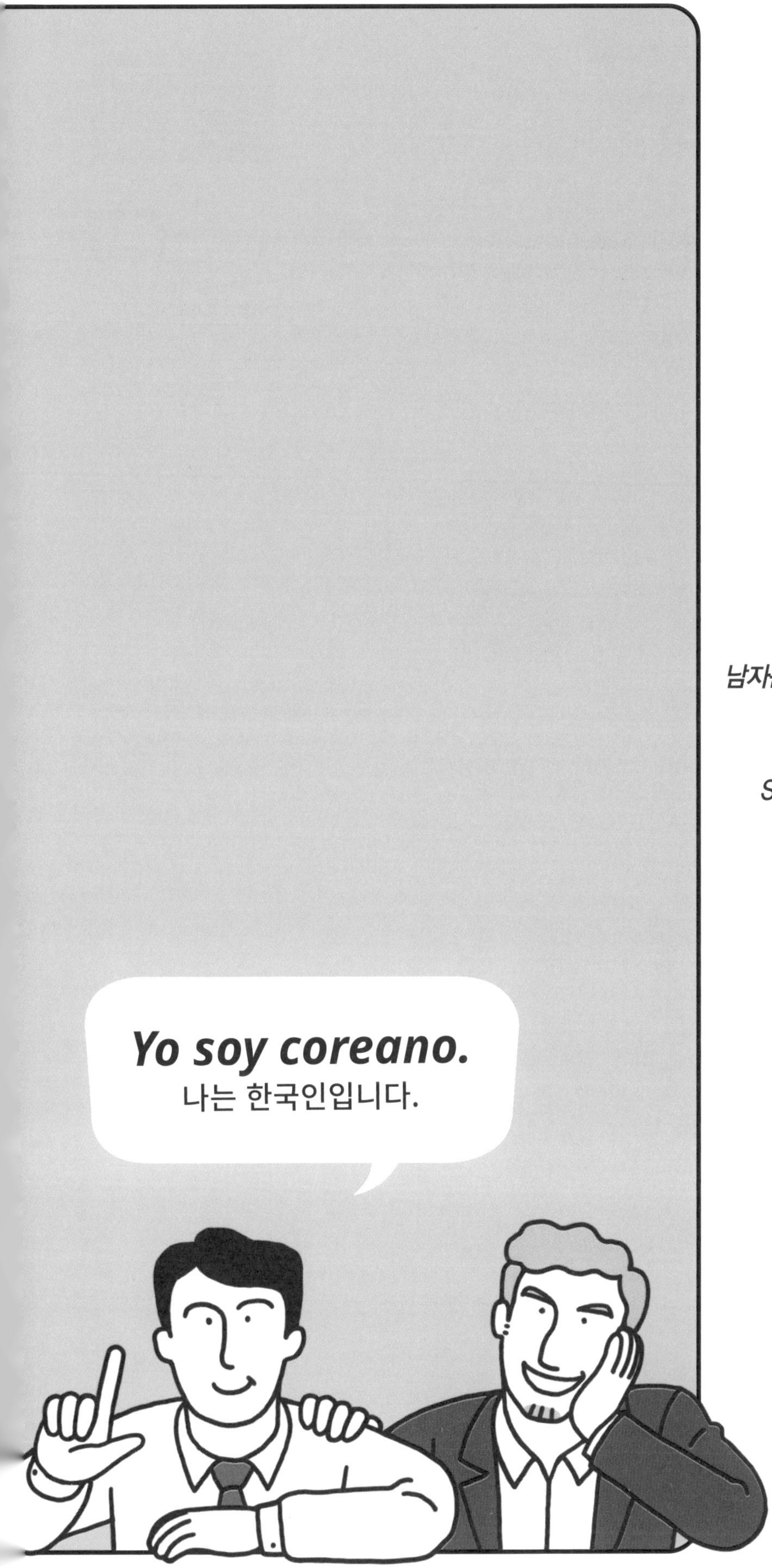

스페인어는 세 토막

형용사는 항상 4종 세트

남자는 “꼬레아노”, 여자는 “꼬레아나”

영리한 소년, 영리한 소녀

Ser동사 부정문 & 주어의 생략

Let's start

한눈에 배운다!
스페인어는 세 토막

영어랑 똑같다

동영상 강의

여러분, 혹시 처음 영어를 배웠던 때를 기억하시나요? 영어의 어순이 '주어 + 동사'로 시작한다는 문법부터 배웠었지요. 우리말과 일본어 외에는, 대부분의 언어가 '주어 + 동사' 어순으로 시작한답니다. 그렇다면 스페인어도 마찬가지겠지요? 네, 그렇답니다. 꼭 기억하세요! **주어 + 동사!**

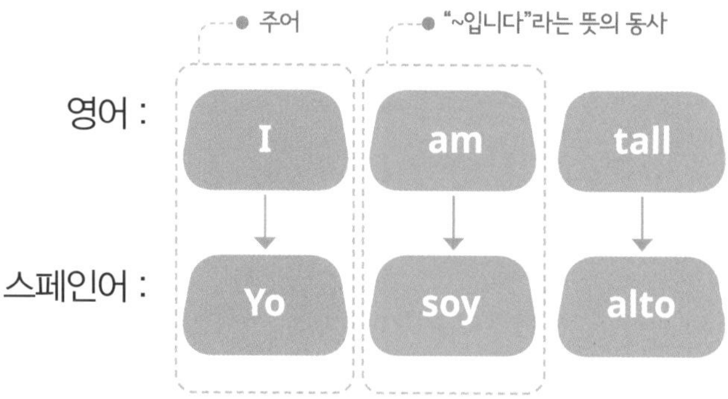

영어에서 am, are, is를 합쳐서 Be동사라고 부르죠? 부를 때만 Be동사라고 부르고, 실제로는 주어가 누구냐에 따라 다음과 같은 변형을 사용합니다.

스페인어의 Ser[쎄르]동사는 영어의 **Be 동사**와 같습니다.
Be 동사가 am, are, is로 사용되듯이 Ser 동사도 6가지로 변화하죠.

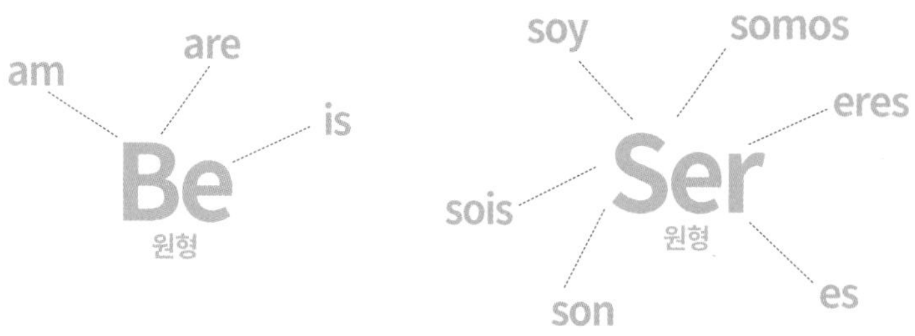

TIP

읽어 보세요 **스페인어를 영어와 비교하는 이유가 뭔가요?**

영어와 스페인어는 뿌리가 같기 때문에 비슷한 구조를 가지고 있습니다. 영어와 비교하지 않아도 스페인어의 구조를 설명할 수는 있지만, 그렇게 되면 설명도 길어지고, 문법 용어도 더 많아질 것입니다. 하지만 걱정하지 마세요. 초등학교 수준 이상의 영어가 설명에 활용되지는 않으니까요.

읽어 보세요 **Be 동사란?**

세상의 모든 문장은 두 가지 의미로 나뉩니다. '똑같다'는 의미이거나 아니면 '한다'는 의미가 그것입니다. 영어를 기준으로 말하자면 'Be동사 문장'과 '일반동사 문장'입니다.

영어문장의 두 가지 종류

1 Be 동사 문장은 '무엇과 무엇이 똑같다'고 말할 때 사용합니다.

Be 동사
I am tall. (I = tall)

2 일반 동사 문장은 그 동사의 내용을 '한다'고 말할 때 사용합니다.

일반 동사
I eat pizza. (eat 한다)

10번 읽어보세요!

Ser동사

따라 말하기

I am = Yo soy [요 쏘이]

남성 여성 성별무관

Yo soy ~
[요 쏘이]
나는 ~ 입니다

Nosotros somos ~
[노쏘뜨로쓰 쏘모쓰]
우리는 ~ 입니다

Nosotras somos ~
[노쏘뜨라쓰 쏘모쓰]
우리는 ~ 입니다

1인칭

Tú eres ~
[뚜 에레쓰]
너는 ~ 이다

Vosotros sois ~
[보쏘뜨로쓰 쏘이쓰]
너희는 ~ 이다

Vosotras sois ~
[보쏘뜨라쓰 쏘이쓰]
너희는 ~ 이다

2인칭

Usted es ~
[우쓰뗃 에쓰]
님께서는 ~ 입니다

Ustedes son ~
[우쓰떼데쓰 쏜]
여러분께서는 ~ 입니다

'Usted es~ / Ustedes son~' 은 '당신은 / 당신들은'이라는 뜻으로 영어 'you'의 존대 표현입니다.
하지만 특이하게도 'Usted / Ustedes'는 2인칭이 아닌 3인칭이며 동사 변형도 3인칭 규칙을 따릅니다.

Él es ~
[엘 에쓰]
그는 ~ 입니다

Ellos son ~
[에요쓰 쏜]
그들은 ~ 입니다

Ella es ~
[에야 에쓰]
그녀는 ~ 입니다

Ellas son ~
[에야쓰 쏜]
그녀들은 ~ 입니다

3인칭

Practice
Ser동사

주어와 동사를 말해보세요.

주어를 보고 동사를 말해보세요.

Usted~ Yo~ Nosotras~

Tú~ Nosotros~ Ellos~

Ella~ Él~ Ellas~

Vosotros~ Vosotras~

Ustedes~

동사를 보고 주어를 말해보세요.

~es ~sois ~eres ~soy

~son ~somos

Let's start

한눈에 배운다!

형용사는 항상 4종 세트

남성형용사
여성형용사

동영상 강의

여기 형용사와 명사가 있습니다.
형용사 '영리한'이 명사 '소년'을 꾸며주고 있군요.

형용사 **영리한** → 명사 **소년**

자, 그럼 이번엔 형용사 '영리한'에 해당하는 스페인어를 알아볼까요?
주의하세요. 깜짝 놀랄 수도 있습니다.

영리한: listo, lista, listos, listas

똑같은 의미의 형용사가 도대체 왜 네 가지로 나뉘는 것일까요?
그것은 남성과 여성, 그리고 단수와 복수를 표현하기 위해서입니다. 우리 입장에서는 기가 찰 노릇이죠. 하지만 형용사의 변형에는 아주 간단한 규칙이 있습니다. 남성에는 'o', 여성에는 'a'를 붙여주는 것입니다.

listo	listos	lista	listas
올리쓰또	올리쓰또쓰	올리쓰따	올리쓰따쓰

영리한	영리한	영리한	영리한

주어진 형용사를 변화시켜 보세요.

bonito [보니또] 예쁜 **feo** [페ᶠ오] 못생긴

_______ _______ _______ _______

_______ _______ _______ _______

TIP

읽어보세요 **남녀가 섞여있으면?**

남녀가 섞여 있으면 남성으로 취급합니다. 예를 들어, 총 100명으로 구성된 그룹이 있다고 가정해 봅시다. 그중 여자가 99명이고, 남자는 단 한 명만 있을 뿐이라 하더라도 형용사나 명사는 남성형으로 쓰여야 합니다. 즉, 여성 복수를 사용하려면 그룹 내에 오로지 여성만 있어야 하는 것이지요.
이러한 성, 수 구분 때문에 스페인어는 어려워 보이기도 합니다. 하지만 단수 복수에 따른 발음은 똑같다는 점, 그리고 성, 수를 틀리게 말해도 의사소통에는 별문제가 없다는 점을 생각하면 처음부터 완벽하게 성, 수를 익히기 위해 스트레스를 받을 필요는 없습니다. 틀려도 된다는 생각으로 즐겁게 공부하시는 것이 더 좋겠습니다.

읽어보세요 **e로 끝나는 형용사**

스페인어에서 –e로 끝나는 형용사들은 남성과 여성, 모두 똑같이 쓰입니다.

- hombre **amable**
  [옴브레 아마블레] **: 친절한 남자**
- mujer **amable**
  [무헤르 아마블레] **: 친절한 여자**

이러한 경우 역시 복수에는 's'만 붙이면 됩니다.

정답입니다!

bonito

bonito, bonitos, bonita, bonitas
[보니또, 보니또쓰, 보니따, 보니따쓰]

feo

feo, feos, fea, feas
[페ᶠ오, 페ᶠ오쓰, 페ᶠ아, 페ᶠ아쓰]

Let's start

한눈에 배운다!

남자는 "꼬레아노", 여자는 "꼬레아나"

신분 명사도 4종 세트

동영상 강의 P53~55 한번에 배우자!

직업을 나타내는 영어 단어 중에, 간혹 성별에 따라 단어를 나눠서 쓰는 경우가 있습니다.

waiter 웨이터 | waitress 웨이트리스

영어에서는 이런 일이 간혹 일어날 뿐입니다. 하지만, 놀라지 마세요. 스페인어에서는 거의 모든 직업과 신분을 남성용과 여성용 단어로 나누어서 사용합니다.

coreano 꼬레아노 | coreana 꼬레아나

camarero	[까마레로] : 남자 웨이터	**camarera**	[까마레라] : 여자 웨이터
doctor	[독또르] : 남자 의사	**doctora**	[독또라] : 여자 의사
abogado	[아보가도] : 남자 변호사	**abogada**	[아보가다] : 여자 변호사
francés	[프f란쎄쓰] : 프랑스 남자	**francesa**	[프f란쎄싸] : 프랑스 여자
italiano	[이딸리아노] : 이탈리아 남자	**italiana**	[이딸리아나] : 이탈리아 여자

이 단어들은 모두 명사이지만 마치 형용사처럼 대부분 'o'와 'a'를 이용해 변화합니다.

어떤 신분명사들은 남성과 여성의 형태가 똑같습니다. 마치 영어에서 의사는 남녀를 가리지 않고 Doctor인 것 처럼 말이죠.

estudiante	[에쓰뚜디안떼] : 학생
artista	[아르띠쓰따] : 예술가
pianista	[삐아니쓰따] : 피아니스트
modelo	[모델로] : 모델
periodista	[뻬리오디쓰따] : 기자
cantante	[깐딴떼] : 가수
futbolista	[풋f볼리쓰따] : 축구선수

주어진 신분명사를 변화시켜 보세요.

chino [치노] 중국인 | **profesor** [쁘로페f쏘르] 선생님

TIP

더 알아봅시다 남성명사, 여성명사

우리는 지금 직업과 신분을 나타내는 명사에 대해서 배우고 있습니다. 이 명사들은 전체 명사 중에서 일부에 불과하죠.

명사 — 신분 명사

그렇다면 나머지 명사들은 어떨까요? 나머지 명사들도 모두 남성이나 여성 중 한 가지로 정해져 있습니다. '책은 남성, 책상은 여성'하는 식이죠.

- 신분 명사 : 남성형 and 여성형 (형용사와 비슷)
- 나머지 명사 : 남성형 or 여성형 (책은 남성, 책상은 여성)

모든 명사에 이처럼 둘 중 하나의 성을 정해주는 이유는 그에 맞는 형용사를 붙여 주기 위함입니다. 이에 관해서는 3단원에서 배우도록 하겠습니다.

정답입니다!

chino
chino, chinos, china, chinas
[치노, 치노쓰, 치나, 치나쓰]

profesor
profesor, profesores, profesora profesoras
[쁘로페f쏘르, 쁘로페f쏘레쓰, 쁘로페f쏘라, 쁘로페f쏘라쓰]

자음으로 끝나는 명사들은 '-es'또는 '-as'를 붙여서 복수형태로 만듭니다.

Let's start

한눈에 배운다!

영리한 소년, 영리한 소녀

명사+형용사 세트

P53~55 한번에 배우자! 동영상 강의

앞에서 우리는 형용사와 신분명사를 배웠습니다. 그럼 이번에는 이들 두 가지를 한꺼번에 사용해볼까요? 원래 형용사는 명사와 사용하는 것이니까 말이죠.

형용사가 명사를 꾸며주는 어순이 우리말과 반대군요. 어순은 중요한 것이니까 익숙해지도록 연습해야겠어요. 그건 그렇고, 형용사도 4종 세트, 신분명사도 4종 세트입니다. 변화하는 모양새도 똑같기 때문에 쉽습니다. 겉으로 볼 때 어려운 것들은 속을 들여다보면 쉬운 법이죠.

niño listo	niños listos	niña lista	niñas listas
닌뇨 올리쓰또	닌뇨쓰 올리쓰또쓰	닌냐 올리쓰따	닌냐쓰 올리쓰따쓰

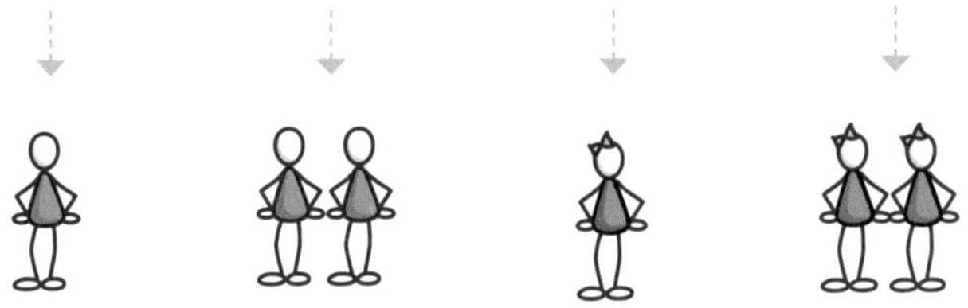

영리한 소년	영리한 소년들	영리한 소녀	영리한 소녀들

TIP

더 알아봅시다 — 앞에 둔 형용사, 뒤에 둔 형용사

일부 형용사는 명사의 앞에 두느냐, 뒤에 두느냐에 따라 의미 자체가 달라지기도 합니다. 아래의 예를 통해 살펴보겠습니다.

- **viejo** [비에호] : 늙은
  - **amigo viejo** : 나이 많은 친구 [아미고 비에호]
  - **viejo amigo** : 오래 사귄 친구 [비에호 아미고]
- **nuevo** [누에보] : 새로운
  - **casa nueva** : 새로 지은 집 [까싸 누에바]
  - **nueva casa** : 새로 이사한 집 [누에바 까싸]
- **grande** [그란데] : 큰
  - **hombre grande** : 몸집이 큰 남자 [옴브레 그란데]
  - **gran hombre** : 위대한 남자 [그란 옴브레] *grande에서 de 탈락

* **gran hombre**처럼 형용사의 뒷부분이 탈락하는 경우는 3단어 뿐입니다.

hombre bueno → buen hombre
좋은 남자

hombre malo → mal hombre
나쁜 남자

더 알아봅시다 — 형용사는 명사의 성수에 따라 바뀐다

문장 안에 명사가 여러 개일 때는 어떻게 해야 할까요.

"나는 작습니다."
위에서 '작은'을 의미하는 형용사는 '나'를 꾸미는 것입니다. 때문에 말하는 사람이 남성인지 여성인지에 따라 형용사의 형태를 결정합니다

"나는 작은 꽃입니다."
여기에서 '작은'을 의미하는 형용사는 '꽃'을 꾸미고 있습니다. 스페인어에서 '꽃'은 여성명사이므로, 형용사를 여성형으로 사용합니다.

네 단어만 외우자!
성격형용사, 신분명사

난 키가 작아. *Yo soy bajo.*
요 쏘이 바호

bajo [바호] 키가 작은

bajo	바호	baja	바하
bajos	바호쓰	bajas	바하쓰

guapo [구아뽀] 잘생긴, 매력적인

guapo	구아뽀	guapa	구아빠
guapos	구아뽀쓰	guapas	구아빠쓰

viajero [비아헤로] 여행자

viajero	비아헤로	viajera	비아헤라
viajeros	비아헤로쓰	viajeras	비아헤라쓰

estudiante [에쓰뚜디안떼] 학생

estudiante	에쓰뚜디안떼	estudiante	에쓰뚜디안떼
estudiantes	에쓰뚜디안떼쓰	estudiantes	에쓰뚜디안떼쓰

따라 말하기

Practice

Ser동사 문장

따라 말하기

빈칸에 형용사를 써넣으세요. 이때 주어의 성, 수에 주의하세요.

1 여행자이다.
Yo soy viajera

2 키가 작다.
Yo soy ______

3 키가 크다.
Tú eres ______

4 키가 작다.
Tú eres ______

5 잘생겼다.
Él es ______

6 한국인이다.
Él es ______

7 여행자이다.
Ella es ______

8 학생들이다.
Nosotros somos ______

9 잘생겼다.
Nosotros somos ______

10 선생님들이다.
Ellos son ______

11 키가 크다.
Ellos son ______

12 중국인들이다.
Ellas son ______

정답입니다!
1 viajera 2 bajo 3 alto 4 baja 5 guapo 6 coreano
7 viajera 8 estudiantes 9 guapos 10 profesores 11 altos 12 chinas

Practice

Ser동사 문장

따라 말하기

다음 문장을 스페인어로 옮겨 적어 보세요.

1 나는 한국인이다. Yo soy coreana.

2 나는 선생님이다.

3 나는 중국인이다.

4 그는 키가 작다.

5 그녀는 학생이다.

6 당신은 아름답습니다.

7 너희는 똑똑하다.

8 그들은 여행자들이다.

9 그녀들은 중국인들이다.

10 그녀들은 여행자들이다.

정답입니다! 1 Yo soy coreana. 2 Yo soy profesora. 3 Yo soy chino. 4 Él es bajo. 5 Ella es estudiante. 6 Usted es guapa. 7 Vosotros sois inteligentes. 8 Ellos son viajeros. 9 Ellas son chinas. 10 Ellas son viajeras.

Let's start

한눈에 배운다!

Ser동사 부정문 & 주어의 생략

동사 앞에 no

동영상 강의

부정문

'나는 행복하지 않아'라는 표현을 영어로 한번 말해볼까요?
not을 이용해서 손쉽게 만들 수 있습니다.

I am not happy

am에 not을 붙여주면 간단히 부정문이 되지요. 스페인어에도 영어의 not에 해당하는 부정 표현이 있는데, 다행히도 생김새는 영어의 not과 비슷합니다. 쓰임은 조금 다르지만요. 영어에서는 not을 be동사의 뒤에 두는 반면, **스페인어의 부정 표현인 no는 동사의 앞에** 둡니다.

▶ 나는 행복하지 않아. [요 노 쏘이 펠f리쓰]

영어: I am *not* happy

스페인어: Yo *no* soy feliz

주어의 생략

스페인어에서는 문장에서 주어를 생략하기도 합니다. 하지만 생략된 주어가 무엇인지 쉽게 추측할 수 있도록 되어있습니다. 주어에 따라 동사의 모양이 바뀌기 때문이죠. 거꾸로 말해서, 동사를 보면 그 문장의 주어를 알 수 있다는 것입니다.

▶ 우리는 한국인이다. [쏘모쓰 꼬레아노쓰]

Nosotros somos coreanos

=

Somos coreanos

TIP

더 알아 봅시다 – Él과 Él

스페인어에는 Tilde[띨데]라는 것이 있습니다. 강세를 표현하는 것 인데요. '그(he)' 라는 말의 **Él**은 Tilde가 있고 정관사(the) **El**에는 Tilde가 없으니 Tilde로 **Él**과 **El** 을 구분할 수도 있겠습니다.

읽어 보세요 – 주어가 생략되는 이유

주어가 생략되어도 동사만 보면 원래의 주어를 알 수 있습니다. 주어에 따라 각각 다르게 변화한 형태의 동사를 사용하기 때문이죠. 그(él)나 그녀(ella)처럼, 같은 형태로 변화한 동사(es)를 사용하는 주어라도 마찬가지로 생략할 수 있습니다. 뒤이어 오는 명사나 형용사의 형태를 통해 주어가 남성인지, 여성인지 파악할 수 있기 때문입니다.

더 알아 봅시다 – 부정문도 주어 생략

▶ 우리는 한국인들이 아니다.
[노 쏘모쓰 꼬레아노쓰]

Nosotros *no* somos coreanos

= *No* somos coreanos

10번 읽어보세요!

Ser동사 부정문

따라 말하기

I am not = Yo no soy [요 노 쏘이]

Yo no soy ~
[요 노 쏘이]
나는 ~ 이 아닙니다

Nosotros no somos ~
[노쏘뜨로쓰 노 쏘모쓰]
우리는 ~ 이 아닙니다

Nosotras no somos ~
[노쏘뜨라쓰 노 쏘모쓰]
우리는 ~ 이 아닙니다

1인칭

Tú no eres ~
[뚜 노 에레쓰]
너는 ~ 이 아니다

Vosotros no sois ~
[보쏘뜨로쓰 노 쏘이쓰]
너희는 ~ 이 아니다

Vosotras no sois ~
[보쏘뜨라쓰 노 쏘이쓰]
너희는 ~ 이 아니다

Usted no es ~
[우쓰뗃 노 에쓰]
님께서는 ~ 이 아닙니다

Ustedes no son ~
[우쓰떼데쓰 노 쏜]
여러분께서는 ~ 이 아닙니다

2인칭

Él no es ~
[엘 노 에쓰]
그는 ~ 이 아닙니다

Ellos no son ~
[에요쓰 노 쏜]
그들은 ~ 이 아닙니다

Ella no es ~
[에야 노 에쓰]
그녀는 ~ 이 아닙니다

Ellas no son ~
[에야쓰 노 쏜]
그녀들은 ~ 이 아닙니다

3인칭

네 단어만 외우자!
성격형용사, 신분명사

따라 말하기

그는 영리하지 않아.

Él no es listo.
엘 노 에쓰 을리쓰또

listo [을리쓰또] 영리한

listo	을리쓰또	lista	을리쓰따
listos	을리쓰또쓰	listas	을리쓰따쓰

amable [아마블레] 친절한, 상냥한

amable	아마블레	amable	아마블레
amables	아마블레쓰	amables	아마블레쓰

español [에쓰빤뇰] 스페인 사람

español	에쓰빤뇰	española	에쓰빤뇰라
españoles	에쓰빤뇰레쓰	españolas	에쓰빤뇰라쓰

extranjero [엑쓰뜨랑헤로] 외국인

extranjero	엑쓰뜨랑헤로	extranjera	엑쓰뜨랑헤라
extranjeros	엑쓰뜨랑헤로쓰	extranjeras	엑쓰뜨랑헤라쓰

Practice
Ser동사 부정문

따라 말하기

문장의 뜻에 맞추어 빈칸을 채워보세요.

1 나는 중국 사람이 아니다.

Yo ( ) soy china

2 나는 스페인 사람이 아니다.

( ) ( ) ( ) española

3 그는 친절하지 않다.

( ) ( ) ( ) amable

4 그녀는 키가 크지 않다.

( ) ( ) ( ) alta

5 그녀는 외국인이 아니다.

( ) ( ) ( ) extranjera

6 우리는 똑똑하지 않다.

( ) ( ) ( ) listos

7 너희는 학생들이 아니다.

( ) ( ) ( ) estudiantes

정답입니다!

1 Yo no soy china.
2 Yo no soy española.
3 Él no es amable.
4 Ella no es alta.
5 Ella no es extranjera.
6 Nosotros no somos listos.
7 Vosotros no sois estudiantes.

Practice

Ser동사 부정문

따라 말하기

다음 부정문을 스페인어로 옮겨 적어 보세요.

1 나는 키가 크지 않다. Yo no soy alta.

2 나는 한국인이 아니다.

3 나는 키가 작지 않다.

4 그는 똑똑하지 않다.

5 그녀는 친절하지 않다.

6 그녀는 예쁘지 않다.

7 우리는 스페인 사람들이 아니다.

8 너희는 똑똑하지 않다.

9 그들은 학생들이 아니다.

10 그녀들은 중국인들이 아니다.

정답입니다! 1 Yo no soy alta. 2 Yo no soy coreano. 3 Yo no soy bajo. 4 Él no es listo. 5 Ella no es amable. 6 Ella no es guapa. 7 Nosotros no somos españoles. 8 Vosotros no sois listos. 9 Ellos no son estudiantes. 10 Ellas no son chinas.

Practice
Ser동사 주어생략

따라 말하기

주어가 생략된 문장들에 주어를 넣어보세요.

1 Yo soy viajera. (여행자)

2 ( ) no soy bajo. (키가 작은)

3 ( ) eres alta. (키가 큰)

4 ( ) no eres delgado. (날씬한)

5 ( ) es guapo. (잘생긴)

6 ( ) es coreano. (한국인)

7 ( ) es estudiante. (학생)

8 ( ) no somos profesores. (선생님들)

9 ( ) sois amables. (친절한)

10 ( ) son guapos. (잘생긴)

11 ( ) son inteligentes. (똑똑한)

12 ( ) no son altas. (키가 큰)

정답입니다! 1 Yo 2 Yo 3 Tú 4 Tú 5 Él 6 Él 7 Él / Ella 8 Nosotros 9 Vosotros / Vosotras 10 Ellos 11 Ellos / Ellas 12 Ellas

Practice
Ser동사 주어생략

따라 말하기

다음을 스페인어로 옮겨 적어 보세요. 단 주어는 생략하세요.

1 나는 키가 크지 않다. No soy alta.

2 나는 한국인이 아니다.

3 너는 친절하다.

4 너는 똑똑하지 않다.

5 그는 잘생겼다.

6 그는 키가 작지 않다.

7 우리는 스페인 사람들이 아니다.

8 너희는 여행자들이 아니다.

9 그들은 학생들이다.

10 그녀들은 중국인들이 아니다.

정답입니다! 1 No soy alta. 2 No soy coreana. 3 Eres amable. 4 No eres inteligente. 5 Es guapo. 6 No es bajo. 7 No somos españolas. 8 No sois viajeros. 9 Son estudiantes. 10 No son chinas.

01 이 표현 꼭 외우자! 영어는 Be동사 스페인어는 Ser동사

1 나는 한국 사람이야.

JULIA
¡Hola! ¿Eres china?
올라! 에레쓰 / 치나?
안녕! (너는) ~이다 / 중국인?

YOOMIN
No, no soy china.
노, 노 / 쏘이 / 치나.
아니, (부정) / (나는) ~이다 / 중국인.

JULIA
¿Eres japonesa?
에레쓰 / 하뽀네싸?
(너는) ~이다 / 일본인?

YOOMIN
No, no soy japonesa.
노, 노 / 쏘이 / 하뽀네싸.
아니, (부정) / (나는) ~이다 / 일본인.

JULIA
¿Eres coreana?
에레쓰 / 꼬레아나?
(너는) ~이다 / 한국인?

YOOMIN
Sí, soy coreana.
씨, 쏘이 / 꼬레아나.
응, (나는) ~이다 / 한국인.

J : 안녕, 너는 중국인이니?
Y : 아니, 나는 중국인이 아니야.
J : 그럼 일본인이니?
Y : 아니, 나 일본인 아닌데.
J : 그럼 한국인이니?
Y : 응, 나 한국인이야.

TIP

◀ **¿Eres china?**

스페인어의 가장 큰 특징은 주어를 아무 조건 없이 쉽게 생략한다는 것입니다.

영어로 예를 들자면 마치 'Are you Chinese?'에서 you를 빼버린 것과 같습니다.

Are Chinese?

이처럼 말하면 영어에서는 주어가 없기 때문에 문장이 되지 못합니다. 하지만 스페인어에서는 대부분의 경우 위와 같이 주어를 생략하고 말합니다.

I am = (Yo) soy
You are = (Tú) eres

2 나는 학생입니다.

PABLO
¿Eres estudiante?
에레쓰 / 에쓰뚜디안떼?
(당신은) ~입니다 / 학생?

VICTOR
Sí, soy estudiante.
씨, 쏘이 / 에쓰뚜디안떼.
네, (저는) ~입니다 / 학생.

PABLO
¿Eres un buen estudiante?
에레쓰 / 운 부엔 에쓰뚜디안떼?
(당신은) ~입니다 / 부정관사 좋은 학생?

VICTOR
Sí, soy un buen estudiante.
씨, 쏘이 / 운 부엔 에쓰뚜디안떼.
네, (저는) ~입니다 / 부정관사 좋은 학생.

PABLO
¿Eres trabajador?
에레쓰 / 뜨라바하도르?
(당신은) ~입니다 / 부지런한?

VICTOR
Sí, soy muy trabajador.
씨, 쏘이 / 무이 뜨라바하도르.
네, (저는) ~입니다 / 매우 부지런한.

P : 학생이세요?
V : 네, 저는 학생이에요.
P : 공부는 잘하세요?
V : 네, 저 공부 잘 해요.
P : 공부 열심히 하세요?
V : 네, 저 공부 열심히 해요.

TIP

Un, una

비슷해 보이는 이들은 '하나의'를 뜻하는 부정관사들입니다. 영어의 'a'에 해당하죠. 우선은 이들이 등장할 때 "관사구나~!" 하고 생각해 주세요.

Trabajador

Trabajador은 일꾼 또는 부지런한 사람을 일컫는 말입니다. 그러므로 '그는 공부를 매우 열심히 하는 학생이야'라고 이야기하려면 'Él es un estudiante muy trabajador.'라고 합니다.

Muy

매우, 대단히, 몹시, 무척이라는 의미를 가지고 있는 부사입니다.
형용사로 쓰이는 명사인 trabajador(부지런한)을 강조하기 위해 사용되었습니다.

3 아뇨, 저는 이탈리아 사람입니다.

PABLO
Buenos días, yo soy Pablo. ¿Y usted?
부에노쓰 디아쓰, 요 쏘이 / 빠블로. 이 우쓰뗃?
좋은 날들, 저는 ~입니다 / 파블로(남성이름). 그리고 당신은?

CAROLINA
Buenos días, yo soy Carolina.
부에노쓰 디아쓰, 요 쏘이 / 까롤리나.
좋은 날들, 저는 ~입니다 / 캐롤라인(여성이름).

PABLO
¿Usted es española?
우쓰뗃 에쓰 / 에쓰빤뇰라?
당신은 ~입니다 / 스페인 사람?

CAROLINA
No, yo soy italiana. ¿Y usted?
노, 요 쏘이 / 이딸리아나. 이 우쓰뗃?
아니요, 저는 ~입니다 / 이탈리아 사람. 그리고 당신은?

¿Usted es español?
우쓰뗃 에쓰 / 에쓰빤뇰?
당신은 ~입니다 / 스페인 사람?

PABLO
Sí, yo soy español.
씨, 요 쏘이 / 에쓰빤뇰.
네, 저는 ~입니다 / 스페인 사람.

¿Es usted estudiante?
에쓰 / 우쓰뗃 / 에쓰뚜디안떼?
~입니다 / 당신은 / 학생?

CAROLINA
Sí, yo soy estudiante. ¿Y usted?
씨, 요 쏘이 / 에쓰뚜디안떼. 이 우쓰뗃?
네, 저는 ~입니다 / 학생. 그리고 당신은?

P : 안녕하세요, 제 이름은 파블로입니다. 당신은요?
C : 안녕하세요, 제 이름은 캐롤라인입니다.
P : 스페인 분이신가요?
C : 아니요, 이탈리아 사람입니다. 당신은요? 스페인 분이신가요?
P : 네, 스페인 사람이에요. 학생이세요?
C : 네, 저는 학생입니다. 당신은요?

TIP

하루 중 시각에 따른 인사

¡Buenos días! [부에노쓰 디아쓰]
: '좋은 하루', 'Good morning.'
오전에 만날 때의 인사

¡Buenas tardes! [부에나쓰 따르데쓰]
: '좋은 오후', 'Good afternoon.'
오후에 만날 때의 인사

¡Buenas noches! [부에나쓰 노체쓰]
: '좋은 저녁', 'Good night.'
해가 떨어진 이후 만날 때의 인사 / 헤어질 때의 인사

Carolina & Pablo

이름은 고유명사이고 부모님의 의지로 만들어지기 때문에 바른 맞춤법 혹은 발음법이 없습니다. 그러므로 당사자와 명함을 받거나 이름을 적을 때 철자 및 발음을 확인하는 것이 예의입니다.

Estudiante

스페인어의 명사는 남성 혹은 여성으로 나뉘지만 **estudiante** 같은 몇몇 단어는 여성, 남성의 정관사만 바꿔서 써 주면 됩니다.

El estudiante [엘 에쓰뚜디안떼]
: 남학생

La estudiante [을라 에쓰뚜디안떼]
: 여학생

PABLO

Yo soy músico.

요 쏘이 / 무씨꼬.
저는 ~입니다 / 음악가.

Estoy encantado de conocerla.

에쓰또이 엔깐따도 / 데 꼬노쎄를라.
(저는) 반갑습니다 / 당신을 만나서.

CAROLINA

Yo también estoy encantada.

요 / 땀비엔 / 에쓰또이 엔깐따다.
저 / 또한 / 반가워요.

P : 저는 음악가입니다.
만나서 반갑습니다.
C : 저도 만나서 반갑습니다.

4 그녀는 내 거야.

FEDERICO

¿Cómo es tu curso de coreano?

꼬모 / 에쓰 / 뚜 꾸르쏘 / 데 꼬레아노?
어때 / ~이다 / 너의 수업 / 한국어의?

VICTOR

Es muy divertido.

에쓰 / 무이 디베르띠도.
~이다 / 매우 재미있는.

Mi profe es muy competente.

미 쁘로페^{f} 에쓰 / 무이 꼼뻬뗀떼.
나의 선생님은 ~이다 / 매우 능력 있는.

Pero el coreano es muy difícil.

뻬로 / 엘 꼬레아노 에쓰 / 무이 디피^{f}씰.
하지만 / 한국어는 ~이다 / 매우 어려운.

F : 네 한국어 수업은 어때?
V : 재미있어.
선생님이 능력 있어.
하지만 한국어는 정말 어려워.

TIP

Encantado de conocerle.

'만나서 반갑다 (Nice to meet you)'라고 말할 때는 형용사 'encantado [엔깐따도] (몹시 기쁘다)'를 사용합니다.
'Encantado'는 형용사이기 때문에, 위 diálogo에서 여성인 Carolina가 말할 때는 encantado에 '-o' 대신 '-a'가 붙습니다. 형용사를 여성형으로 만들어주는 것이지요.

영어와 비슷한 스페인어

Tu curso de coreano.
= Your class of Korean.

Profe

대화체에서 사용하는 'profesor / profesora [쁘로페^{f}쏘르 / 쁘로페^{f}쏘라]'의 약자로, '교수님'이나 '선생님'을 지칭합니다.

El coreano

'El'은 '그'를 뜻하는 관사로 영어로는 'the'에 해당합니다.

FEDERICO

¿Tu profesora de coreano

뚜 쁘로페^{f}쏘라 / 데 꼬레아노 /
너의 선생님은 / 한국어의 /

es muy guapa?

에쓰 / 무이 구아빠?
~이다 / 매우 예쁜?

VICTOR

Sí, es muy guapa.

씨, 에쓰 / 무이 구아빠.
응, ~이다 / 매우 예쁜.

FEDERICO

¿Cómo es ella?

꼬모 / 에쓰 / 에야?
어떻게 / ~이다 / 그녀는?

VICTOR

Ella parece una modelo.

에야 빠레쎄 / 우나 모델로.
그녀는 닮다 / (부정관사) 모델.

FEDERICO

¿Me la presentas?

메 / ㄹ라 / 쁘레쎈따쓰?
나에게 / 그녀를 / 소개해 줄래?

VICTOR

No, es mía.

노, 에쓰 / 미아.
아니, (그녀는) ~이다 / 내 것.

FEDERICO

Vale, buena suerte.

발레, 부에나 쑤에르떼.
알겠어, 좋은 운.

F : 네 한국어 선생님 매우 예쁘셔?
V : 응, 매우 예쁘셔.
F : 어떻게 생기셨어?
V : 그녀는 모델 같아.
F : 나 소개해 줄래?
V : 아니, 그녀는 내 거야.
F : 그래, 행운을 빌어.

TIP

Ella es muy guapa.

위 diálogo에서는 '여성'인 선생님을 가리키므로 'guapa'로, 형용사 또한 여성형으로 변합니다. 만약 선생님이 '남성'이었다면 'guapo'라는 남성형 형용사를 써야겠죠?

modelo

여기서 '모델' 이라는 신분명사에 성수가 여성으로 보이지 않는군요. 왜일까요? modela라고 쓰였어야 맞는 것 같아 보이는데 말이죠.
앞서 배웠듯이 어떤 신분 명사는 남성과 여성의 형태가 같습니다. 예술가 pianista 가수 cantante 도 남성과 여성의 생김새가 같습니다.

Vale

Vale는 여러 가지 의미를 가진 단어입니다. '그래, 알겠어'라는 뜻 외에도, '표' 또는 '가치'를 뜻하기도 합니다.

Este libro vale 10 €.
[에쓰떼 ㄹ리브로 발레 디에쓰 에우로쓰]
: 이 책은 10유로입니다.

Vale de regalo
[발레 데 레갈로]
: 상품권

5 그들은 최고야.

JULIA

¿Cómo es tu familia?
꼬모 / 에쓰 / 뚜 파^{f}밀리아?
어떻게 / ~이다 / 너의 가족은?

CAROLINA

Mi familia es muy divertida.
미 파^{f}밀리아 / 에쓰 / 무이 디베르띠다.
나의 가족은 / ~이다 / 매우 재미있는.

Mis padres son muy simpáticos
미쓰 빠드레쓰 / 쏜 / 무이 씸빠띠꼬쓰 /
나의 부모님은 / ~이다 / 매우 유쾌한 /

y mi hermana es muy guapa.
이 / 미 에르마나 / 에쓰 / 무이 구아빠.
그리고 / 나의 여형제는 / ~이다 / 매우 예쁜.

Ellos son maravillosos.
에요쓰 / 쏜 / 마라비요쏘쓰.
그들은 / ~이다 / 굉장한.

¿Y cómo es tu familia?
이 / 꼬모 / 에쓰 / 뚜 파^{f}밀리아?
그리고 / 어떻게 / ~이다 / 너의 가족은?

JULIA

Mi familia es muy divertida también.
미 파^{f}밀리아 / 에쓰 / 무이 디베르띠다 / 땀비엔.
나의 가족은 / ~이다 / 매우 재미있는 / 또한.

J : 너의 가족은 어때?
C : 내 가족은 재미있는 사람들이야.
우리 부모님은 아주 친절하시고
여동생은 정말 예뻐. 그들은 굉장해.
너의 가족은 어때?
J : 우리 가족도 정말 재미있는 가족이야.

TIP

Familia

Familia는 '가족'을 뜻합니다. 그럼 스페인어로 가족 구성원을 어떻게 부르는지 배워볼까요?

Abuelo	[아부엘로]	: 할아버지
Abuela	[아부엘라]	: 할머니
Padre	[빠드레]	: 아버지
Madre	[마드레]	: 어머니
Hijo	[이호]	: 아들
Hija	[이하]	: 딸
Nieto	[니에또]	: 손자
Nieta	[니에따]	: 손녀
Hermano	[에르마노]	: 남자 형제
Hermana	[에르마나]	: 여자 형제
Tío	[띠오]	: 삼촌, 고모부
Tía	[띠아]	: 숙모, 고모
Primo	[쁘리모]	: 남자 사촌
Prima	[쁘리마]	: 여자 사촌
Sobrino	[쏘브리노]	: 남자 조카
Sobrina	[쏘브리나]	: 여자 조카

JULIA

Mis padres son muy generosos y
미쓰 빠드레쓰 / 쏜 / 무이 헤네로쏘쓰 / 이 /
나의 부모님은 / ~이다 / 매우 너그러운 / 그리고 /

mi hermano es muy gracioso.
미 에르마노 / 에쓰 / 무이 그라씨오쏘.
나의 남자형제는 / ~이다 / 매우 웃긴.

¡Ellos son los mejores!
에요쓰 / 쏜 / 을로쓰 메호레쓰!
그들은 / ~이다 / (정관사) 최고들!

J : 우리 부모님은 참 너그러운 사람들이고
내 남동생은 정말 웃겨.
그들은 최고의 가족이야!

TIP

◀ **Mis padres**

스페인어 소유형용사는 단수/복수에 따라서 조금씩 달라집니다. 소유형용사는 반드시 해당 명사 앞에 위치하며 명사의 성, 수와 일치해야 합니다.

Mi familia [미 파^{f}밀리라] : 나의 가족
Mis padres [미쓰 빠드레쓰] : 나의 부모님

6 내가 누굴까요?

JAVIER

¿Quieres jugar a '¿Quién soy?'?
끼에레쓰 / 후가르 / 아 '끼엔 쏘이?'?
(너는) 원하다 / 놀기를 / '내가 누굴까요?'를?

MARIA

¿Qué es eso?
께 / 에쓰 / 에쏘?
무엇 / ~이다 / 그것은?

JAVIER

Es un juego de adivinanzas.
에쓰 / 운 후에고 / 데 아디비난싸쓰.
~이다 / (부정관사) 놀이 / 수수께끼의.

MARIA

Me gustan las adivinanzas.
메 구쓰딴 / 을라쓰 아디비난싸쓰.
나는 좋아하다 / (정관사) 수수께끼들.

J : '내가 누굴까요' 놀이할래?
M : '내가 누굴까요' 놀이가 뭐야?
J : 수수께끼 놀이야.
M : 나 수수께끼 좋아해.

◀ **Veo, veo**

'Veo'는 'Ver', 즉 '보다' 동사의 1인칭 형태입니다. 'Veo, veo'는 한국의 '스무 고개'와 비슷한 수수께끼로, 알파벳의 첫 글자를 힌트로 주면서 시작됩니다. 스페인에서는 'Veo, veo'를 시작하기 전, 항상 다음과 같이 노래합니다.

Veo, veo. [베오 베오] 나는 보여, 나는 보여.
¿Qué ves? [께 베쓰] 무엇이 보여?
Una cosita. [우나 꼬씨따] 작은 것이 보여.
¿Qué cosita es? [께 꼬씨따 에쓰] 작은 무엇이?
Empieza con la 'A'. [엠삐에싸 꼰 을라 아] 'A'로 시작해.
¿Qué será? [께 쎄라] 무엇일까?
¿Qué será? [께 쎄라] 무엇일까?

JAVIER **Muy bien. Respondes tú.**
무이 비엔. 레쓰뽄데쓰 / 뚜.
매우 좋아. 대답해 / 네가.

MARIA **Guay. Pregúntame.**
구아이. 쁘레군따메.
좋아. 물어봐 (나에게).

JAVIER **Él te ve envejecer sin jamás**
엘 / 떼 베 / 엔베헤쎄르 / 씬 / 하마쓰 /
그는 / 너를 보다 / 늙는 것 / ~하지 않고 / 결코 /

decirte nada.
데씨르떼 / 나다.
너에게 말하다 / 아무것도.

¿Qué soy?
께 / 쏘이?
무엇 / (나는) ~일까?

MARIA **Mmm… No sé.**
음… 노 / 쎄.
음 (의성어) … (부정) / (나는) 알다.

JAVIER **¡Un espejo!**
운 에쓰뻬호!
거울!

MARIA **¡Ah sí, es verdad!**
아 씨, 에쓰 / 베르닫!
아 그래, ~이다 / 사실!

J : 잘 됐네. 내가 수수께끼를 낼게.
M : 좋아, 해 봐.
J : 너에게 아무 말을 하지 않고 네가 늙어가는 것을 보기만 해.
내가 누굴까요?
M : 음… 모르겠네.
J : 거울이지!
M : 그러네, 정말이네!

TIP

Guay
스페인 청소년들이나 청년들이 사용하는 구어로서 영어의 'cool'과 같은 의미입니다.

Envejecer
'나이 들다', '늙다'가 envejecer 이면 '젊어지다'도 알아야겠죠? '젊어지다'는 rejuvencer [레후베네쎄르]입니다. 어원은 라틴어 juvenis (젊음)이며 '원상태로 돌아가다'라는 뜻의 접두사 're–'를 붙여서 만든 동사입니다.

¡Comer sano y hacer ejercicio para rejuvenecer!
[꼬메르 싸노 이 아세르 에헤르씨씨오 빠라 레후베네쎄르!]
: 젊어지기 위해 건강하게 먹고 운동하기!

7 빠에야는 뭔가요?

LETICIA

¿Qué es la paella?
께 / 에쓰 / 을라 빠에야?
무엇 / ~이다 / (정관사) 빠에야?

PABLO

La paella es una comida
을라 빠에야 / 에쓰 / 우나 꼬미다 /
빠에야는 / ~이다 / (부정관사) 음식 /

típica española.
띠삐까 / 에쓰빤뇰라.
전통적인 / 스페인의.

LETICIA

¿Y qué tipo de comida es?
이 / 께 / 띠뽀 데 꼬미다 / 에쓰?
그리고 / 무슨 / 종류의 음식 / ~이다?

PABLO

Es arroz con carne o mariscos.
에쓰 / 아ㄹ~오쓰 / 꼰 / 까르네 / 오 / 마리쓰꼬쓰.
(이것은) ~이다 / 쌀 / 함께 / 고기 / 아니면 / 해산물들.

LETICIA

¿Es delicioso?
에쓰 / 델리씨오쏘?
(이것은) ~이다 / 맛있는?

L : 빠에야는 뭐야?
P : 빠에야는 스페인 전통 음식이야.
L : 어떤 종류의 음식이야?
P : 쌀과 고기나 해산물이 들어간 음식이지.
L : 맛은 있어?

TIP

Paella

스페인 전통 음식 빠에야는 전 세계적으로 사랑받는 음식입니다. 빠에야는 발렌시아 지방에서 처음으로 만들어졌다고 하며 지방마다 다른 재료를 씁니다. 해변에 있는 지방에서는 주로 해산물을, 육지에 있는 지방에서는 육류를 사용하는데 간혹 토끼고기를 넣는 곳도 있습니다.

Arroz con carne

스페인어의 'con'은 영어의 'with'와 같은 의미를 가지고 있는 전치사입니다.

Carne o mariscos

스페인어에의 'o'는 영어의 'or'에 해당되는 접속사입니다. '혹은', '또는', '아니면'이라는 의미를 가지고 있지요.

Mariscos

Mariscos는 '해산물', '조개류'를 뜻하는 단어입니다. 하지만 스페인에서는 해산물을 'frutos del mar'라고도 부릅니다. 'frutos del mar'를 직역하면 '바다의 과일들'입니다.

PABLO

Sí, es un plato muy delicioso.
씨, 에쓰 / 운 쁠라또 / 무이 델리씨오쏘.
응, (이것은) ~이다 / 부정관사 요리 / 매우 맛있는.

LETICIA

¿La paella es muy difícil de preparar?
을라 빠에야 / 에쓰 / 무이 디피^{f}씰 / 데 쁘레빠라르?
정관사 빠에야는 / ~이다 / 매우 어려운 / 만들기의?

PABLO

No.
노.
아니.

No es difícil pero tampoco es fácil.
노 / 에쓰 / 디피^{f}씰 / 뻬로 / 땀뽀꼬 / 에쓰 파^{f}씰.
부정 / (이것은) ~이다 / 어려운 / 하지만 / ~도 아닌 / (이것은) 쉬운.

LETICIA

¿Es muy caro?
에쓰 / 무이 까로?
~이다 / 매우 비싼?

PABLO

No es muy caro.
노 / 에쓰/ 무이 까로.
부정 / (이것은) ~이다 / 매우 비싼.

¡Tienes que probarlo!
띠에네쓰 께 / 쁘로바를로!
(너는) ~해야 한다 / 시식을!

P : 응, 정말 맛있는 요리지.
L : 만들기는 어려워?
P : 그렇게 어려운 것은 아니지만 그렇다고 쉽지는 않아.
L : 많이 비싸?
P : 비싸지는 않아.
한 번 먹어봐!

TIP

Plato

Plato는 '그릇' 또는 '접시'를 의미하기도 하지만, 요리 자체를 의미하기도 합니다.

Un plato muy bonito
[운 쁠라또 무이 보니또]
: 아주 예쁜 그릇

Un plato muy delicioso
[운 쁠라또 무이 델리씨오쏘]
: 아주 맛있는 요리

No es muy caro

동사 앞에 'no'만 붙여주면 부정문이 만들어집니다.

No es difícil.
[노 에쓰 디피^{f}씰]
: 어렵지 않다.

No es caro.
[노 에쓰 까로]
: 비싸지 않다.

아메리카 대륙만의 얘기도 아니야.
아시아, 아프리카, 오세아니아에서도
스페인어가 사용돼.
우리도 스페인어를 많이 써.
무엇보다 사용자가 꾸준히 늘고 있는
언어여서 영어와 함께 미래에
살아남을 수 있는 언어로 손꼽히지.
The Future
그러니 스페인어를 배우려고 결심한 건
정말 현명한 선택이야!
절대 실적이 올라서 그러는 게 아니야!
이쯤 설명했으면 스페인어가 얼마나
영향력 있는 언어인지는 대충
이해했을 테지만
내 영향력이 이 정도라고!
여기에 스페인어를 배워야 할
이유를 하나를 더 얹어줄게.
볼수록 매력있는 언어야!
스페인어를 배우면 이탈리아 사람과도
친구가 될 수 있고, 포르투갈어를 쓰는
사람들과도 대화할 수 있어.
이게 무슨 말이냐면….
세상에는 비슷한 이웃 언어들이 있어.
우리말과 일본어처럼!
커피?
코히~
우리 둘 다 한자의 영향을 많이 받아서
비슷한 단어들이 많지!
그런데 우리말과 일본어가 아무리
비슷하다고 해도 서로 대화는 이루어질
수 없는데 반해
はじめまして
뭐라는지 모르겠네.
이들 세 언어는 통역 없이 서로
의사소통이 가능할 정도로 비슷해.
ESP
POR
IT
이탈리아어와 스페인어는
단어의 80% 정도를 공유하고 있고
80%
포르투갈어와 스페인어는 무려
90%에 달하는 단어를 공유하고 있어.
90%
그런데 이런 생각을 하며 지도를 보면
한 가지 궁금증이 생길 거야.
촤륵

스페인과 포르투갈이야 서로 영토를 맞대고 있다지만
Portugal
Spain
히히~ 딱 붙어있지!
이탈리아는 스페인 영토와 붙어있지 않잖아.
Italia
Spain
그러게. 왜 그러지?
세 나라의 언어는 어쩌면 이렇게도 비슷한 걸까?
ESP
POR
IT
그건 바로 이 언어들이 '라틴어'로부터 탄생했기 때문이야.
이쁜 내 자식들이야.
스페인어
이탈리아어
포르투갈어
라틴어라고 하면 우리에게 한없이 멀게 느껴지긴 하지만
???
라틴어
라틴어가 뭐길래, 감도 안 잡혀….
그래도 우리에게 좀 익숙한 '영어'가 라틴어의 영향을 많이 받았기 때문에
라틴어
아주 짜릿해~
번쩍!
가끔 스페인어를 배울 때 정말이지 익숙한 단어들이 눈에 띌 때가 있어.
N
W
E
S
sándwich
sandwich
샌드위치
botella
bottle
병
dirección
direction
방향
'라틴'이라고 하면 남부 유럽의 민족이나 문화를 뜻하는데
Europe
South Africa
음~ 향긋해.
레이디 퍼스트!
그만큼 라틴어는 한때 널리 사용되었던 언어야.
너도 라틴?
나도 라틴!
그런 라틴어를 사용하는 곳이 지금은 단 한 곳밖에 없어.
바티칸 시국
세계에서 가장 작은 나라, 가톨릭교의 중심지.
한때 유럽을 뒤덮었던 라틴어가 왜 지금은 사라지다시피 했을까?
LATIN!
라틴어는 로마의 지배 계급이 사용하던 언어였어.
그래, 바로 우리들이지~
로마 지배 계급

우리가 흔히 사용하는 ABC 등을 '로마자' 라고 부르는 것도 그런 이유에서야.
ABC~
로마자!
그런데 라틴어는 불필요하게 복잡한 구조를 가지고 있었어.
아니, 이게 도대체 뭐야?
구불
라 틴
구불
그게 어느 정도 복잡하냐 하면…, 구조만 보았을 때 말이지….
LATIN
START→
→ END
보통 영어보다 스페인어가 조금 어렵고, 스페인어보다는 독일어가 훨씬 어려운데
적당한 것도 매력이야!
GER
ESP
ENG
Lv. 3
Lv. 2
Lv. 1
라틴어는 독일어보다 훨씬 어렵다는 평이야.
어휴, 높은 거 봐.
LAT
Lv. 8
GER
Lv. 3
이건 영어가 무조건 쉽다는 말이 아니야. 영어의 기본 구조는 매우 간단하지만
나도 할 수 있어!
응용을 통한 표현방법이 매우 풍부하기 때문에 고급영어는 반대로 매우 어려워.
윌리엄 셰익스피어
영국이 낳은 세계 최고 극작가
아무튼, 이렇게 어려운 라틴어는 유럽 전역으로 퍼져나가게 돼.
왔노라, 싸웠노라, 이겼노라.
유럽 일짱은 내가 먹는다!
왜? 로마가 싸움을 잘하니까.
발 씻고 기다리라고!
하지만 로마의 지배를 받는 지역의 사람들은 어땠겠어?
이걸 쓰라고 만든 거야?
울며 겨자 먹기로 그 어렵다는 라틴어를 쓰긴 쓰지만
라틴어

만화는 110쪽에서 계속 이어집니다.

02

영어는 Be동사 스페인어는 Estar동사

일시적인 것은 Estar

Estar동사 부정문 & 주어의 생략

Ser동사, Estar동사 의문문

A가 있다 "hay 동사"

Let's start

한눈에 배운다!

일시적인 것은 Estar

불확실한 것에는

동영상 강의

앞 단원에서 우리는 '영어의 Be동사' 역할을 하는 Ser[쎄르]동사에 대해 배웠습니다.
그런데 스페인어에는 사실 Be동사 역할을 하는 동사가 한 가지 더 있습니다.
바로 **Estar[에쓰따르]**입니다.

영어: **Be**

스페인어: **Ser** **Estar**

영어라면 똑같이 Be동사를 이용해 말할 때,
스페인어에서는 Ser[쎄르]동사와 Estar[에쓰따르]동사로 나누어 사용하는 것입니다.

영어:

I am...

스페인어:

Yo soy...

Yo estoy...

그런데 어떤 경우에 Ser를, 어떤 경우에 Estar를 사용하는 것일까요?
다음 표를 보고 추측해보도록 하겠습니다.

1 나는 학생이야. / **직업** 2 그 여자는 예뻐. / **특성** 3 나는 한국에서 왔어. / **출신** 4 이 목걸이는 내 거야. / **소유**	1 창문이 열려 있어. / **상태** 2 그는 위층에 있어. / **위치, 장소**

어떤가요? 쉽지는 않죠? 좌측은 지속적인 것들로 Ser동사를 사용해야 하고,
우측은 일시적인 것들로 Estar동사를 사용해야 합니다.

Ser 지속적

Estar 일시적

Ser 동사와 마찬가지로, Estar동사 역시 주어에 따라 6가지 형태로 변화합니다.
외우기 조금 힘드시더라도, 다음 페이지의 내용은 꼭 암기해두셔야 합니다.

TIP

읽어 보세요 **스페인어의 Be동사는 2개**

Be동사가 Ser동사와 Estar동사로 나뉘는 것은 다른 언어에서 찾아보기 어려운 스페인어의 가장 큰 특징입니다. 배우는 우리 입장에서는 어려움이기도 하고요. 우선은 Ser와 Estar가 가진 각각의 변형에 대해 익숙해지는 것이 더 중요합니다. 두 가지를 정확하게 구분해서 사용하는 것은 그다음의 문제겠지요. 따라서 부담스러워하기보다는 틀려도 좋다는 편안한 마음으로 배워가는 것이 좋겠습니다.

읽어 보세요 **Ser & Estar**

ser listo =똑똑한, 영리한
estar listo =준비가 되어 있는 상태

ser feliz =행복한 사람
estar feliz =현재 행복을 느끼고 있는 상태

읽어 보세요 **유럽어의 특징**

공통 :
주어에 따라 동사가 변화한다.

프랑스어 :
발음이 독특하다.
동사 변화 예측이 어렵다.

스페인어 :
Be동사에 해당하는 동사가 두 가지다.

독일어 :
관사 28개, 형용사 변형 48개

10번 읽어보세요!

Estar동사

따라 말하기

I am = Yo estoy [요 에쓰또이]

1인칭

Yo estoy ~
[요 에쓰또이]
나는 ~ 입니다

Nosotros estamos ~
[노쏘뜨로쓰 에쓰따모쓰]
우리는 ~ 입니다

Nosotras estamos ~
[노쏘뜨라쓰 에쓰따모쓰]
우리는 ~ 입니다

2인칭

Tú estás ~
[뚜 에쓰따쓰]
너는 ~ 이다

Vosotros estáis ~
[보쏘뜨로쓰 에쓰따이쓰]
너희는 ~ 이다

Vosotras estáis ~
[보쏘뜨라쓰 에쓰따이쓰]
너희는 ~ 이다

Usted está ~
[우쓰뗃 에쓰따]
님께서는 ~ 입니다

Ustedes están ~
[우쓰떼데쓰 에쓰딴]
여러분께서는 ~ 입니다

3인칭

Él está ~
[엘 에쓰따]
그는 ~ 입니다

Ellos están ~
[에요쓰 에쓰딴]
그들은 ~ 입니다

Ella está ~
[에야 에쓰따]
그녀는 ~ 입니다

Ellas están ~
[에야쓰 에쓰딴]
그녀들은 ~ 입니다

Practice

Estar동사

주어와 동사를 말해보세요.

주어를 보고 동사를 말해보세요.

Usted~ Yo~ Nosotras~

Tú~ Nosotros~ Ellos~

Ella~ Él~ Ellas~

Vosotros~ Vosotras~

Ustedes~

동사를 보고 주어를 말해보세요.

~estoy ~estás ~estáis ~están

~está ~estamos

네 단어만 외우자!
상태 형용사

따라 말하기

난 피곤해.  *Yo estoy cansado.*
요 에쓰또이 깐싸도

cansado [깐싸도] 피곤한

↘	cansado	깐싸도	↘	cansada	깐싸다
↘	cansados	깐싸도쓰	↘	cansadas	깐싸다쓰

contento [꼰뗀또] 기분 좋은

↘	contento	꼰뗀또	↘	contenta	꼰뗀따
↘	contentos	꼰뗀또쓰	↘	contentas	꼰뗀따쓰

triste [뜨리쓰떼] 슬픈

↘	triste	뜨리쓰떼	↘	triste	뜨리쓰떼
↘	tristes	뜨리쓰떼쓰	↘	tristes	뜨리쓰떼쓰

enfermo [엔페f르모] 아픈, 병에 걸린

↘	enfermo	엔페f르모	↘	enferma	엔페f르마
↘	enfermos	엔페f르모쓰	↘	enfermas	엔페f르마쓰

Practice

Estar동사

따라 말하기

빈칸을 채워 넣으세요. 말하고자 하는 바가 무엇인지, 또한 주어의 성과 수가 무엇인지 주의하세요.

1 ↘ ______ 피곤하다.

Yo | estoy | cansado

2 ↘ ______ 아프다.

Yo | estoy | ______

3 ↘ ______ 슬프다.

Yo | estoy | ______

4 ↘ ______ 기분이 좋다.

Él | está | ______

5 ↘ ______ 아프다.

Ella | está | ______

6 ↘ ______ 슬프다.

Ella | está | ______

7 ↘ ______ 피곤하다.

Ella | está | ______

8 ↘ ______ 기분이 좋다.

Yo | estoy | ______

9 ↘ ______ 피곤하다.

Nosotros | estamos | ______

10 ↘ ______ 아프다.

Ellos | están | ______

11 ↘ ______ 기분이 좋다.

Ellos | están | ______

12 ↘ ______ 슬프다.

Ellos | están | ______

• 정답입니다! • 1 cansado 2 enferma 3 triste 4 contento 5 enferma 6 triste 7 cansada 8 contenta 9 cansados 10 enfermos 11 contentos 12 tristes

Practice
Estar동사

따라 말하기

빈칸을 채워 넣으세요. 말하고자 하는 바가 무엇인지, 또한 주어의 성과 수가 무엇인지 주의하세요.

1 나는 행복하다. Yo estoy contento.

2 나는 슬프다.

3 나는 아프다.

4 너는 기분이 좋다.

5 그는 피곤하다.

6 그녀는 슬프다.

7 그녀는 기분이 좋다.

8 그녀는 아프다.

9 우리는 기분이 좋다.

10 너희는 피곤하다.

• 정답입니다! •
1 Yo estoy contento. 2 Yo estoy triste. 3 Yo estoy enferma. 4 Tú estás contento. 5 Él está cansado. 6 Ella está triste. 7 Ella está contenta. 8 Ella está enferma. 9 Nosotros estamos contentos. 10 Vosotros estáis cansados.

Let's start

한눈에 배운다!

Estar동사 부정문 & 주어의 생략

no 만 붙이자!

동영상 강의

이번에는 Estar동사로 부정문을 만들어 보겠습니다.
Ser동사와 형식은 똑같습니다.

주의해야 할 점은 Ser동사 때와 마찬가지로 영어에서는 not을 Be동사의 뒤에 두는 반면, **스페인어의 부정 표현인 no는 동사의 앞에** 둡니다.

▶ 우리는 피곤하지 않다. [노쏘뜨로쓰 노 에쓰따모쓰 깐싸도쓰]

영어: We are *not* tired

스페인어: Nosotros *no* estamos cansados

Estar동사 역시 주어를 생략해서 말할 수 있는데요.
Ser동사처럼 **평서문과 부정문 모두에서 생략 가능**합니다.

▶ 나는 기분이 좋지 않다. [노 에쓰또이 꼰뗀또]

Yo *no* estoy contento

=

No estoy contento

TIP

<< 읽어 보세요 **주어별로 복습**

Yo

soy ~
estoy ~

Nosotros / Nosotras

somos ~
estamos ~

Tú

eres ~
estás ~

Vosotros / Vosotras

sois ~
estáis ~

Él / Ella

es ~
está ~

Ellos / Ellas

son ~
están ~

10번 읽어보세요!

Estar동사 부정

따라 말하기

I am not = Yo no estoy [요 노 에쓰또이]

남성 여성 성별무관

Yo no estoy ~
[요 노 에쓰또이]
나는 ~ 아닙니다

Nosotros no estamos ~
[노쏘뜨로쓰 노 에쓰따모쓰]
우리는 ~ 아닙니다

Nosotras no estamos ~
[노쏘뜨라쓰 노 에쓰따모쓰]
우리는 ~ 아닙니다

1인칭

Tú no estás ~
[뚜 노 에쓰따쓰]
너는 ~ 아니다

Vosotros no estáis ~
[보쏘뜨로쓰 노 에쓰따이쓰]
너희는 ~ 아니다

Vosotras no estáis ~
[보쏘뜨라쓰 노 에쓰따이쓰]
너희는 ~ 아니다

Usted no está ~
[우쓰뗃 노 에쓰따]
님께서는 ~ 아닙니다

Ustedes no están ~
[우쓰떼데쓰 노 에쓰딴]
여러분께서는 ~ 아닙니다

2인칭

Él no está ~
[엘 노 에쓰따]
그는 ~ 아닙니다

Ellos no están ~
[에요쓰 노 에쓰딴]
그들은 ~ 아닙니다

Ella no está ~
[에야 노 에쓰따]
그녀는 ~ 아닙니다

Ellas no están ~
[에야쓰 노 에쓰딴]
그녀들은 ~ 아닙니다

3인칭

네 단어만 외우자!

상태 형용사

따라 말하기

그는 바쁘지 않아.

Él no está ocupado.

엘 노 에쓰따 오꾸빠도

ocupado [오꾸빠도] 바쁜

ocupado 오꾸빠도	ocupada 오꾸빠다
ocupados 오꾸빠도쓰	ocupadas 오꾸빠다쓰

enfadado [엔파^{f}다도] 화가 난

enfadado 엔파^{f}다도	enfadada 엔파^{f}다다
enfadados 엔파^{f}다도쓰	enfadadas 엔파^{f}다다쓰

interesado [인떼레싸도] 관심 있는

interesado 인떼레싸도	interesada 인떼레싸다
interesados 인떼레싸도쓰	interesadas 인떼레싸다쓰

preocupado [쁘레오꾸빠도] 걱정하는

preocupado 쁘레오꾸빠도	preocupada 쁘레오꾸빠다
preocupados 쁘레오꾸빠도쓰	preocupadas 쁘레오꾸빠다쓰

Practice
Estar동사 부정문

따라 말하기

문장의 뜻에 맞추어 빈칸을 채워보세요.

1 나는 바쁘지 않다.

Yo no estoy ocupado

2 나는 화나지 않았다.

enfadada

3 그는 관심이 없다.

interesado

4 그녀는 걱정하지 않는다.

preocupada

5 우리는 화나지 않았다.

enfadados

6 우리는 바쁘지 않다.

ocupadas

7 너희는 걱정하지 않는다.

preocupados

• 정답입니다! •

1 Yo no estoy ocupado.
2 Yo no estoy enfadada.
3 Él no está interesado.
4 Ella no está preocupada.
5 Nosotros no estamos enfadados.
6 Nosotras no estamos ocupadas.
7 Vosotros no estáis preocupados.

Practice

Estar동사 부정문

따라 말하기

다음 부정문을 스페인어로 옮겨 적어 보세요.

1 ↘ 나는 화나지 않았다. Yo no estoy enfadada.

2 ↘ 나는 바쁘지 않다.

3 ↘ 나는 관심이 없다.

4 ↘ 그는 화나지 않았다.

5 ↘ 그녀는 걱정하지 않는다.

6 ↘ 그녀는 바쁘지 않다.

7 ↘ 우리는 관심이 없다.

8 ↘ 너희는 바쁘지 않다.

9 ↘ 그들은 화나지 않았다.

10 ↘ 그녀들은 걱정하지 않는다.

• 정답입니다! • 1 Yo no estoy enfadada. 2 Yo no estoy ocupado. 3 Yo no estoy interesada. 4 Él no está enfadado. 5 Ella no está preocupada. 6 Ella no está ocupada. 7 Nosotros no estamos interesados. 8 Vosotros no estáis ocupados. 9 Ellos no están enfadados. 10 Ellas no están preocupadas.

Practice

Estar동사 주어 생략

따라 말하기

주어가 생략된 문장들에 주어를 넣어보세요.

1. **Yo** estoy enfadado. (enfadado: 화가 난)
2. ( ) no estoy ocupado. (ocupado: 바쁜)
3. ( ) estás interesada. (interesada: 관심 있는)
4. ( ) no estás enfadado. (enfadado: 화가 난)
5. ( ) está preocupado. (preocupado: 걱정하는)
6. ( ) no está ocupado. (ocupado: 바쁜)
7. ( ) no está enfadada. (enfadada: 화가 난)
8. ( ) estamos interesados. (interesados: 관심 있는)
9. ( ) no estáis ocupadas. (ocupadas: 바쁜)
10. ( ) están preocupados. (preocupados: 걱정하는)
11. ( ) no están enfadados. (enfadados: 화가 난)
12. ( ) están ocupadas. (ocupadas: 바쁜)

• 정답입니다! • 1 Yo 2 Yo 3 Tú 4 Tú 5 Él 6 Él 7 Ella 8 Nosotros 9 Vosotras 10 Ellos 11 Ellos 12 Ellas

Practice

Estar동사 생략

따라 말하기

다음을 스페인어로 옮겨 적어 보세요. 단 주어는 생략하세요.

1 나는 바빠. Estoy ocupado.

2 나는 걱정해.

3 나는 화가 났어.

4 그는 바쁘지 않아.

5 그녀는 관심이 없어.

6 그녀는 바빠.

7 우리는 화가 났어.

8 너희는 관심이 없어.

9 그들은 화가 났어.

10 그녀들은 바쁘지 않아.

• 정답입니다! • 1 Estoy ocupado. 2 Estoy preocupada. 3 Estoy enfadado. 4 No está ocupado. 5 No está interesada. 6 Está ocupada. 7 Estamos enfadados. 8 No estáis interesados. 9 Están enfadados. 10 No están ocupadas.

Let's start

한눈에 배운다!

Ser동사, Estar동사 의문문

'?'만 붙이자

동영상 강의

방법 1 '?'를 붙여라.

참 신기한 일입니다. 전 세계 모든 언어가 말꼬리만 올리면 의문문이 되지요. 스페인어에서도 마찬가지입니다. 단, 글로 적을 때는 문장의 첫머리에 뒤집힌 물음표를 하나 더 붙여줍니다.

¿ Tú eres coreano ?

방법 2 주어와 동사의 위치를 바꿔라.

또 하나의 방법은 영어의 Be동사 문장과 마찬가지로, 주어와 동사의 자리를 서로 바꾸어주면 의문문이 됩니다.

¿ Tú eres coreano ?

¿ Eres tú coreano ?

방법 3 주어를 생략하라.

앞서 평서문과 부정문을 배울 때, 주어를 생략할 수 있다는 것을 배웠습니다. 의문문도 마찬가지입니다. 그런데 재미있는 것은 주어를 생략하고 나니 위에서 배운 두 가지 방법의 의문문이 모두 같은 형태가 되어버린다는 것입니다. 이것이 가장 많이 사용되는 의문문의 형태입니다.

평서문: Eres coreano .

의문문: ¿ Eres coreano ?

TIP

<< 읽어 보세요 거꾸로 뒤집은 물음표

문장의 첫머리에 붙이는 물음표의 모양새는 우리가 흔히 알고 있는 것과 조금 다릅니다. 우리말로는 보통 '역 물음표'라고 부릅니다.

<< 읽어 보세요 ¿ Eres coreano tú?

의문문과 평서문 모두 주어 생략을 하는 문장이 가장 자주 사용됩니다. 그런데 주어를 강조해 주고 싶을 때는 주어를 맨 뒤에 붙여서 사용합니다.

¿Eres coreano tú? [주어 강조]
¿Eres tú coreano? [기본]

가장 자주 사용되는 의문문은 주어 생략 의문문입니다. 그리고 다음으로 자주 사용되는 의문문이 주어를 강조하고 있는 **¿Eres coreano tú?** 의 어순의 의문문입니다. 하지만 생략도 강조도 기본부터 차근차근 배워가야 하겠지요?

<< 읽어 보세요 거꾸로 뒤집은 느낌표

스페인어에서는 감탄문을 만들 때도 느낌표를 문장의 앞과 뒤에 모두 적어주어야 합니다. 또한, 물음표와 마찬가지로 문장의 앞에 쓰는 느낌표는 뒤집어줍니다. 뒤집은 물음표와 뒤집은 느낌표는 의문사와 감탄사의 시작과 끝을 보다 정확하게 표시해 주기 위함입니다.

¡Hola! ¿Cómo estás?
[올라! 꼬모 에쓰따쓰?]
안녕! 잘 지냈니?

네 단어만 외우자!
상태 형용사

따라 말하기

나는 심심하다.

Yo estoy aburrido.
요 에쓰또이 아부ㄹ~이도

aburrido [아부ㄹ~이도] 심심한

aburrido	아부ㄹ~이도	aburrida	아부ㄹ~이다
aburridos	아부ㄹ~이도쓰	aburridas	아부ㄹ~이다쓰

feliz [펠f리쓰] 행복한

feliz	펠f리쓰	feliz	펠f리쓰
felices	펠f리쎄쓰	felices	펠f리쎄쓰

vivo [비보] 살아 있는

vivo	비보	viva	비바
vivos	비보쓰	vivas	비바쓰

sano [싸노] 건강한

sano	싸노	sana	싸나
sanos	싸노쓰	sanas	싸나쓰

Practice
Ser동사, Estar동사 의문문

따라 말하기

빈칸을 채워 보세요.

1
너는 | Ser 이다 | 외국인
¿ Eres | tú | extranjero ?

2
너는 | Estar 이다 | 살아있는
¿ ___ | ___ | ___ ?

3
너는 | Estar 이다 | 피곤한
¿ ___ | ___ | ___ ?

4
너는 | Estar 이다 | 행복한
¿ ___ | ___ | ___ ?

5
너는 | Estar 이다 | 슬픈
¿ ___ | ___ | ___ ?

6
너는 | Estar 이다 | 지루한
¿ ___ | ___ | ___ ?

7
그는 | Ser 이다 | 잘생긴
¿ ___ | ___ | ___ ?

8
그는 | Ser 이다 | 영리한
¿ ___ | ___ | ___ ?

정답입니다! 1 ¿Eres tú extranjero? 2 ¿Estás tú vivo? 3 ¿Estás tú cansado? 4 ¿Estás tú feliz? 5 ¿Estás tú triste? 6 ¿Estás tú aburrida? 7 ¿Es él guapo? 8 ¿Es él listo?

9 ________ 그는 한국인이니?

Ser 이다 | 한국인

¿ ______ ______ ?

10 ________ 그녀는 아프니?

Estar 이다 | 아픈

¿ ______ ______ ?

11 ________ 그녀는 건강하니?

Estar 이다 | 건강한

¿ ______ ______ ?

12 ________ 너희는 행복하니?

Estar 이다 | 행복한

¿ ______ ______ ?

13 ________ 너희는 중국인들이니?

Ser 이다 | 중국인

¿ ______ ______ ?

14 ________ 그들은 살아 있니?

Estar 이다 | 살아 있는

¿ ______ ______ ?

15 ________ 그들은 스페인인들이니?

Ser 이다 | 스페인

¿ ______ ______ ?

16 ________ 그녀들은 학생들이니?

Ser 이다 | 학생

¿ ______ ______ ?

• 정답입니다! • 9 ¿Es coreano? 10 ¿Está enferma? 11 ¿Está sana? 12 ¿Estáis felices? 13 ¿Sois chinas? 14 ¿Están vivos? 15 ¿Son españoles? 16 ¿Son estudiantes?

Practice

Ser동사, Estar동사 의문문

따라 말하기

주어와 동사의 위치를 바꾸어 의문문을 만들어 보세요.

1 너는 아프니? ¿Estás tú enferma?

2 너는 지루하니?

3 너는 중국인이니?

4 그는 화가 났니?

5 그녀는 영리하니?

6 당신은 피곤한가요?

7 너희는 여행자들이니?

8 그들은 학생들이니?

9 그들은 건강하니?

10 그녀들은 지루해하니?

정답입니다! 1 ¿Estás tú enferma? 2 ¿Estás tú aburrido? 3 ¿Eres tú china? 4 ¿Está él enfadado? 5 ¿Es ella lista? 6 ¿Está usted cansado? 7 ¿Sois vosotras viajeras? 8 ¿Son ellos estudiantes? 9 ¿Están ellos sanos? 10 ¿Están ellas aburridas?

Let's start

한눈에 배운다!

A가 있다 "Hay 동사"

영어의 There is ~

동영상 강의

논리적으로는 똑같은 말일지라도, 뉘앙스가 서로 다른 경우가 있습니다. 다음 두 문장처럼 말이죠.

1 : 늑대는 저기에 있어요. **The wolf is there.**

2 : 늑대가 있어요. **There is a wolf.**

1번은 보통의 표현입니다. 위치에 대해 말하는 표현이므로 Estar동사를 사용하시면 됩니다. 하지만 2번은 조금 특이하죠. 무언가가 있는지 없는지, 다시 말해 **'존재'에 대해 이야기**하고 있기 때문입니다. 이 경우엔 **Hay 동사**를 사용합니다.

1 : 늑대는 저기에 있어요. [엘 울로보 에쓰따 아이]

El lobo | **está** | **allí**

allí → 저기, 저곳에(부사)

2 : 늑대가 있어요. [아이 운 울로보]

Hay | **un lobo**

자, 이제 Hay 동사의 의미를 알았으니
이를 이용한 유용한 표현 몇 개를 익혀볼까요?

▶ 누구 있나요?

¿Hay alguien? [아이 알기엔?]

▶ 혹시 무슨 문제라도 있나요?

¿Hay algún problema? [아이 알군 쁘로블레마?]

▶ 아무것도 없어.

No hay nada. [노 아이 나다]

▶ 방이 없어요.

No hay habitaciones. [노 아이 아비따씨오네스]

TIP

<< 읽어 보세요 **haber 동사와 관사**

앞에서 본 영어 문장을 다시 한 번 볼까요?

A. The wolf is there.

B. There is a wolf.

A 문장에는 정관사 the가 사용되었습니다. 의미상 '그 늑대'라고 하는 것이 자연스럽기 때문입니다. 하지만 '어느 늑대'라고 말하고 싶다면 부정관사를 사용할 수도 있습니다.

B 문장에는 부정관사 a가 사용되었습니다. 이 경우에는 의미상 꼭 부정관사가 쓰여야 합니다. '어떤 늑대가 하나 있다'고 말하고 있기 때문입니다. 이러한 현상은 영어나 스페인어 모두 마찬가지입니다.

Hay + **부정관사**

un / una / unos / unas

Practice
A가 있다

따라 말하기

빈칸을 채우세요.

1 밖에 누가 있어.

[ ] alguien fuera.

2 많은 사람이 있어.

사람 [뻬르쏘나]
[ ] muchas personas.

3 냉장고에 음식 있니?

음식 [꼬미다] 냉장고 [네베라]
¿ [ ] comida en la nevera?

4 빵 있나요?

빵 [빤]
¿ [ ] pan?

5 냉장고에 과일이 있어요.

과일 [프f루따]
[ ] fruta en la nevera.

6 돈은 충분히 있어.

돈 [디네로]
[ ] dinero suficiente.

7 정원에 꽃들이 있어.

정원 [하르딘]
[ ] flores en el jardín.

8 정글에는 동물들이 있어.

동물 [아니말] 정글 [쎌바]
[ ] animales en la selva.

9 침대 위에 편지가 있어.

편지 [까르따] 침대 [까마]
[ ] una carta sobre la cama.

10 문제가 있어.

문제 [쁘로블레마]
[ ] un problema.

• 정답입니다! • 1 Hay alguien fuera. 2 Hay muchas personas. 3 ¿Hay comida en la nevera? 4 ¿Hay pan? 5 Hay fruta en la nevera. 6 Hay dinero suficiente. 7 Hay flores en el jardín. 8 Hay animales en la selva. 9 Hay una carta sobre la cama. 10 Hay un problema.

1 안녕하세요, 어떻게 지내세요?

TIP

JULIA

Buenos días, Carlos.
부에노쓰 디아쓰, 까를로쓰.
좋은 날들, 찰스(남성이름).

CARLOS

Buenos días, Julia.
부에노쓰 디아쓰, 훌리아.
좋은 날들, 줄리아(여성이름).

¿Cómo está usted?
꼬모 / 에쓰따 / 우쓰뗀?
어떤 / ~상태입니다 / 당신은?

JULIA

Yo estoy muy bien, gracias.
요 에쓰또이 / 무이 비엔, 그라씨아쓰.
저는 ~상태입니다 / 매우 잘, 감사합니다.

¿Y usted?
이 우쓰뗀?
그리고 당신은?

¿Cómo está?
꼬모 / 에쓰따?
어떤 / ~상태입니다?

CARLOS

Yo también estoy muy bien, gracias.
요 / 땀비엔 / 에쓰또이 / 무이 비엔, 그라씨아쓰.
저는 / 역시 / ~상태입니다 / 매우 잘, 감사합니다.

J : 안녕하세요, 찰스 씨.
C : 안녕하세요, 줄리아 씨.
어떻게 지내세요?
J : 저는 매우 잘 지내고 있습니다. 감사합니다.
당신은요?
어떻게 지내세요?
C : 저도 매우 잘 지내고 있습니다. 감사합니다.

¿Cómo está usted?
'안녕하세요? (How are you?)'라고 서로 안부를 물을 때는 **'있다'**를 의미하는 조동사 **'Estar'**를 사용합니다.

¿Y usted?
'당신은 어떤가요? (And you?)'라고 되물을 때는 **'그리고, 그렇지만'**이라는 뜻을 가진 접속사 **'y'** 뒤에 **인칭대명사**를 붙여 말합니다.

Yo también
'저도 ~합니다. (Me too)'라고 말할 때는, 인칭대명사 뒤에 **'역시, 또한'**이라는 뜻을 가진 부사 **'también'**을 붙여 말합니다.

2 안녕, 잘 지내니?

NATALIA

¡Buenas tardes, Federico!

부에나쓰 따르데쓰, 페^{f}데리꼬!
좋은 오후들, 프레데릭(남성이름)!

FEDERICO

¡Buenas tardes, Natalia!

부에나쓰 따르데쓰, 나딸리아!
좋은 오후들, 나탈리(여성이름)!

NATALIA

¿Cómo estás?

꼬모 / 에쓰따쓰?
어떤 / ~상태이다?

FEDERICO

Estoy muy bien, gracias. ¿Y tú?

에쓰또이 / 무이 비엔, 그라씨아쓰. 이 뚜?
(나는) ~상태이다 / 매우 잘, 고마워. 그리고 너는?

NATALIA

Yo estoy bien, gracias.

요 에쓰또이 / 비엔, 그라씨아쓰.
나는 ~상태이다 / 잘, 고마워.

N : 안녕 프레데릭!
F : 안녕 나탈리!
N : 어떻게 지내니?
F : 매우 잘 지내고 있지, 고마워. 너는 어때?
N : 나도 잘 지내고 있어, 고마워.

TIP

¡Buenos días! ¡Buenas tardes!

아침에는 **'Buenos días (좋은 하루)'**라고 인사하고, **오후**에는 **'Buenas tardes (좋은 오후)'**라고 인사합니다.

¿Cómo estás?

앞에서 배운 **¿Cómo está usted? 의 반말 표현**입니다.

¿Y tú?

앞에서 배운 **¿Y usted? 의 반말 표현**입니다.

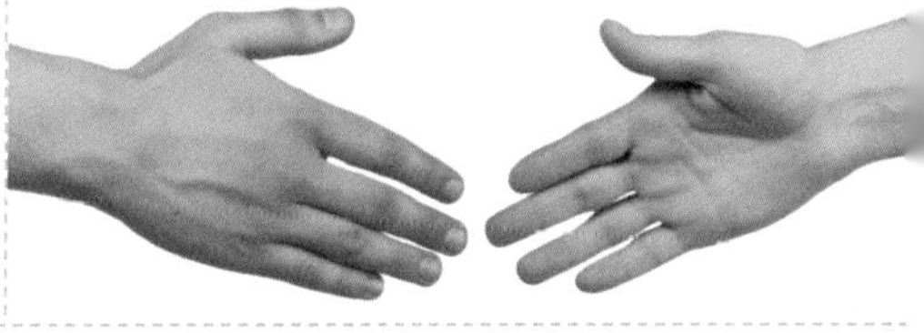

02 이 표현 꼭 외우자! 영어는 Be동사 스페인어는 Estar동사

3 행복하세요?

PABLO

¿Está usted casada?

에쓰따 / 우쓰뗻 / 까싸다?
~상태입니다 / 당신은 / 기혼자?

CAROLINA

No, yo no estoy casada.

노, 요 / 노 / 에쓰또이 / 까싸다.
아뇨, 저는 / (부정) / ~상태입니다 / 기혼자.

¿Usted está casado?

우쓰뗻 에쓰따 / 까싸도?
당신은 ~상태입니다 / 기혼자?

PABLO

Sí, estoy casado desde hace 5 años.

씨, 에쓰또이 / 까싸도 / 데쓰데 아쎄 / 씽꼬 안뇨쓰.
네, (저는) ~상태입니다 / 기혼자 / ~전부터 / 5 년.

Es el aniversario de nuestra boda en unos días.

에쓰 / 엘 아니베르싸리오 / 데 누에쓰뜨라 보다 / 엔 / 우노쓰 디아쓰.
~상태입니다 / (정관사) 기념일 / 우리 결혼식의 / ~안에 / (부정관사) 며칠.

CAROLINA

Estoy contenta por usted.

에쓰또이 / 꼰뗀따 / 뽀르 / 우쓰뗻.
(저는) ~상태입니다 / 기쁜 / ~위해서 / 당신.

¿Está usted feliz?

에쓰따 / 우쓰뗻 / 펠ᶠ리쓰?
~상태입니다 / 당신은 / 행복한?

P : 결혼하셨어요?
C : 아니요, 결혼하지 않았어요.
당신은 결혼했나요?
P : 네, 저는 결혼한 지 5년 됐습니다.
며칠 뒤가 결혼기념일입니다.
C : 축하합니다.
행복하세요?

TIP

¿Está usted casada?
스페인에서는 **'주어 + 동사'**의 형태가 가장 전형적이긴 하지만 **'동사 + 주어'**의 형태도 일상생활에서 흔히 찾아볼 수 있습니다.

¿Usted está casada?
= ¿Está usted casada?
형태만 바뀌었을 뿐, 의미가 달라지지는 않습니다.

No, yo no estoy casada.
부정문을 만들 때는 **'no~'**가 동사의 앞에 쓰여야 합니다.

Casado / Casada : 기혼자
Soltero / Soltera : 미혼자
Viudo / Viuda : 미망인

Feliz
Feliz는 형용사로, **'행복'**을 뜻하는 여성명사 Felicidad에서 유래한 단어입니다. 그렇다면 다른 감정들도 한번 배워 볼까요?

Alegría	[알레그리아]	: 기쁨
Tristeza	[뜨리쓰떼]	: 슬픔
Ira	[이라]	: 분노
Miedo	[미에도]	: 공포
Asco	[아쓰꼬]	: 역겨움

Sí, yo estoy feliz.
씨, 요 에쓰또이 / 펠f리쓰.
네, 저는 ~상태입니다 / 행복한.

P : 네, 행복합니다.

4 도서관에 있어.

¿Lidia, estás en casa?
을리디아, 에쓰따쓰 / 엔 / 까싸?
리디아(여성이름), (너는) ~있다 / ~안에 / 집에?

No, no estoy en casa.
노, 노 / 에쓰또이 / 엔 / 까싸.
아니, (부정) / (나는) ~있다 / ~안에 / 집에.

Estoy en la biblioteca.
에쓰또이 / 엔 / 을라 비블리오떼까.
(나는) ~있다 / ~안에 / (정관사) 도서관에.

¿Estás en la biblioteca?
에쓰따쓰 / 엔 / 을라 비블리오떼까?
(너는) ~있다 / ~안에 / (정관사) 도서관에?

Sí, estoy estudiando.
씨, 에쓰또이 에쓰뚜디안도.
응, (나는) ~공부하는 중이다.

¿Estás en la biblioteca pública?
에쓰따쓰 / 엔 / 을라 비블리오떼까 뿌블리까?
(너는) ~있다 / ~안에 / (정관사) 국립 도서관?

F : 리디아, 집에 있니?
L : 아니, 나 집 아닌데?
나 지금 도서관이야.
F : 너 도서관에 있다고?
L : 응, 나 공부하고 있어.
F : 너 국립 도서관에 있는 거야?

TIP

En casa
스페인어의 **'en'**은 **영어의 전치사 'in', 'at','on'**과 같은 의미가 있습니다. 즉 'estar en casa'는 집에 있다는 뜻입니다.

¿?
지난 단원에서 거꾸로 된 물음표를 흔히 보셨을 것입니다. 이런 물음표는 스페인어에서만 찾아볼 수 있는 특징입니다.

스페인어로 의문문을 만들기 위해서는 **'¿'** 가 문장 앞에 무조건 쓰여야 합니다.

그렇다면 감탄문을 나타내는 기능은 따로 없을까요? 바로 **'¡'** 모양의 느낌표입니다!

모두 문장 앞에서 의문문이나 감탄문을 나타내는 기능을 지니고 있기에 무조건 외우셔야 합니다.

¿Hace frío?
[아쎄 프f리오?] 추워?
¡Hace frío!
[아쎄 프f리오!] 추워!

02 이 표현 꼭 외우자!
영어는 Be동사 스페인어는 Estar동사

LIDIA
No, estoy en la biblioteca
노, 에쓰또이 / 엔 / 올라 비블리오떼까
아니, (나는) ~있다 / ~안에 / (정관사) 도서관에

de la universidad.
데 / 올라 우니베르씨딷.
~의 / (정관사) 대학교.

FEDERICO
¿Qué estás estudiando?
께 / 에쓰따쓰 / 에쓰뚜디안도?
무엇을 / ~상태이다 / 공부?

LIDIA
Estoy estudiando español.
에쓰또이 에쓰뚜디안도 / 에쓰빤뇰.
(나는) ~공부하는 중이다 / 스페인어.

Tengo exámenes la próxima semana.
뗑고 / 엑싸메네쓰 / 올라 쁘록씨마 쎄마나.
가지고 있다 / 시험들을 / (정관사) 다음 주.

FEDERICO
Vale, estudia mucho.
발레, 에쓰뚜디아 / 무초.
알겠어, 공부해 / 많이.

L : 아니, 나 대학교 도서관에 있지.
F : 너 뭐 공부하는데?
L : 나 지금 스페인어 공부해.
다음 주에 시험이야.
F : 알겠어, 공부 열심히 해.

TIP

Universidad
대부분의 스페인 대학교는 4년제입니다. 스페인에는 국립대학교와 사립대학교의 수가 거의 같습니다.

estudiando
estudiando는 estudiar 의 현재 분사입니다. 영어에서 ing를 만들어 현재 분사를 만들듯이 ando / iendo 를 붙여 현재분사를 만듭니다.
현재진행형 : Estar + 현재분사 (~ando/~iendo)

español
스페인어에서는 대문자를 사용하는 경우가 영어에 비해 적습니다. 영어와 달리 스페인어에서는 요일, 달, 국적을 쓸 때 대문자를 사용하지 않습니다. 하지만 고유명사(이름, 지명, 국명) 등은 대문자를 사용합니다.

Yo soy español.
[요 쏘이 에쓰빤뇰]
: 나는 스페인 사람이다.

Yo soy de España.
[요 쏘이 데 에쓰빤냐]
: 나는 스페인에서 왔습니다.

5 저는 항상 바빠요.

MARCOS

¿Carlota, estás libre mañana por la tarde?

까를로따, 에쓰따쓰 / 을리브레 / 만냐나 / 뽀르 을라 따르데?

샬롯(여성이름), (너는) ~이다 / 자유로운 / 내일 / (정관사) 오후?

CARLOTA

¿Qué pasa Marcos?

께 / 빠싸 / 마르꼬쓰?

무슨 일이니 / 마르코(남성이름)?

MARCOS

Tengo dos entradas para el 'Parque Jurásico'.

뗑고 / 도쓰 엔뜨라다쓰 / 빠라 / 엘 '빠르께 후라씨꼬'.

가지고 있다 / 두 장의 표 / ~위해 / (정관사) '쥐라기 공원'.

CARLOTA

Lo siento,

을로 씨엔또,

미안해,

no me gustan mucho los dinosaurios.

노 / 메 구쓰딴 / 무초 / 을로쓰 디노싸우리오쓰.

(부정) / 나는 좋아해 / 많이 / (정관사) 공룡들.

M : 샬롯, 내일 오후에 시간 있어?
C : 무슨 일이야, 마르코?
M : '쥐라기 공원' 표 두 장이 있어서.
C : 미안해 마르코, 나는 공룡을 별로 좋아하지 않아.

TIP

Mañana

Mañana는 **'내일'**이라는 뜻입니다. 여기에 정관사를 붙이면 **'아침 : la mañana'** 이라는 뜻이 됩니다. **'Mañana por la mañana'**는 **'내일 아침'**을 의미합니다.

Pasado mañana

'모레'는 어떻게 말할까요? 직역하면 **'지난 내일'**의 뜻을 가진 **pasado mañana [빠싸도 만냐나]**입니다. 영어의 'the day after tomorrow' 보다 훨씬 짧고 쉽조?

mucho

영어에서 '많은'을 나타내는 단어는 **many**와 **much**입니다.

many people : 가산명사
much money : 불가산명사

스페인어에서는 이 두 경우 모두 **mucho**가 대신 합니다.

muchas personas
mucho dinero

다만 다른 스페인어의 형용사들과 마찬가지로 성수에 따라서 4가지로 변화합니다.

Mucho | Muchos | Mucha | Muchas

영어의 very에 해당하는 스페인어는 **muy**입니다.

very good = muy bien
very beautiful = muy guapa

하지만 스페인어에는 간혹 **muy**를 이용하지 않은 독특한 표현 방법이 있습니다.

▶ **I am very sleepy.** 나는 매우 졸려
Yo tengo mucho sueño.
(I have much sleep.)

▶ **I am very hungry.** 나는 매우 배고파
Yo tengo mucha hambre.
(I have much hunger.)

MARCOS

¿Y el miércoles?
이 / 엘 미에르꼴레쓰?
그러면 / 정관사 수요일?

Yo soy guitarrista.
요 쏘이 / 기따ㄹ~이쓰따.
나는 ~이다 / 기타리스트.

Mi grupo da un concierto
미 그루뽀 / 다 / 운 꼰씨에르또 /
나의 그룹은 / 주다 / 부정관사 콘서트 /

el miércoles por la tarde.
엘 미에르꼴레쓰 / 뽀르 / 을라 따르데.
수요일 / ~에 / 정관사 오후.

CARLOTA

Tengo una cita con
뗑고 / 우나 씨따 / 꼰 /
(나는) 가지고 있다 / 부정관사 약속 / ~와 함께 /

un amigo el miércoles.
운 아미고 / 엘 미에르꼴레쓰.
부정관사 남성 친구 / 정관사 수요일.

MARCOS

¿Y el viernes?
이 / 엘 비에르네쓰?
그리고 / 정관사 금요일?

Hay una fiesta grande en mi barrio.
아이 / 우나 피^{f}에쓰따 / 그란데 / 엔 / 미 바ㄹ~이오.
~가 있다 / 부정관사 축제 / 큰 / ~에서 / 나의 동네.

M : 그럼 수요일은?
나 기타리스트잖아.
우리 밴드가 수요일 저녁에 콘서트를 열어.
C : 수요일에는 친구 한 명이랑 약속이 있어.
M : 그럼 금요일은?
나의 동네에서 큰 축제가 열려.

TIP

Guitarrista

스페인어의 발음은 우리의 기대를 저버리지 않습니다. 따라서 발음 체계를 한번 외워 놓으면 아무리 길고 어려운 단어라고 해도 쉽게 읽을 수 있습니다. **Guitarrista [기따ㄹ~이쓰따]**, 영어의 '기타리스트'와 별 차이가 없지요?

Hay una fiesta grande en mi barrio.

스페인에는 달마다 잔치가 있다고 해도 과언이 아닐 만큼 많은 축제가 열립니다. 1월에는 동방박사들의 날(Día de los reyes magos), 2월에는 카니발(Carnaval), 3월에는 발렌시아 불꽃 축제(Las Fallas de Valencia), 4월에는 세비야 축제(Feria de Abril)와 부활절을 선두로, 여름부터 시작되는 산 후안의 불꽃 축제(Las hogueras de San Juan), 소들을 풀어놓은 채 하얀색과 빨간색 옷만 입고 질주하는 산 페르민 축제(San Fermín), 토마토를 던지는 토마티나 축제(La Tomatina) 등등... 스페인은 진정으로 축제를 사랑하는 나라입니다.

CARLOTA

Lo siento por rechazar
을로 씨엔또 / 뽀르 / 레차싸르 /
미안해 / ~때문에 / 거절하다 /

la oferta otra vez.
을라 오페^{f}르따 / 오뜨라 베쓰.
(정관사) 제안 / 또 한 번.

Tomo cursos de natación los viernes.
또모 / 꾸르쏘쓰 / 데 나따씨온 / 을로쓰 비에르네쓰.
(나는) 잡다 / 수업들을 / 수영 / (정관사) 금요일들.

MARCOS

De acuerdo.
데 아꾸에르도.
알겠어.

¿Cuándo estás libre entonces?
꾸안도 / 에쓰따쓰 / 을리브레 / 엔똔쎄쓰?
언제 / ~이다 / 자유로운 / 그렇다면?

CARLOTA

Yo siempre estoy ocupada.
요 / 씨엠쁘레 / 에쓰또이 / 오꾸빠다.
나는 / 항상 / ~이다 / 바쁜.

C : 또 거절해서 미안해.
금요일에는 수영 강습이 있어.
M : 알겠어.
그러면 언제 시간이 돼?
C : 나는 항상 바빠.

TIP

Por

스페인어로 **'por'**는 영어의 **'for'**와 같은 의미를 가지고 있는 전치사입니다. **'~으로'**, **'~때문에'**, **'~의해'**와 같은 뜻을 지니고 있습니다.

De acuerdo

De acuerdo를 직역하면 '~와의 일치(동의)'로 써, 주로 **'알겠어'**, **'너에게 동의해'**라는 뜻으로 쓰입니다.

그리고 두 번째 계기는 8세기 아랍인에 의해 지배를 받게 된 거였어.
우리도 잘 나갔다고~
그래서 다른 유럽어들에 비해 '아랍어'의 영향을 많이 받게 돼.
잘 해보자, 우리?
으응···.
스페인어 어휘의 10% 정도는 아랍어에서 온 거야.
스페인어
생각보다 많지?
아랍어 10%
그럼에도 한동안 라틴어는 사라지지 않았어. 학술이나 종교 분야에서 여전히 라틴어를 사용했거든.
특히나 성경의 경우, 라틴어가 아닌 다른 언어로 번역한다는 건 상상할 수조차 없는 일이었어···.
ONLY LATIN
나는 라틴어와만 놀아.
세 번째 계기가 바로 이 성경을 라틴어로 번역하지 않게 된 것이었어.
그리고 16세기 독일에서 마르틴 루터가 종교 개혁을 일으키게 돼.
이 세상을 움직이는 힘은 희망이다.
마르틴 루터
루터는 전통보다는 '신앙심' 그 자체를 중요시했고
마음이 그 무엇보다 중요하지!
하느님···
그 덕분에 유럽 각국은 라틴어라는 '전통'을 버리고 각자의 언어로 성경을 번역하게 돼.
빵!
라틴어
이제 다른 애들이랑도 놀 거야!
비로소 종교 분야에서도 라틴어가 힘을 잃어버린 거지.
거기서도 쫓겨났다면서?
좋은 시절 다 갔네, 갔어.
이제 어찌할꼬···
각국의 언어로 번역된 성경은 인쇄술 발달에 힘입어 각지로 널리 퍼지게 되었어.
내가 제일 잘 나가!
그전까지 성경을 개인이 집에 가지고 있다는 건 생각조차 할 수 없는 일이었지.
성경 읽고 싶다···.

스페인 사람도 드디어 스페인어로 된 성경을 가질 수 있게 되면서 스페인어가 보급되기 시작했고….
Español!
이 세 가지 계기를 통해 본격적으로 스페인어가 형성된 거야.
스페인어
게르만 침략
아랍어 영향
성경 번역
딱딱 맞아 떨어지네!
자, 이제 스페인어에 관한 배경지식도 풍부해졌고 본격적으로 공부만 하면 되겠다. 그렇지?
그런데 마지막으로 해줄 이야기가 하나 남아있어. 우리나라 사람들이 스페인어를 배울 때 가장 어려워하는 점이 뭘까?
이게 뭐지…
내가 명색이 스페인어 요정이잖아. 여러분이 스페인어를 배우면서 겪게 될 문제를 미리 친절하게 설명해주고 싶어.
나보다 잘 아는 사람 없을걸~
스페인어가 다른 유럽어에 비해 쉽긴 해.
잡았다!
일단 발음부터 쉬워. 정말 그냥 쓰여 있는대로 읽으면 되거든.
코모… 에스타스…?
Cómo estás
문제는 뭐냐하면 문장 속에 들어있는 남성과 여성이라는 개념이야.
문장
갑자기 남성과 여성이 뭐냐고?
먼저 아래 단어를 살펴볼까? '멋진 소년'과 '멋진 소녀'가 있어.
멋진 소년 buen chico 부엔 치꼬
멋진 소녀 buena chica 부에나 치까
잘 생각해 봐. 뭔가 이상하지 않니?
맞아. 똑같이 '멋진'이라는 뜻인데 모양이 달라.
buen chico
buena chica

같은 의미의 단어일지라도 스페인어의
형용사는 크게 두 가지로 나뉜단다.
형용사
남성 전용
여성 전용
도대체 왜 형용사를 남성 전용과
여성 전용으로 나누어 놓은 걸까?
아는 거 있어?
전혀….
일단 정말 미안하게 생각해.
Sorry!
처음 스페인어의 형용사를 만들 때는
일이 이렇게까지 커질 줄은 몰랐어….
고양이 요정 살려!
으악!
형용사
하지만 형용사에 성별을 붙인 데에는
내 나름대로 합리적인 이유가 있었어.
그러니까 옛날 하고도 옛날…
중동에 다녀온 요정이 사막에서 모래를
가져왔어.
들고 오느라 어깨 나가는 줄 알았다니까.
중동표 청결 모래
우리는 그 모래를 사용해서 처음으로
남자 화장실과 여자 화장실을 지었어.
단정한
단정한
그런데 장난꾸러기 요정이 화장실에
붙은 성별 기호를 떼서 달아나 버렸지.
단정한
단정한
크크크….
쌩~
어휴, 정말 혼란의 카오스였어.
단정한
단정한
어디가 어디야….
그래서 우리는 여자 화장실에 쓰인
형용사의 끝을 좀 바꿔줬어.
여기서부터는 스페인어로 보여줄게.
puro
안 되겠다. 기호 없어도 괜찮도록 글자에 표시하자!
여자 화장실에 별도의 표시를 해주고
나니 다들 화장실을 잘 찾아가더군.
급하다, 급해~
puro
pura
그리고 그날의 충격 때문에 요정들은
형용사를 2가지 모양으로 쓰기 시작했어.
모양만 다를 뿐,
의미는 똑같아!
작은 pequeño 뻬께뇨
작은 pequeña 뻬께냐

만화는 132쪽에서 계속 이어집니다.

03

명사의 성, 수를 따른다!
관사

정관사 Vs 부정관사

모든 명사는 남성 혹은 여성이다

영어는 The, 스페인어는?

영어는 A, 스페인어는?

성, 수의 모든 것 복습

Let's start

한눈에 배운다!

정관사 Vs 부정관사

관사의 선택 기준

동영상 강의

관사는 명사 앞에 붙이는 것으로 일종의 형용사입니다.
관사에는 다음의 두 종류가 있습니다.

정관사 영어의 the에 해당

정확하게 가리킬 때 사용합니다. 다시 말해, 가리키는 대상이나 대상의 범위가 명확할 때 사용합니다. 이를테면...

1 당신도 아는 그것.
2 방금 전 언급했던 그것.
3 하나밖에 없는 것.
4 하나도 빠짐없이 전부.

부정관사 영어의 a에 해당

부정확하게 가리킬 때 사용합니다. 다시 말해, 가리키는 대상이나 대상의 범위가 명확하지 않을 때 사용합니다. 이를테면...

1 듣는이가 모르는 것.
2 처음 언급하는 것.
3 아무거나 상관없는 것.
4 아무렇게나 정해도 되는 일부분.

	cup	water
명확한 상황	the cup	the water
불명확한 상황	a cup	water

불확실한 상황일 때 '컵'에는 부정관사를 사용했지만, '물'에는 부정관사를 사용하지 않았습니다. '물'은 셀 수 없는 사물이기 때문입니다.

TIP

읽어 보세요 **관사가 어려운 이유**

많은 분이 관사 붙이기를 어려워합니다. 그래서 그 이유를 정리해 보았습니다.

1 언어는 원래 말하는 사람 마음대로 말하게 되어있습니다. 하지만 관사는 내 마음대로가 아닌 문법에 정해진 대로 배워서 말해야 합니다.

2 관사의 논리를 이해할 때는 무관사의 존재가 매우 중요합니다. 하지만 이를 무시하고 가르치거나 배우면 관사는 한없이 어려워집니다.

3 '컵'은 셀 수 있고 '물'은 셀 수 없습니다. 그렇다면 '사랑'이나 '경험'은 어떤가요? 명사 중에는 셀 수 있는지가 불분명한 것들이 많이 있습니다. 또 그들 중 일부는 말하는 사람이 의도에 따라 결정할 수도 있고요.

읽어 보세요 **관사를 완벽하게 외우려 하지 마세요.**

정관사와 부정관사, 무관사 이렇게 세 가지를 정확하게 구분하는 것도 매우 어렵습니다. 그런데 성, 수에 따라 정관사와 부정관사가 각각 네 개의 형태를 가집니다. 영어에 비해 관사가 훨씬 복잡합니다. 그래서 그런지 많은 분이 이 지점에서 스페인어를 포기하게 됩니다. 관사를 외우느라 스페인어를 말하는 즐거움은 느껴보지도 못한 채 말이죠. 이 책을 보시는 여러분은 이 관사들을 암기하려 들지 않기를 바랍니다. 여기에는 다음과 같은 이유가 있습니다.

1 스페인 사람도 관사를 완벽하게 사용하지 않습니다.

2 관사를 혼동해 사용해도, 의사소통에는 대부분 지장이 없습니다.

3 대화 중 가장 많이 사용되는 명사는 '나, 너, 이것, 저것' 등의 대명사들입니다. 그런데 정작 이 대명사들에는 관사가 사용되지 않습니다.

이번에는 정관사, 부정관사, 무관사를 선택하는 과정을 표로 만들어 이해해 보도록 하겠습니다.

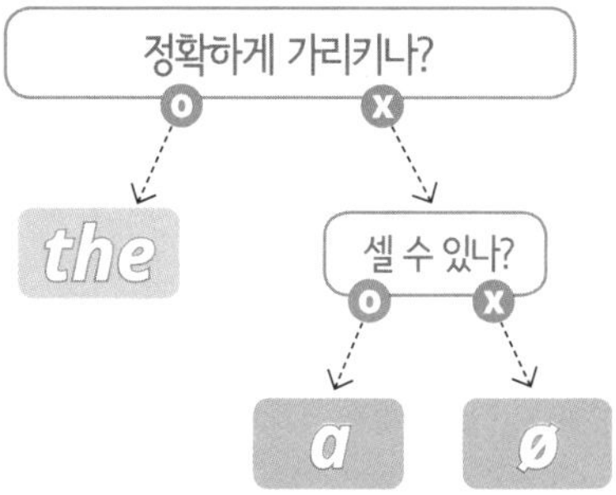

이번에는 세 가지 종류의 관사를 영역으로 표시해보았습니다. 역시 가장 중요한 기준은 '정확하게 가리키나'입니다.

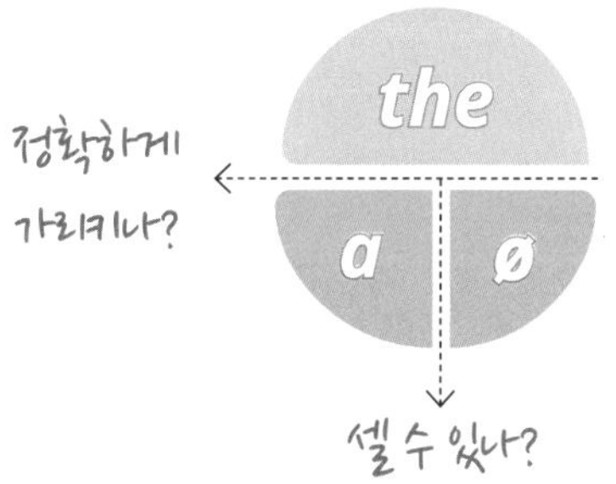

이번에는 관사에 대한 한 줄 요약입니다.

정확하게 가리킬 때 : 정관사
부정확하게 가리킬 때 : 부정관사

TIP

읽어 보세요 **명확한 범위를 표현하는 정관사**

이미 설명 드린 바와 같이 정관사는 명확한 대상에 사용합니다. 다음에 나오는 '사과'는 어떨까요?

나는 사과를 좋아해.

여기에서의 사과는 '세상의 모든 사과들'입니다. 다시 말해 '이 사과들'이나 '저 사과들'이 아닙니다. 그렇다면 정관사를 사용할까요? 다시 말해 세상의 모든 사과는 명확한 범위를 나타내는 것일까요?

영어에서는 이 경우 정관사 the를 사용하지 않습니다. '세상의 모든 사과'는 명확하지 않다는 입장인 것이죠.

I like apples.

반면 스페인어에서는 정관사 el, la, los, las를 사용합니다. '세상의 모든 사과'는 명확하다는 입장인 것이죠.

Me gustan las manzanas.
[메 구쓰딴 을라쓰 만싸나쓰]
나는 사과를 좋아해.

영어와 스페인어는 정관사 사용법이 거의 같습니다. 위 경우를 제외하고는 말이죠.

읽어 보세요 **관사 학습 목표**

관사를 완벽하게 외울 필요가 없다면, 이 단원은 왜 있는 것일까요?
다음은 여러분이 관사 공부에 관해 목표로 해야 할 것들입니다.

1 정관사와 부정관사가 어떻게 각각 4개의 형태를 갖는지 이해할 정도

2 예문을 읽다가 '이렇게 생긴 것들이 정관사, 이렇게 생긴 것들이 부정관사로구나' 하고 구분할 수 있을 정도

3 예문을 읽다가 '이런 이유로 정관사를, 이런 이유로 부정관사를 사용했구나' 하고 느낄 정도

4 단수 정관사와 단수 부정관사를 말할 수 있을 정도

Let's start

한눈에 배운다!

모든 명사는 남성 혹은 여성이다

명사의 성

동영상 강의

각 나라의 언어는 각각 고유의 특성을 가지고 있습니다. 대부분의 특성은 언어를 더 편리하게 사용하기 위해 발달한 것들입니다. 그런데 간혹, 도대체 왜 그런지 알 수 없는 특성도 있습니다. 스페인어, 그리고 유럽의 언어들이 가지고 있는 이상한 특성 중 하나는 바로 **'세상의 모든 사물을 남성과 여성으로 나누어 놓았다'**는 것입니다. 심지어 새로 발명되거나 발견된, 그래서 새로 생긴 명사까지도 남성이나 여성 중에 하나로 정해버립니다. 이것이 바로 **'명사의 성'**이라는 개념입니다.

libro [을리브로]
남성명사 : 책

casa [까싸]
여성명사 : 집

그런데 어떤 명사를 남성인지 여성인지 구분하면 뭐가 달라질까요? 굳이 구분했으면 그로 인해 뭔가 달라져야 하는 것 아니겠어요? 그렇습니다. 남성명사라면 형용사나 관사도 남성형으로, 여성명사라면 형용사나 관사도 여성형으로 붙여줍니다.

자, 그러면 어떤 명사들이 남성이고, 어떤 명사들이 여성인지 한 번 살펴볼까요? 이왕 구분하는 김에 정관사(영어의 The에 해당)도 붙여보았습니다. el은 남성형 정관사, la는 여성형 정관사입니다.

남성 명사

el libro	[엘 을리브로]	그 책
el papel	[엘 빠뻴]	그 종이
el bolígrafo	[엘 볼리그라포^f]	그 볼펜
el cuadro	[엘 꾸아드로]	그 그림

여성 명사

la casa	[을라 까싸]	그 집
la mesa	[을라 메싸]	그 책상
la fotografía	[을라 포^{f}또그라피^{f}아]	그 사진
la tienda	[을라띠엔다]	그 가게

TIP

<< 더 알아 봅시다

남성명사, 여성명사 모양만 보고 구분하는 법

명사의 성은 우선 모조리 외워야 하는 것입니다. 하지만 말처럼 쉽지는 않죠. 그래서 준비했습니다. 모양만 딱 보고 남성과 여성을 구분하는 팁 4가지!

1 남성은 '-o' 여성은 '-a'

일반적으로 남성 명사는 '–o'로 끝나고, 여성 명사는 '–a'로 끝납니다.

- plato [쁠라또] 접시 ➡ 남성명사
- mesa [메싸] 책상 ➡ 여성명사

간혹이지만 예외도 있습니다.

- papá [빠빠] 아빠 ➡ 남성명사
- radio [라디오] 라디오 ➡ 여성명사

2 '-or', '-ma'로 끝나는 명사들은 남성 명사

- **or**: am**or** [아모르] 사랑
- **ma**: proble**ma** [쁘로블레마] 문제

3 '-ión', '-ad' 의 어미로 끝나는 명사들은 여성 명사

- **ión**: canc**ión** [깐씨온] 노래
- **dad**: ver**dad** [베르닫] 진실, 사실

<< 읽어 보세요

명사에 성이 있다고?

모든 명사에는 성이 있습니다. 그런데 우리는 어떻게 그 사실을 모른 채 3단원까지 올 수 있었을까요? 1, 2단원에는 아무런 명사가 등장하지 않은 것일까요? 그렇지는 않습니다. 1, 2단원에서도 명사가 여러 번 등장했죠. 하지만 그것들은 모두 '신분명사'들과 '인칭대명사'들이었습니다. 이들에게는 남성형과 여성형이 모두 존재하죠.

Let's start

정확하면 정관사

한눈에 배운다!

영어는 The, 스페인어는?

동영상 강의

책은 '남성', 집은 '여성'. 모든 명사는 남성과 여성으로 나뉩니다.

영어에서 **'가리키는 대상이나 대상의 범위가 명확할 때'** 해당 명사 앞에 'the'가 붙지요? 스페인어 역시 마찬가지입니다. 이 'the'와 같은 것을 관사라고 부르는데요, 사실 관사는 일종의 형용사입니다. 그래서 관사의 사용법은 형용사의 사용법과 거의 비슷합니다. **명사의 성별과 수에 따라 관사를 다르게** 붙인답니다.

'알또'와 '알따'를 기억하시나요? 똑같이 '키가 큰'이라는 의미의 형용사인데도 남, 여에 따라 다르게 사용했잖아요. 바로 그런 것처럼요.

the 정관사

가리키는 대상이나 대상의 범위가 명확할 때

el

el niño
[엘 닌뇨]
그 소년 (the boy)

los

los niños
[올로쓰 닌뇨쓰]
그 소년들 (the boys)

la

la niña
[올라 닌냐]
그 소녀 (the girl)

las

las niñas
[올라쓰 닌냐쓰]
그 소녀들 (the girls)

TIP

더 알아 봅시다 **사람 이름 앞에 정관사**

스페인어에서는 이름을 언급할 때 관사를 사용합니다.

- El Sr. Juan es amable.
  [엘 쎈뇨르 후안 에쓰 아마블레]
  후안 씨는 친절해.

하지만, 호칭일 때는 생략합니다.

- ¡Buenas tardes, Sr. Juan!
  [부에나쓰 따르데쓰 쎈뇨르 후안]
  안녕하세요, 후안 씨!

더 알아 봅시다 **신분, 직업, 국적 = Ser동사 + 무관사**

신분이나 직업, 혹은 국적을 나타낼 때는 Ser동사를 사용한다고 배웠습니다. 그리고 그 뒤 명사에는 부정관사를 붙여줘야 할 것 같지만 그렇게 하지 않습니다.

- Él es estudiante.
  [엘 에쓰 에쓰뚜디안떼]
  그는 학생이야.

- Ella es coreana.
  [에야 에쓰 꼬레아나]
  그녀는 한국인이야.

읽어 보세요 **의미를 바꾸는 관사**

관사가 붙느냐 안 붙느냐에 따라 뜻이 달라지는 명사들도 있습니다.

clase	[끌라쎄]	수업
la clase	[올라 끌라쎄]	교실
mañana	[만냐나]	내일
la mañana	[올라 만냐나]	오전

Practice
El, La, Los, Las 관사 붙이기

따라 말하기

빈칸 안에 관사와 명사를 써넣어 보세요.

남성 명사			여성 명사		
libro	[올리브로]	책	casa	[까싸]	집
papel	[빠뻴]	종이	mesa	[메싸]	책상
bolígrafo	[볼리그라포^{f}]	볼펜	fotografía	[포^{f}또그라피^{f}아]	사진
cuadro	[꾸아드로]	그림	tienda	[띠엔다]	가게

1 그 책 el libro

2 그 가게

3 그 종이

4 그 그림

5 그 책상

6 그 볼펜

7 그 집

8 그 사진

9 그 집들

10 그 책들

11 그 그림들

12 그 가게들

정답입니다! 1 el libro 2 la tienda 3 el papel 4 el cuadro 5 la mesa 6 el bolígrafo 7 la casa 8 la fotografía 9 las casas 10 los libros 11 los cuadros 12 las tiendas

Let's start

한눈에 배운다!

영어는 A, 스페인어는?

부정확하면 부정관사

동영상 강의

영어에서는 **부정관사 a**를 사용해 '아무거나 하나'를 나타내지요? 스페인어에도 이와 같은 부정관사 **un**과 **una**가 있습니다.

또, 복수형으로는 **unos**와 **unas**를 사용합니다. '아무거나 여러 개'라는 의미로 영어의 some에 해당하죠.

관사는 우리가 마음대로 생략할 수 없는 존재입니다. un, una, unos, unas 모두 마찬가지이죠. 하지만 이중 **unos**와 **unas**는 특이하게도 생략이 가능해지는 경우가 많이 있습니다.

a 부정관사

가리키는 대상이나 대상의 범위가 불명확할 때

un

un niño
[운 닌뇨]
어떤 소년, 한 소년
(a boy)

unos

unos niños
[우노쓰 닌뇨쓰]
소년들
(boys)

una

una niña
[우나 닌냐]
어떤 소녀, 한 소녀
(a girl)

unas

unas niñas
[우나쓰 닌냐쓰]
소녀들
(girls)

TIP

<< 읽어 보세요 **가산명사, 불가산명사**

'셀 수 있는 것'이란 문법 용어로 '가산명사'라고도 합니다. 다음 예시를 통해서 가산명사와 불가산명사의 차이를 느껴보세요.

가산명사 : 사람, 책, 연필
불가산명사 : 물, 공기, 음식

<< 읽어 보세요 **some = unos, unas**

영어의 some에는 두 가지 용법이 있습니다.

1. some apples (가산 명사)
2. some water (불가산 명사)

하지만 unos와 unas는 한 가지 용법만 있습니다. s가 붙은 것만 봐도 추측이 가능합니다.

1. unas manzanas (가산 명사)
   [우나쓰 만싸나쓰] 사과들

Practice

Un, Una, Unos, Unas 관사 붙이기

따라 말하기

빈칸 안에 관사와 명사를 써넣어 보세요.

남성 명사		
restaurante	[레쓰따우란떼]	식당
plato	[쁠라또]	접시
tenedor	[떼네도르]	포크
cuchillo	[꾸치요]	나이프

여성 명사		
copa	[꼬빠]	컵
cuchara	[꾸차라]	숟가락
manzana	[만싸나]	사과
naranja	[나랑하]	오렌지

1 컵 하나 una copa

2 접시 하나

3 포크 하나

4 숟가락 하나

5 나이프 하나

6 사과 하나

7 오렌지들

8 식당들

9 접시들

10 사과들

11 숟가락들

12 포크들

정답입니다! 1 una copa 2 un plato 3 un tenedor 4 una cuchara 5 un cuchillo 6 una manzana 7 unas naranjas 8 unos restaurantes 9 unos platos 10 unas manzanas 11 unas cucharas 12 unos tenedores

Let's start

한눈에 배운다!

성, 수의 모든 것 복습

문제의 근원은 명사다

동영상 강의

스페인어의 성, 수 구분 때문에 머리 아프시죠?
이로써 성수에 관한 내용은 모두 등장했습니다.
기념으로 스페인어의 특징을 총정리해 보겠습니다.

모든 명사에는 성, 수가 있고 이로 인해

1 명사 스스로가 4가지로 변화한다.

niño 닌뇨 남자 아이	niños 닌뇨쓰 남자 아이들	niña 닌냐 여자 아이	niñas 닌냐쓰 여자 아이들

2 동사가 원형 + 6가지로 변화한다.

3 형용사가 4가지로 변화한다.

listo 올리쓰또 똑똑한	listos 올리쓰또쓰 똑똑한	lista 올리쓰따 똑똑한	listas 올리쓰따쓰 똑똑한

4 관사도 형용사의 일종이므로 똑같이 4가지로 변화한다.

un 운	unos 우노쓰	una 우나	unas 우나쓰

[요 쏘이 운 닌뇨 올리쓰또]

Yo soy un niño listo.

2 6개의 **동사** 중 선택
4 4개의 **관사** 중 선택
1 4개의 **신분 명사** 중 선택
3 4개의 **형용사** 중 선택

TIP

읽어 보세요 **어떤 성수를 따라야 하나요?**

1. 형용사는 주어의 성수를 따릅니다.
2. 형용사는 명사의 성수를 따릅니다.

무엇이 맞는 것일까요? 조금 다른 예를 들어보겠습니다. 보통 병사들은 멀리 있는 왕보다 가까이 있는 장군의 명령을 따릅니다. 물론 장군이 없다면 왕을 따르겠죠. 마찬가지로 형용사는 가까이 있는 명사의 성수를 따릅니다. 물론 명사가 없다면 멀리 있는 주어의 성수를 따르는 것이죠.

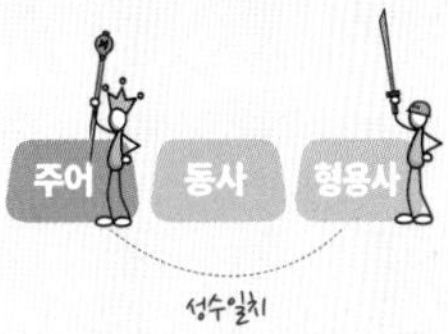

읽어 보세요 **명사의 성은 어떻게 정해지나?**

새로 생긴 명사, 혹은 새로 외국에서 들여온 외래어 같은 경우 남성과 여성이 정해져 있지 않습니다. 이럴 땐 관사를 붙여서 말했을 때 발음하기 쉬운 쪽으로 성이 정해집니다. 물론 사람들의 생각이 서로 다를 경우에는 각자 자기 마음대로 말하기도 하죠.

1 커피 한 잔 할래?

LETICIA
¿Tú quieres un café?
뚜 끼에레쓰 / 운 까페[f]?
너는 원하다 / (부정관사) 커피?

SOFIA
Sí, quiero un buen café.
씨, 끼에로 / 운 부엔 까페[f].
응, (나는) 원하다 / (부정관사) 좋은 커피.

LETICIA
¿Tú le metes azúcar?
뚜 / ㄹ레 / 메떼쓰 / 아쑤까르?
너는 / 거기 / 넣다 / 설탕?

SOFIA
Sí, dos cucharadas, por favor.
씨, 도쓰 꾸차라다쓰, 뽀르 파[f]보르.
응, 두 숟가락, 부탁해.

LETICIA
¿Quieres tarta? Es de limón.
끼에레쓰 / 따르따? 에쓰 / 데 ㄹ리몬.
(너는) 원하다 / 케이크? ~이다 / 레몬의.

SOFIA
No, gracias.
No me gusta mucho el limón.
노, 그라씨아쓰.
노 / 메 구쓰따 / 무초 / 엘 ㄹ리몬.
아니, 고마워.
나는 좋아해 (부정) / 많이 / 레몬을.

LETICIA
De acuerdo. ¿Bebemos en la terraza?
데 아꾸에르도. 베베모쓰 / 엔 / ㄹ라 떼ㄹ~아싸?
알겠어. (우리는) 마시다 / ~에서 / (정관사) 테라스?

L : 커피 한 잔 마실래?
S : 응, 커피 좋지.
L : 설탕 넣어?
S : 응, 두 숟가락 넣어줘.
L : 케이크 먹을래? 레몬 케이크야.
S : 괜찮아, 레몬을 별로 안 좋아해.
L : 알겠어. 테라스에서 마실까?

TIP

Café
스페인 커피는 한국에서 파는 커피와 다르게 **매우 진합니다.** 양도 적어서 잠에서 깨기 위해, 혹은 입가심으로 후식을 대신하여 마시기도 합니다.

meter=poner
두 동사 모두 '넣다' 라는 의미를 가지고 있습니다. 그러므로 ¿Tú le pones azúcar? 라고 표현할 수도 있겠군요.

No gracias.
'No thank you'와 같은 형태와 의미를 가진 표현입니다. 정중하게 거절할 때 사용합니다.

Terraza
스페인에 있는 거의 모든 카페, 바나 식당 앞에는 손님이 노천에 앉을 수 있도록 설치된 **테라스**가 있습니다. 대부분의 사람이 야외에서 커피를 마시거나 식사하는 것을 선호합니다.

LETICIA
Las vistas son maravillosas.
을라쓰 비쓰따쓰 / 쏜 / 마라비요싸쓰.
정관사 전망이 / ~이다 / 굉장한.

SOFIA
Vamos.
바모쓰.
가자.

L : 경치가 굉장히 아름다워.
S : 그러자.

TIP

2 너는 무엇을 가졌니?

LUCAS
¿Qué tienes en tu mochila?
께 / 띠에네쓰 / 엔 / 뚜 모칠라?
무엇을 / (너는) 가지고 있다 / ~안에 / 너의 가방?

MARCOS
Tengo un estuche, unos libros, unos cuadernos y…
뗑고 / 운 에쓰뚜체, 우노쓰 을리브로쓰,
우노쓰 꾸아데르노쓰 / 이…
(나는) 가지고 있다 / 부정관사 하나의 케이스, 부정관사 몇 권의 책,
부정관사 몇 권의 공책 / 그리고…

los deberes de español, las llaves de mi casa y una foto de mi familia.
을로쓰 데베레쓰 / 데 에쓰빤뇰, 을라쓰 야베쓰 /
데 미 까싸 / 이 / 우나 포^{f}또 / 데 미 파^{f}밀리아.
숙제들 / 스페인어의, 정관사 열쇠들 /
나의 집의 / 그리고 / 부정관사 하나의 사진 / 나의 가족의.

L : 네 가방에 뭐가 들었어?
M : 필통 하나, 책 몇 권,
공책 몇 개, 그리고...
스페인어 숙제, 우리 집 열쇠
그리고 가족사진 한 장이 들어 있어.

Un estuche
스페인어의 부정관사 **'un, unos, una, unas'**는 영어의 **'a'**와 같다고 보시면 됩니다. 하지만 영어와 다르게 스페인어 부정관사는 **남성/여성, 단수/복수**의 형태를 구분해 사용합니다.

Un estuche
[운 에쓰뚜체] 필통 하나 (남성 명사)

Una llave
[우나 야베] 열쇠 하나 (여성 명사)

Los deberes
스페인어의 정관사 **'el, la, los, las'**는 영어의 **'the'**와 같다고 보시면 됩니다. 하지만 영어와 다르게 스페인어 정관사는 **남성/여성, 단수/복수**의 형태를 구분해 사용합니다.

03 명사의 성, 수를 따른다! 관사

LUCAS

¿Y qué tienes en tu estuche?

이 / 께 / 띠에네쓰 / 엔 / 뚜 에쓰뚜체?
그리고 / 무엇을 / 가지고 있다 / ~안에 / 너의 케이스?

MARCOS

Tengo unos bolígrafos, unos lápices, una goma, unos subrayadores.

뗑고 / 우노쓰 볼리그라포^{f}쓰, 우노쓰 을라삐쎄쓰,
우나 고마, 우노쓰 쑵라야도레쓰.
가지고 있다 / (부정관사) 몇 자루의 볼펜, (부정관사) 몇 자루의 연필,
(부정관사) 한 개의 고무, (부정관사) 몇 자루의 형광펜.

y la pluma de mi padre.

이 / 을라 쁠루마 / 데 미 빠드레.
그리고 / 만년필 / 나의 아버지의.

¿Y tú qué tienes en tu mochila?

이 / 뚜 / 께 / 띠에네쓰 / 엔 / 뚜 모칠라?
그리고 / 너는 / 무엇을 / 가지고 있다 / ~안에 / 너의 가방?

LUCAS

Tengo un bolígrafo, un libro

뗑고 / 운 볼리그라포^f, 운 을리브로 /
(나는) 가지고 있다 / (부정관사) 한 자루의 볼펜, (부정관사) 한 권의 책 /

y un cuaderno.

이 / 운 꾸아데르노.
그리고 / (부정관사) 한 권의 공책.

MARCOS

¿Es todo?

에쓰 / 또도?
~이다 / 전부?

LUCAS

Sí, tengo una clase hoy.

씨, 뗑고 / 우나 끌라쎄 / 오이.
응, (나는) 가지고 있다 / (부정관사) 하나의 수업 / 오늘.

L : 네 필통에는 뭐가 들었어?
M : 볼펜 몇 개, 연필 몇 개, 지우개 하나, 형광펜 몇 개
그리고 아버지의 만년필이 들어 있어.
네 가방에는 뭐가 들었어?
L : 나는 볼펜 하나, 책 한 권
그리고 공책 한 권이 들어 있어.
M : 그게 다야?
L : 응, 오늘 수업이 하나뿐이라서.

TIP

Pluma

Pluma는 **'만년필'**이라는 뜻이지만, **깃털**이라는 뜻도 있습니다.

La pluma de mi padre es muy cara.
[을라 쁠루마 데 미 빠드레 에쓰 무이 까다]
: 아버지의 만년필은 아주 비싸다.

La pluma de la paloma es gris.
[을라 쁠루마 데 을라 빨로마 에쓰 그리쓰]
: 비둘기의 깃털은 회색이다.

Hoy

'H'로 시작하는 단어에서 **'H'**는 **묵음**입니다! 그러므로 'Hoy'는 '호이'가 아니라 **'오이'**로 발음하는 게 맞습니다.

3 저도 장 보고 있어요.

Buenas tardes, José.
부에나쓰 따르데쓰, 호쎄.
좋은 오후들, 조세프 (남성이름).

¿Hace la compra?
아쎄 / 을라 꼼쁘라?
하다 / (정관사) 장보기?

Buenas tardes, Raquel.
부에나쓰 따르데쓰, 라껠.
좋은 오후들, 레이첼 (여성이름).

Sí, nuestra nevera está vacía.
씨, 누에쓰뜨라 네베라 / 에쓰따 / 바씨아.
네, 우리의 냉장고는 / ~이다 / 비어있는.

¿Usted también hace la compra?
우쓰뗃 / 땀비엔 / 아쎄 / 을라 꼼쁘라?
당신 / 역시 / 하다 / (정관사) 장보기?

Sí, yo también hago la compra.
씨, 요 / 땀비엔 / 아고 / 을라 꼼쁘라.
네, 저 / 역시 / 하다 / (정관사) 장보기.

¿Qué es lo que compra usted?
께 / 에쓰 / 을로 께 / 꼼쁘라 / 우쓰뗃?
무엇 / ~이다 / (접속사) / 구입하다 / 당신은?

R : 안녕하세요.
조세프 씨, 장 보세요?
J : 안녕하세요. 레이첼 씨.
네, 냉장고가 비어서요.
레이첼 씨도 장 보세요?
R : 네, 저도 장 보고 있어요.
무엇을 사세요?

TIP

Nevera

스페인에서는 **냉장고**를 의미하는 단어는 여러개가 있습니다.

nevera [네베라]
frigorífico [프^{f}리고리피^{f}꼬]
refrigerador [레프^{f}리헤라도르]

¿Hace la compra?

Hacer la compra 를 직역하면 **'하다 / 사기를'** 이지만 스페인에서는 **'장보기'**를 의미합니다. 그렇다면 **'쇼핑을 간다'**는 어떻게 표현할까요? 이럴 땐 **Ir de compras** 라고 써줍니다. 직역하면 **'가다 / 쇼핑을'**이 되는 것이죠.

Hacer la compra. [아쎄르 을라 꼼쁘라]
Hacer mercado. [아쌔르 메르까도]
: 장을 보다.

Ir de compras. [이르 데 꼼쁘라쓰]
: 쇼핑을 한다.

José

Yo compro tomates, una lechuga,
요 꼼쁘로 / 또마떼쓰, 우나 을레추가,
저는 구입하다 / 토마토들, (부정관사) 하나의 상추,

fruta y azúcar, una botella de leche
프f루따 / 이 / 아쑤까르, 우나 보떼야 데 을레체 /
과일 / 그리고 / 설탕, (부정관사) 한 병의 우유 /

y carne de ternera.
이 / 까르네 데 떼르네라.
그리고 / 송아지 고기

RAQUEL

Yo compro patatas y carne de pollo.
요 꼼쁘로 / 빠따따쓰 / 이 / 까르네 데 뽀요.
저는 구입하다 / 감자들 / 그리고 / 닭고기의.

José

¡Mmm, pollo con patatas para cenar!
음, 뽀요 / 꼰 / 빠따따쓰 / 빠라 / 쎄나르!
음 (의성어), 닭 / 함께 / 감자들 / ~을 위하여 / 저녁!

Le deseo una muy buena noche.
을레 데쎄오 / 우나 / 무이 부에나 노체.
(나는) 당신에게 바라다 / (부정관사) 하나의 / 매우 좋은 밤을.

RAQUEL

Buenas noches a usted también.
부에나쓰 노체쓰 / 아 우쓰뗃 / 땀비엔.
좋은 밤들 / 당신에게 / 역시.

J : 저는 토마토, 상추,
과일, 그리고 설탕,
우유 한 병 그리고 소고기요.
R : 저는 감자와 닭고기를 사러 왔어요.
J : 음 저녁에 닭고기와 감자요리를 드시겠네요,
즐거운 저녁 시간 보내시기를 바랍니다.
R : 네, 즐거운 저녁 시간 보내세요.

TIP

Ternera

Ternera는 송아지 고기입니다. 스페인에서는 많은 사람이 송아지 고기를 즐겨 먹는데, 이는 바로 고기의 육즙과 식감 때문입니다. 송아지 고기는 일반 소고기보다 맛이 순하고 질감이 연해 인기가 많습니다.

Le deseo una muy buena noche

'Desear' [데쎄아르]는 '바라다, 소망하다'라는 의미입니다. '즐거운 저녁 보내시기를 바랍니다.'라고 말할 때의 '바라다'처럼 사용할 수 있습니다.

4 서울에는 한강이 흐릅니다.

YOOMIN
¿De qué país viene usted?
데 / 께 빠이쓰 / 비에네 / 우쓰뗃?
~로부터 / 어느 나라 / 오다 / 당신은?

CARLOS
Yo vengo de España.
요 벵고 / 데 에쓰빤냐.
나는 오다 / 스페인에서.

¿Y usted de dónde viene?
이 / 우쓰뗃 / 데 / 돈데 / 비에네?
그리고 / 당신은 / ~로부터 / 어디 / 오다?

YOOMIN
Yo vengo de Corea del Sur.
요 뱅고 / 데 / 꼬레아 델 쑤르.
저는 오다 / ~로부터 / 대한민국.

¿Cómo es España?
꼬모 / 에쓰 / 에쓰빤냐?
어떻게 / ~이다 / 스페인?

CARLOS
España es 5 veces más grande que Corea del Sur.
에쓰빤냐 에쓰 / 씽꼬 베쎄쓰 / 마쓰 그란데 / 께 / 꼬레아 / 델 쑤르.
스페인은 ~이다 / 5배 / 더 넓은 / ~보다 / 한국 / 남쪽의.

YOOMIN
España es muy grande.
에쓰빤냐 에쓰 / 무이 그란데.
스페인은 ~이다 / 매우 넓은.

Y : 어느 나라에서 오셨어요?
C : 저는 스페인에서 왔습니다. 당신은 어디에서 오셨어요?
Y : 저는 한국에서 왔습니다. 스페인은 어떤가요?
C : 스페인은 한국보다 5배 넓습니다.
Y : 스페인은 정말 크군요.

TIP

de España

스페인어에서 **'de'**는 영어의 **'from'**과 **'of '**를 의미하는 전치사입니다.

Yo soy de España. (I am from Spain.)
[요 쏘이 데 에쓰빤냐]
: 나는 스페인에서 왔어.

Esto es de Carmen. (This is of Carmen.)
[에쓰또 에쓰 데 까르멘]
: 이것은 카르멘 거야.

Corea del Sur

Corea는 한국을, del sur는 남쪽을 뜻하므로, 합쳐서 **'남한'**입니다. 그럼 **북한**은 뭐라고 할까요? 마찬가지로, **북쪽을 의미하는 del norte**를 붙여서 **Corea del Norte**라고 합니다.

Norte
Oeste 4 Este
Sur

5 veces más grande

Más [마쓰]는 '더', menos [메노쓰]는 '덜'이라는 뜻으로, '한국은 스페인보다 5배 작습니다.'라고 하려면 'Corea del Sur es cinco veces menos grande que España'[꼬레아 델 쑤르 에쓰 씽고 베쎄스 메노쓰 그란데 께 에쓰빤냐]라고 하면 됩니다.

- more than = más que
- less than = menos que

CARLOS

Sí, España es un país grande.

씨, 에쓰빤냐 에쓰 / 운 빠이쓰 / 그란데.
네, 스페인은 ~이다 / (부정관사) 나라 / 넓은.

Hay muchas montañas

아이 / 무차쓰 몬딴냐쓰 /
~있다 / 많은 산들 /

como los Pirineos.

꼬모 / 을로쓰 삐리네오쓰.
~와 같은 / (정관사) 피레네.

YOOMIN

En Corea también hay muchas montañas.

엔 / 꼬레아 / 땀비엔 / 아이 / 무차쓰 몬딴냐쓰.
~안에 / 한국 / 역시 / ~있다 / 많은 산들.

Hay muchas montañas en Seúl también.

아이 / 무차쓰 몬딴냐쓰 / 엔 / 쎄울 / 땀비엔.
~있다 / 많은 산들 / ~안에 / 서울 / 역시.

CARLOS

En Madrid no hay más que colinas

엔 / 마드릳 / 노 / 아이 / 마쓰 / 께 / 꼴리나쓰
~안에 / 마드리드 / (부정) / 있다 / 더 / (접속사) / 언덕들

y muchos ríos como el Tajo

이 / 무초쓰 리오쓰 / 꼬모 / 엘 따호 /
그리고 / 많은 강들 / ~와 같은 / (정관사) 타호 /

y el Manzanares.

이 / 엘 만싸나레쓰.
그리고 / (정관사) 만사나레스.

C : 네, 스페인은 큰 나라입니다.
피레네 같은 산들이 많이 있습니다.
Y : 한국에도 산이 많이 있습니다.
서울에도 산이 많아요.
C : 마드리드에는 언덕들밖에 없습니다.
타호 강과 만사나레스 강 같은 강들이 여러 개 있습니다.

TIP

Los Pirineos

피리네오스 산맥은 프랑스와 스페인 양국의 국경에 위치한 산맥입니다. 스페인에서는 **los Pirineos [을로쓰 삐리네오쓰]**라고 부르지만 프랑스에서는 **les Pyrénées [을레 삐헤네]**라고 부릅니다. 겨울이 되면 많은 사람들이 스키를 타거나 겨울 스포츠를 즐기러 피리네오스에 방문합니다.

En Madrid no hay más que colinas

서울과 달리, 스페인의 수도 마드리드에는 산이 별로 없는 대신 작은 동산이나 지역공원들, 계곡 등이 많이 있습니다.

El río Han fluye por Seúl.
엘 리오 한 / 플ᶠ루예 / 뽀르 / 쎄울.
한강은 / 흐르다 / ~로 / 서울.

España está rodeada por varios mares.
에쓰빤냐 에쓰따 / ㄹ~오데아다 / 뽀르 / 바리오쓰 마레쓰.
스페인은 ~이다 / 둘러싸여 / ~로 / 여러 바다들.

El océano Atlántico, el mar Mediterráneo
엘 오쎄아노 아뜰란띠꼬, 엘 마르 메디떼ㄹ~아네오 /
정관사 대서양, 정관사 지중해 /

y el mar Cantábrico.
이 / 엘 마르 깐따브리꼬.
그리고 / 정관사 칸타브리아 해.

Corea está rodeada
꼬레아 에쓰따 / ㄹ~오데아다 /
한국은 ~이다 / 둘러싸여 /

por muchos mares también.
뽀르 / 무초쓰 마레쓰 / 땀비엔.
~로 / 많은 바다 / 또한.

El mar Amarillo, el mar del Sur
엘 마르 아마리요, 엘 마르 델 쑤르 /
정관사 황해, 정관사 남해

y el mar del Este.
이 / 엘 마르 델 에쓰떼.
그리고 / 정관사 동해.

Y : 서울에는 한강이 흐릅니다.
C : 스페인은 여러 바다로 둘러싸여 있습니다.
대서양, 지중해, 칸타브리아 해요.
Y : 한국도 여러 바다로 둘러싸여 있습니다.
황해, 남해 그리고 동해요.

TIP

El río Han

Río는 **'강'**이라는 말로, **el río Han**이라고 하면 **한강**이라는 뜻이 됩니다.

Por

스페인어의 전치사 **'por'**는 영어의 전치사 **'for', 'because of', 'by'** 와 같은 뜻을 가졌습니다. **이유나 원인, 동기**를 나타내는 말이기도 하지만 여기서는 **'~에' 즉 공간을 나타내는 전치사**로 활용되었습니다.

El mar Amarillo

'황해'라고 해서 어떤 바다인가 긴가민가 하셨나요? **한국에서 '서해'라고 부르는 바다**의 공식 명칭이 **'황해'**, 즉 스페인어로 el mar Amarillo입니다.

del

'del'은 **전치사 de**와 **정관사 el의 축약형**입니다.

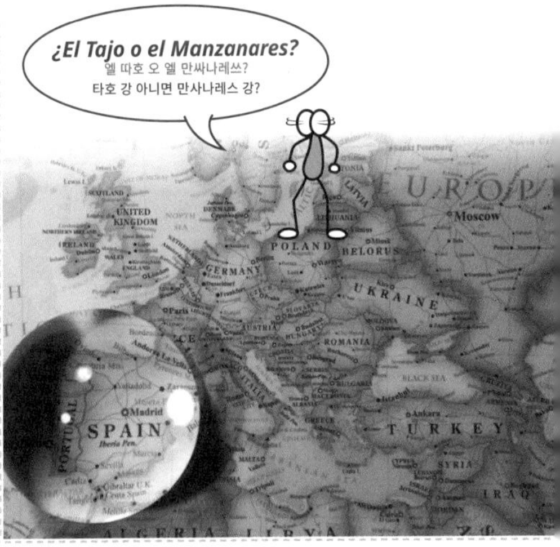

세상 모든 사물을 남성과 여성으로 나눠주기로 해 버렸어!
와글
시끌
엄청난 대작업이었어!
참! 직업도 명사니까 남녀 구분할게.
정리하면 모든 명사는 남성이거나 여성이라서 그에 맞는 형용사가 붙어.
명사
여자 형용사는 여기 붙어~
남자 형용사는 여기야!
그러던 어느 날 또 다른 문제가 발생했어.
청천벽력같은 소리지.
직업 역시 명사이므로 성별이 결정되어 있었는데
교수 profesor
의사 médico
요리사 cocinero
경호원 guardia
어느 날 어떤 여자 변호사 요정이 울면서 나를 찾아온 거야.
저는 남자가 아니예요!
요정들은 다시 회의를 열었지. 이때 회의는 정말 장난 아니었어.
이건 또 어떻게 처리해야 하는 거야….
큰일 난댔지!
그러게, 내가 뭐랬어!
으아….
그리고 결국 어떤 결론을 냈냐 하면…. 직업과 신분에 관한 명사는 남성형과 여성형을 모두 만들어주기로 했어.
abogado 변호사 abogada
직업
이런 식으로….
교수 profesor
교수 profesora
의사 médico
의사 médica
작가 escritor
작가 escritora
기술자 técnico
기술자 técnica
그래서 직업을 표현하는 명사는 형용사와 마치 하나의 세트처럼 보이게 됐어.
작은 남성 변호사 pequeño abogado 뻬께뇨 아보가도
작은 여성 변호사 pequeña abogada 뻬께냐 아보가다
라임을 맞췄더니 뿌듯하군!

나누는 작업은 힘들었지만 완성된 걸 보니 뿌듯했지 뭐야.
크, 이제 살 것 같다~
건배~
그렇게 내가 자신의 문제해결 능력에 감복하고 있던 어느 날….
건배~
옆집 강아지도 나를 찾아와서 울기 시작했어.
저도 여자인데요.
사실 나는 모든 강아지를 남성으로 정해놨었어.
대체 무슨 자신감이었대?
강아지뿐만 아니라 모든 동물에게는 성별이 정해져 있었어. 실제의 성과는 아무런 상관없이 말이지.
그래서 모든 코끼리는 남성이고 모든 기린은 여성인 식이었지.
너네는 모두 여자.
너네는 모두 남자.
사실 어쩔 수 없었던 게, 동물의 겉모습을 대강 봐서는 성별을 알 수가 없잖아?
더 이상 자세한 설명은 생략한다.
나 편해지자고 그랬던 거라 좀 미안해지더라고.
Sorry….
특히 사자는 정말 미안하더라고….
우리가 똑같아 보여?
누가 봐도 다른데….
그래서 성별을 모르는 경우에는 종에 따라 미리 정해둔 대로 부르지만
성별을 아는 경우에는 그에 맞춰 부르기로 했어.
이제야 드디어…
정말이지 복잡해 보이지만…, 전부 이유가 있다는 걸 이제 알겠지?
어쩔 수 없었어.

지금까지 우리는 명사의 성이 어떻게 생겨났는지 알아보았어.
명사에 성이 있다는 걸 알게 된 학생들은 내게 종종 이런 질문을 해.
명사의 성을 쉽게 외울 수 있는 규칙 같은 건 없나요?
정말 다행히도 스페인어를 배우는 학생에게만큼은 규칙이 있어.
아까 만나본 스페인어의 형용사처럼 'o'로 끝나면 대부분 남성명사이고 'a'로 끝나면 대부분 여성명사야.
~o
~a
다른 유럽어를 배우게 되면 단어를 외울 때 명사의 성별까지 암기해야 해.
여기가 천국이야~
명사
맞아!
물론 스페인어에도 약간의 예외는 있지만 정말 예외인 것들만 성별을 외워주면 돼!
외우는 데에도 현명한 방법이 있고 현명하지 않은 방법이 있어.
"손 여성, 손 여성, 손 여성…" 바로 이렇게 외우는 게 현명하지 않은 방법이야.
mano 손 (여성)
= o로 끝나지만 여성
라틴어에서 유래
그럼 현명한 방법이 뭐냐고?
나는 Smart~
남성 명사에는 남성을 등장시키고
선물을 가진 남성
여성 명사에는 여성을 등장시켜서 상황을 만들어 봐.
라디오를 듣는 여성
괜히 예외도 있다는 얘기를 하니까 스페인어가 어렵게 느껴지지?
이 놈의 예외…

절대로 그러라고 해준 말이 아니야.
아니란 건 아니지만 벌써 겁먹지 마!
우리가 해왔던 공부는 대부분 시험과 관련된 것이었기 때문에
수능 D-7
어렵다….
사람들은 뭐든지 완벽하게 하려고 하고 틀리지 않으려고 해.
100번 외우기!
물론 스페인어의 성 구분을 알지 못하면 절대 스페인어를 완벽하게 말할 수 없어.
스페인어가 맞긴 맞는데….
하지만 사실 완벽하게 말하는 건 중요하지 않아.
팍팍하게 생각하지 마~
단어의 성 구분을 할 줄 안다면 더욱 정확하게 말할 수 있겠지만
woman
man
!!!
단어의 성별을 잘못 말한다고 해서 스페인 사람이 내 말을 알아듣지 못하는 게 아니야.
…!
중요한 것은 맞고 틀리는 게 아니라 상대방과의 의사소통이 아닐까?
그 가게
맛있다.
맞아, 거기 또 갈까?
틀린 말이라도 무작정 써보고 입 밖으로 꺼내 보는 습관, 그게 모든 어학의 시작이야.
세상은 말만 통하면 되는 거 아닐까?
그러니까 너무 걱정하지 않았으면 좋겠어.
Don't worry, Be happy!

04

6가지 모양의 일반 동사

규칙 변화 동사 ①

영어의 to 부정사

규칙 변화 동사 ②

불규칙 변화 동사

일반동사 부정문

일반동사 의문문

Let's start

한눈에 배운다!

규칙 변화 동사 ①

아로 끝나는 규칙 동사들

동영상 강의

지금까지 우리는 Ser동사와 Estar동사에 대해 공부했습니다.
이제부터는 일반동사에 대해서 알아보겠습니다.
일반동사에는 수천 개의 동사가 포함되는데,
이들은 다시 규칙 변화 동사와 불규칙 변화 동사들로 나뉩니다.

동사
- Ser동사
- Estar동사
- 일반동사
  - 규칙 동사 ✔
  - 불규칙 동사

Ser동사와 Estar동사는 모두 무엇과 무엇이 '똑같다'는 의미입니다.
반면 누군가의 행동을 나타낼 때는
수많은 일반동사들 중 하나를 골라서 사용합니다.

영어의 일반동사는 원형과 3인칭 단수형 뿐입니다.

does
3인칭 단수형

do
원형

하지만 스페인어의 일반동사는 원형이 따로 있고
주어에 따라 6가지로 변화합니다.

원형
- 1인칭 단수형
- 1인칭 복수형
- 2인칭 단수형
- 2인칭 복수형
- 3인칭 단수형
- 3인칭 복수형

TIP

읽어 보세요 **-ar 동사 변화형**

yo	-o
tú	-as
él / ella / usted	-a
nosotros	-amos
vosotros	-áis
ellos / ellas / ustedes	-an

읽어 보세요 동사 변화에 대한 조언 1 **마음을 비우세요**

이 단원에서 우리는 동사가 6가지로 변화하는 내용에 대해 배우고 있습니다. 하지만 사실 이 6가지 변화는 현재형에 국한된 이야기입니다. 동사에는 현재형 외에도 과거형, 과거분사형 등 여러 가지 형태가 있고, 이 형태마다 다시 주어에 따른 6가지 변화가 일어납니다. 스페인어만 그런 것이 아닙니다. 영어를 제외한 다른 유럽어들 대부분 동사가 수십 가지로 변화합니다. 그렇기 때문에 이 모든 변화를 외우려 드는 것은 좋지 않습니다. 우선 현재형, 그중에서도 자주 사용되는 주어, 그중에서도 대략의 변화 스타일을 익혀 두는 것 정도를 목표로 해야겠습니다.

읽어 보세요 동사 변화에 대한 조언 2 **원형만 알아도 좋습니다**

원형만 알아도 의사소통에는 문제가 없습니다. 만약 당장 스페인어로 대화를 하고 싶다거나, 완벽한 스페인어에 대한 욕심이 없다거나, 암기에 자신이 없다거나 하는 분들은 과감히 모든 동사 변형을 내려놓고 원형만 암기하셔도 좋습니다. 동사 변형이 필요해지면 그때 외우는 것도 늦지 않으니까요. 또, 이렇게 하는 편이 지쳐서 포기하는 것보다는 좋은 선택입니다.

동사 하나 외우기도 힘든데 7개씩 함께 외우기는 더 힘들겠죠?
하지만 다행히도 동사 변화에는 일정한 패턴이 있으므로 조금만 익숙해지면 그리 어렵게 느껴지지 않을 것입니다. 스페인어의 동사 변화에는 크게 세 가지의 패턴이 있습니다. 모든 동사의 끝은 ar,er,ir 중 하나입니다.
첫 번째로 배울 내용은 동사의 끝이 **ar로 끝나는 동사**들의 변화 패턴입니다.

패턴 1
ar 동사

estudiar [에쓰뚜디아르] 공부하다

Yo	estudio	에쓰뚜디오
Tú	estudias	에쓰뚜디아쓰
Él/Ella/Usted	estudia	에쓰뚜디아
Nosotros/ Nosotras	estudiamos	에쓰뚜디아모쓰
Vosotros/ Vosotras	estudiáis	에쓰뚜디아이쓰
Ellos/Ellas/ Ustedes	estudian	에쓰뚜디안

TIP

읽어 보세요

동사 변화에 대한 조언 3
단수형만 외우세요

1인칭, 2인칭, 3인칭 중에서 가장 많이 쓰이는 것은 무엇일까요? 대화에서건 글에서건 이들 셋은 거의 비슷한 비율로 사용됩니다. 그럼 단수와 복수는 어떨까요? 단수형은 복수형에 비해 몇 배 이상 자주 쓰입니다. 어차피 사용하기 위해 배우는 언어라면 자주 쓰이는 것부터 확실하게 정복하는 것이 현명한 선택 아닐까요? 또, 빈번히 사용하지 않으면 암기를 해 두어도 쉽게 잊히곤 하니까 말이죠. 덧붙여 하나의 인칭 내에서 단수형과 복수형은 형태가 비슷한 경우가 많답니다.

읽어 보세요

동사 변화에 관한 조언 4
한 걸음씩 완벽하게

혹시, 이 많은 동사의 이 많은 변화를 어떻게 모조리 외우냐고 생각하고 계신가요? 그렇다면 생각하시는 것보다는 어렵지 않다고 말씀드리고 싶습니다. 물론 처음에는 어렵죠. 동사 20개 외울 때까지는 그렇습니다. 하지만 그 이후에는 원형의 모양만 딱 봐도 '변형은 이렇겠구나!'하고 짐작할 수 있게 됩니다. 규칙 변화 동사들만 그런 것이 아닙니다. 불규칙변화하는 동사들 역시 표로 정리하기는 어려운 규칙성을 느낄 수 있습니다. 대신 조건이 한 가지 있습니다. 그것은 역시 조급해 하지 않고 하나씩 꼼꼼하게 외워나가는 것이겠죠?

Let's start

한눈에 배운다!

영어의 to 부정사

a 부정사

동영상 강의

영어에는 동사 앞에 붙이는 to가 있습니다.
to + 동사원형은 명사 역할을 합니다. 이럴 때 사용되는 to를 to 부정사라고 부릅니다. 부정사라는 말은 '정해져 있지 않고 변화한다'는 의미입니다.

I learn to cook. ⟶ to + 동사원형 = 명사

나는 배운다 요리하기를

스페인어에도 to 부정사 역할을 하는 표현이 있는데 이를 a 부정사라고 합니다. 다음 예문을 통해 'a 부정사 + 동사원형 = 명사'의 공식이 익숙해지도록 연습해두겠습니다.

▶ I learn to cook.

Yo	aprendo	a cocinar
나는	배운다	요리하기를

▶ I start to study.

Yo	empiezo	a estudiar
나는	시작한다	공부하기를

a 부정사가 가장 자주 사용되는 의미의 문장은 '무얼 하기를 원한다'입니다. 그런데 정작 '무얼 하기를 원한다'고 말할 때는 a 부정사를 생략하고 말합니다.

▶ I want to eat.

Yo	quiero	comer
나는	원해	먹기를

▶ I want to sleep.

Yo	quiero	dormir
나는	원해	자기를

TIP

읽어 보세요

a 부정사는 매우 자주 사용된다

a 부정사는 매우 유용합니다. 왜일까요? 예를 들어 우리가 무언가를 좋아한다고 할 때 그것은 여러 가지 사물일 수도 있지만, 때로는 사물이 아닌 행동, 예를 들어 아침 햇살 보기나 낮잠 자기, 혹은 저녁식사 후 산책하기일 수도 있습니다. 그런데 이들은 모두 동사이기 때문에 a 부정사를 사용해서 명사화시켜줘야 합니다.

읽어 보세요

왜 a 부정사 다음은 동사원형인가?

동사에는 원형이 있고 이를 변화시켜 만드는 '변형'이 있습니다. 여기서 변형을 만드는 방법의 하나가 바로 동사원형의 앞에 a 부정사를 붙여주는 것이죠. 따라서 이러한 부정사를 이미 변형된 동사에 붙여주는 것은 어색한 일이겠죠? 굳이 말하자면 '변변형' 동사가 되어버릴 것입니다. 그러니 잊지 마세요. a 부정사는 항상 '원형동사'에만 붙여줍니다.

읽어 보세요

to 부정사와 a 부정사의 신기한 관계

스페인어의 a 부정사는 영어의 to 부정사와 같습니다. a 부정사와 to 부정사는 당연히 의미도 같습니다. 그런데 영어에는 to 부정사 말고 전치사 to도 있죠. 스페인어에도 역시 전치사 a가 있습니다. 그런데 신기한 것은 전치사 to와 전치사 a의 의미도 비슷하다는 것입니다.

영어의 전치사 to = 스페인어의 전치사 a

네 동사만 외우자!

-ar 규칙 변화 동사

따라 말하기

necesitar [네쎄씨따르] 필요로 하다

Yo	necesito	네쎄씨또
Tú	necesitas	네쎄씨따쓰
Él/Ella/Usted	necesita	네쎄씨따
Nosotros/ Nosotras	necesitamos	네쎄씨따모쓰
Vosotros/ Vosotras	necesitáis	네쎄씨따이쓰
Ellos/Ellas/ Ustedes	necesitan	네쎄씨딴

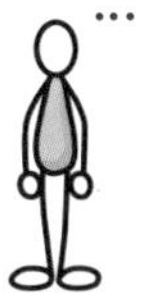

esperar [에쓰뻬라르] 기다리다

Yo	espero	에쓰뻬로
Tú	esperas	에쓰뻬라쓰
Él/Ella/Usted	espera	에쓰뻬라
Nosotros/ Nosotras	esperamos	에쓰뻬라모쓰
Vosotros/ Vosotras	esperáis	에쓰뻬라이쓰
Ellos/Ellas/ Ustedes	esperan	에쓰뻬란

pintar [삔따르] 그리다

Yo	pinto	삔또
Tú	pintas	삔따쓰
Él/Ella/Usted	pinta	삔따
Nosotros/ Nosotras	pintamos	삔따모쓰
Vosotros/ Vosotras	pintáis	삔따이쓰
Ellos/Ellas/ Ustedes	pintan	삔딴

comprar [꼼쁘라르] 사다

Yo	compro	꼼쁘로
Tú	compras	꼼쁘라쓰
Él/Ella/Usted	compra	꼼쁘라
Nosotros/ Nosotras	compramos	꼼쁘라모쓰
Vosotros/ Vosotras	compráis	꼼쁘라이쓰
Ellos/Ellas/ Ustedes	compran	꼼쁘란

Practice
-ar 규칙 변화 동사

따라 말하기

새로운 단어에 동사 변화 규칙을 적용해 보세요.

trabajar [뜨라바하르] 일하다

Yo

Tú

Él/Ella/Usted

Nosotros/
Nosotras

Vosotros/
Vosotras

Ellos/Ellas/
Ustedes

amar [아마르] 사랑하다

Yo

Tú

Él/Ella/Usted

Nosotros/
Nosotras

Vosotros/
Vosotras

Ellos/Ellas/
Ustedes

visitar [비씨따르] 방문하다

Yo

Tú

Él/Ella/Usted

Nosotros/
Nosotras

Vosotros/
Vosotras

Ellos/Ellas/
Ustedes

cantar [깐따르] 노래하다

Yo

Tú

Él/Ella/Usted

Nosotros/
Nosotras

Vosotros/
Vosotras

Ellos/Ellas/
Ustedes

• 정답입니다! •

1 Yo trabajo / Tú trabajas / Él trabaja / Nosotros trabajamos / Vosotros trabajáis / Ellos trabajan
2 Yo amo / Tú amas / Él ama / Nosotros amamos / Vosotros amáis / Ellos aman
3 Yo visito / Tú visitas / Él visita / Nosotros visitamos / Vosotros visitáis / Ellos visitan
4 Yo canto / Tú cantas / Él canta / Nosotros cantamos / Vosotros cantáis / Ellos cantan

Practice
-ar 규칙 변화 동사

따라 말하기

앞에서 배운 동사를 활용하여 문장을 만들어 보세요.

1 나는 시간이 필요해.

Yo → Yo
necesitar → necesito
tiempo → tiempo

2 나는 책 한 권을 사.

Yo
comprar
책 한 권

3 나는 기차를 기다려.

Yo
esperar
기차 tren [뜨렌]

4 그는 스페인어를 공부해.

Él
estudiar
스페인어 español [에쓰빤뇰]

5 그는 그림을 그려.

Él
dibujar
그림 un cuadro [운 꾸아드로]

6 그녀는 노래를 불러.

Ella
cantar
노래 una canción [우나 깐씨온]

7 그녀는 혼자서 일해.

Ella
trabajar
혼자서 sola [쏠라]

• 정답입니다! •
1 Yo necesito tiempo.
2 Yo compro un libro.
3 Yo espero el tren.
4 Él estudia español.
5 Él dibuja un cuadro.
6 Ella canta una canción.
7 Ella trabaja sola.

8 그녀는 그림을 그려.

Ella | pintar | 그림

9 당신은 휴식이 필요해요.

Usted | necesitar | 휴식 un descanso [운 데쓰깐쏘]

10 우리는 선물들을 사.

Nosotros | comprar | 선물 regalos [레갈로쓰]

11 그들은 사탕을 사.

Ellos | comprar | 사탕 caramelos [까라멜로쓰]

12 그들은 마드리드를 방문해.

Ellos | visitar | 마드리드 Madrid[마드릳]

13 나는 선물을 사.

Yo | comprar | 선물

14 나는 돈이 필요해.

Yo | necesitar | 돈 dinero[디네로]

15 우리는 역사를 공부해.

Nosotras | estudiar | 역사 historia [이쓰또리아]

16 너희는 이탈리아를 방문해.

Vosotros | visitar | 이탈리아 Italia[이딸리아]

· 정답입니다! ·

8 Ella pinta un cuadro.
9 Usted necesita un descanso.
10 Nosotros compramos regalos.
11 Ellos compran caramelos.
12 Ellos visitan Madrid.
13 Yo compro un regalo.
14 Yo necesito dinero.
15 Nosotras estudiamos historia.
16 Vosotros visitáis Italia.

Practice

-ar 규칙 변화 동사

따라 말하기

앞에서 배운 동사를 활용하여 문장을 만들어 보세요.

1 나는 노래를 불러. Yo canto una canción.

2 나는 옷을 씻어. lavar : 씻다 [을라바르] ropa : 옷[로빠]

3 우리는 돈이 필요해.

4 너는 버스를 기다려. autobús : 버스 [아우또부쓰]

5 너는 여행하는 것을 좋아해. viajar : 여행하다 [비아하르]

6 그는 책을 찾아. buscar : 찾다 [부쓰까르]

7 그녀는 줄넘기를 뛰어. saltar : 뛰다 [쌀따르] comba : 줄넘기[꼼바]

8 우리는 라디오를 들어. escuchar : 듣다 [에쓰꾸차르] radio : 라디오 [라디오]

9 그는 오페라를 불러. ópera : 오페라 [오뻬라]

10 그들은 과일을 사.

• 정답입니다! • 1 Yo canto una canción. 2 Yo lavo la ropa. 3 Nosotras necesitamos dinero. 4 Tú esperas el autobús. 5 Tú amas viajar. 6 Él busca un libro. 7 Ella salta la comba. 8 Nosotros escuchamos la radio. 9 Él canta ópera. 10 Ellos compran fruta.

Let's start

한눈에 배운다!

규칙 변화 동사 ②

er, ir로 끝나는 규칙동사

동영상 강의

스페인어의 동사 변화에는 두 가지 패턴이 더 있습니다.
다행히도 -ar 동사의 변화 패턴과 크게 다르지 않습니다.

Yo aprendo español
(aprendo: 배우다 / español: 스페인어를)

패턴2 er 동사

aprender [아쁘렌데르] 배우다

Yo	aprendo	아쁘렌도
Tú	aprendes	아쁘렌데쓰
Él/Ella/Usted	aprende	아쁘렌데
Nosotros/Nosotras	aprendemos	아쁘렌데모쓰
Vosotros/Vosotras	aprendéis	아쁘렌데이쓰
Ellos/Ellas/Ustedes	aprenden	아쁘렌덴

Yo vivo en España
(vivo: 살다 / en España: 스페인에서)

패턴3 ir 동사

vivir [비비르] 살다, 거주하다

Yo	vivo	비보
Tú	vives	비베쓰
Él/Ella/Usted	vive	비베
Nosotros/Nosotras	vivimos	비비모쓰
Vosotros/Vosotras	vivís	비비쓰
Ellos/Ellas/Ustedes	viven	비벤

TIP

읽어 보세요 **-er 동사 변화형**

- yo -o
- tú -es
- él / ella / usted -e
- nosotros -emos
- vosotros -éis
- ellos / ellas / ustedes -en

읽어 보세요 **규칙변화 & 불규칙변화**

규칙변화의 두 번째 형태를 배우고 있지만, 사실 규칙변화냐 불규칙변화냐 하는 문제는 그다지 중요하지 않습니다.
왜냐하면...

1 규칙변화라 하더라도 저절로 외워지는 것은 아닙니다.

2 불규칙변화라 하더라도 아무렇게나 막무가내로 변화하는 것은 아닙니다. 규정하기는 어렵지만 나름의 규칙성이 있습니다.

3 어차피 한 단어씩 외우다 보면 저절로 익숙해지는 것이 있습니다. 규칙변화건 불규칙변화건 말이죠.

읽어 보세요 **-ir 동사 변화형**

- yo -o
- tú -es
- él / ella / usted -e
- nosotros -imos
- vosotros -ís
- ellos / ellas / ustedes -en

네 동사만 외우자!

-er, -ir 규칙 변화 동사

따라 말하기

comer [꼬메르] 먹다

Yo	como	꼬모
Tú	comes	꼬메쓰
Él/Ella/Usted	come	꼬메
Nosotros/ Nosotras	comemos	꼬메모쓰
Vosotros/ Vosotras	coméis	꼬메이쓰
Ellos/Ellas/ Ustedes	comen	꼬멘

vender [벤데르] 팔다

Yo	vendo	벤도
Tú	vendes	벤데쓰
Él/Ella/Usted	vende	벤데
Nosotros/ Nosotras	vendemos	벤데모쓰
Vosotros/ Vosotras	vendéis	벤데이쓰
Ellos/Ellas/ Ustedes	venden	벤덴

escribir [에쓰끄리비르] 쓰다

Yo	escribo	에쓰끄리보
Tú	escribes	에쓰끄리베쓰
Él/Ella/Usted	escribe	에쓰끄리베
Nosotros/ Nosotras	escribimos	에쓰끄리비모쓰
Vosotros/ Vosotras	escribís	에쓰끄리비쓰
Ellos/Ellas/ Ustedes	escriben	에쓰끄리벤

asistir [아씨쓰띠르] 모이다, 출석하다

Yo	asisto	아씨쓰또
Tú	asistes	아씨쓰떼쓰
Él/Ella/Usted	asiste	아씨쓰떼
Nosotros/ Nosotras	asistimos	아씨쓰띠모쓰
Vosotros/ Vosotras	asistís	아씨쓰띠쓰
Ellos/Ellas/ Ustedes	asisten	아씨쓰뗀

네 동사만 외우자!

-er, -ir 규칙 변화 동사

따라 말하기

새로운 단어에 동사 변화 규칙을 적용해 보세요.

creer [끄레에르] 믿다

Yo

Tú

Él/Ella/Usted

Nosotros/
Nosotras

Vosotros/
Vosotras

Ellos/Ellas/
Ustedes

comprender [꼼쁘렌데르] 이해하다

Yo

Tú

Él/Ella/Usted

Nosotros/
Nosotras

Vosotros/
Vosotras

Ellos/Ellas/
Ustedes

partir [빠르띠르] 떠나다

Yo

Tú

Él/Ella/Usted

Nosotros/
Nosotras

Vosotros/
Vosotras

Ellos/Ellas/
Ustedes

recibir [레씨비르] 받다

Yo

Tú

Él/Ella/Usted

Nosotros/
Nosotras

Vosotros/
Vosotras

Ellos/Ellas/
Ustedes

정답입니다!

1 Yo creo / Tú crees / Él cree / Nosotros creemos / Vosotros creéis / Ellos creen
2 Yo comprendo / Tú comprendes / Él comprende / Nosotros comprendemos / Vosotros comprendéis / Ellos comprenden
3 Yo parto / Tú partes / Él parte / Nosotros partimos / Vosotros partís / Ellos parten
4 Yo recibo / Tú recibes / Él recibe / Nosotros recibimos / Vosotros recibís / Ellos reciben

Practice
-er, -ir 규칙 변화 동사

따라 말하기

앞에서 배운 동사를 활용하여 문장을 만들어 보세요.

1 나는 스페인어를 배워.

Yo → Yo
aprender → aprendo
español → español

2 나는 한국어를 이해해.

Yo / comprender / 한국어

3 너는 고기를 먹어.

Tú / comer / 고기 carne[까르네]

4 그는 자동차를 팔아.

Él / vender / 자동차

5 그녀는 시를 써.

Ella / escribir / 시 poema[뽀에마]

6 우리는 선물을 받아.

Nosotros / recibir / 선물

7 우리는 빠에야를 먹어.

Nosotros / comer / 빠에야 paella[빠에야]

• 정답입니다! •

1 Yo aprendo español.
2 Yo comprendo coreano.
3 Tú comes carne.
4 Él vende coches.
5 Ella escribe poemas.
6 Nosotros recibimos regalos.
7 Nosotros comemos paella.

Practice
-er, -ir 규칙 변화 동사

따라 말하기

앞에서 배운 동사를 활용하여 문장을 만들어 보세요.

1 나는 과일을 먹어. Yo como fruta.

2 나는 일기를 써. diario : 일기 [디아리오]

3 너는 너의 집을 팔아.

4 그는 혼자 살아.

5 그녀는 생선을 먹어. pescado : 생선 [뻬스까도]

6 우리는 책들을 팔아.

7 너희는 파티에 참석해.

8 그들은 스페인어를 이해해.

9 그녀들은 선물들을 받아.

10 그녀들은 같이 살아.

• 정답입니다! • 1 Yo como fruta. 2 Yo escribo un diario. 3 Tú vendes tu casa. 4 Él vive solo. 5 Ella come pescado. 6 Nosotros vendemos libros. 7 Vosotros asistís a la fiesta. 8 Ellos comprenden español. 9 Ellas reciben regalos. 10 Ellas viven juntas.

Let's start

한눈에 배운다!
불규칙 변화 동사

'나, 너' 변화만 외우자

동영상 강의

모든 동사가 일정한 규칙에 맞추어 변화한다면 얼마나 좋을까요? 앞에서 배운 –ar, -er, -ir 동사들처럼 말이에요. 정말 안타깝게도 스페인어에는 불규칙적으로 변화하는 동사도 많습니다.
이 동사들은 무조건 암기해 두는 수밖에 없어요.

그럼 일상생활에서 자주 쓰이는 동사들 위주로,
불규칙 동사에 대해 한번 알아보겠습니다.

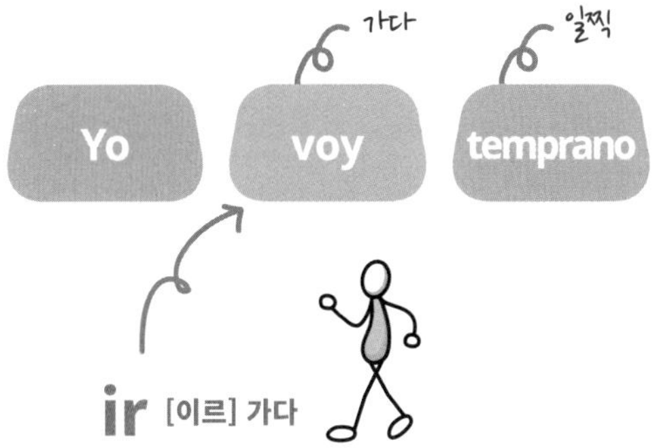

ir [이르] 가다

Yo	voy	보이
Tú	vas	바쓰
Él/Ella/Usted	va	바
Nosotros/ Nosotras	vamos	바모쓰
Vosotros/ Vosotras	vais	바이쓰
Ellos/Ellas/ Ustedes	van	반

TIP

더 알아 봅시다 **동사의 불규칙 변화의 종류**

비록 불규칙 동사이지만 그중에는 나름의 유형으로 분류할 수 있는 것들이 있습니다. 몇 가지만 한번 살펴볼까요?

1 단수 1, 2, 3인칭과 복수 3인칭에서 어간의 e가 ie로 바뀌는 동사.

- querer [께레르] 원하다, 사랑하다

Yo quiero	[요 끼에로]
Tú quieres	[뚜 끼에레쓰]
Él quiere	[엘 끼에레]
Nosotros queremos	[노쏘뜨로쓰 께레모쓰]
Vosotros queréis	[보쏘뜨로쓰 께레이쓰]
Ellos quieren	[에요쓰 끼에렌]

2 단수 1, 2, 3인칭과 복수 3인칭에서 어간의 o가 ue로 바뀌는 동사.

- dormir [도르미르] 자다

Yo duermo	[요 두에르모]
Tú duermes	[뚜 두에르메쓰]
Él duerme	[엘 두에르메]
Nosotros dormimos	[노쏘뜨로쓰 도르미모쓰]
Vosotros dormís	[보쏘뜨로쓰 도르미쓰]
Ellos duermen	[에요쓰 두에르멘]

3 단수 1, 2, 3인칭과 복수 3인칭에서 어간의 e가 i로 바뀌는 -ir 동사.

- pedir [뻬디르] 부탁하다

Yo pido	[요 삐도]
Tú pides	[뚜 삐데쓰]
Él pide	[엘 삐데]
Nosotros pedimos	[노쏘뜨로쓰 뻬디모쓰]
Vosotros pedís	[보쏘뜨로쓰 뻬디쓰]
Ellos piden	[에요쓰 삐덴]

이외에도 "-cer, -cir로 끝나는 동사는 단수 1인칭에서 -zco로 바꾸어준다", "-iar, -uar로 끝나는 동사는 악센트의 위치를 바꾸어 준다" 등의 다양하고 자잘한 유형들이 있습니다. 하지만 그 모든 것을 당장 다 외우고 시작할 필요는 없습니다. 가벼운 마음으로 하나씩 배워 나가다 보면 저절로 익숙해질 거예요.

네 동사만 외우자!

불규칙 변화 동사

따라 말하기

dar [다르] 주다

Yo	doy	도이
Tú	das	다쓰
Él/Ella/Usted	da	다
Nosotros/ Nosotras	damos	다모쓰
Vosotros/ Vosotras	dais	다이쓰
Ellos/Ellas/ Ustedes	dan	단

perder [뻬르데르] 잃다 / 지다

Yo	pierdo	삐에르도
Tú	pierdes	삐에르데쓰
Él/Ella/Usted	pierde	삐에르데
Nosotros/ Nosotras	perdemos	뻬르데모쓰
Vosotros/ Vosotras	perdéis	뻬르데이쓰
Ellos/Ellas/ Ustedes	pierden	삐에르덴

almorzar [알모르싸르] 점심 먹다

Yo	almuerzo	알무에르쏘
Tú	almuerzas	알무에르싸쓰
Él/Ella/Usted	almuerza	알무에르싸
Nosotros/ Nosotras	almorzamos	알모르싸모쓰
Vosotros/ Vosotras	almorzáis	알모르싸이쓰
Ellos/Ellas/ Ustedes	almuerzan	알무에르싼

conocer [꼬노쎄르] 알다

Yo	conozco	꼬노쓰꼬
Tú	conoces	꼬노쎄쓰
Él/Ella/Usted	conoce	꼬노쎄
Nosotros/ Nosotras	conocemos	꼬노쎄모쓰
Vosotros/ Vosotras	conocéis	꼬노쎄이쓰
Ellos/Ellas/ Ustedes	conocen	꼬노쎈

Practice

불규칙 변화 동사 문장

따라 말하기

앞에서 배운 동사를 활용하여 문장을 만들어 보세요.

1 나는 사탕들을 줘.

Yo | dar | caramelos

Yo | doy | caramelos

2 나는 영화를 봐.

Yo | ver | 영화

3 난 항상 져.

Yo | perder | 항상 siempre [씨엠쁘레]

4 나는 점심을 늦게 먹어.

Yo | almorzar | 늦게 tarde [따르데]

5 너는 파티에 가.

Tú | ir | 파티

6 너는 돈을 잃어.

Tú | perder | 돈

7 우리는 선물을 줘.

Nosotros | dar | 선물

· 정답입니다! ·

1 Yo doy caramelos.
2 Yo veo una película.
3 Yo pierdo siempre.
4 Yo almuerzo tarde.
5 Tú vas a la fiesta.
6 Tú pierdes dinero.
7 Nosotros damos regalos.

Practice
불규칙 변화 동사 문장

따라 말하기

앞에서 배운 동사를 활용하여, 다음 문장들을 스페인어로 옮겨 적어 보세요.

1 너는 사탕들을 줘. Tú das caramelos.

2 당신은 내기에 져요.
apuesta : 내기 [아뿌에스따]

3 당신은 점심을 매우 일찍 먹어요.
temprano : 일찍 [뗌쁘라노]

4 그녀는 만화 영화를 봐.
dibujos animados : 만화 영화 [디부호쓰 아니마도쓰]

5 우리는 일하러 가.

6 너희는 집에서 점심을 먹어.

7 너희는 영화관에 가.
cine : 영화관 [씨네]

8 나는 여자친구에게 꽃을 줘.

9 그들은 점심을 같이 먹어.

10 그녀들은 늦게 가.

• 정답입니다! • 1 Tú das caramelos. 2 Usted pierde la apuesta. 3 Usted almuerza muy temprano. 4 Ella ve dibujos animados. 5 Nosotros vamos a trabajar. 6 Vosotros almorzáis en casa. 7 Vosotros vais al cine. 8 Yo doy una flor a mi novia. 9 Ellos almuerzan juntos. 10 Ellas van tarde.

네 동사만 외우자!

불규칙 변화 동사

따라 말하기

pensar [뻰싸르] 생각하다

Yo	pienso	삐엔쏘
Tú	piensas	삐엔싸쓰
Él/Ella/Usted	piensa	삐엔싸
Nosotros/ Nosotras	pensamos	뻰싸모쓰
Vosotros/ Vosotras	pensáis	뻰싸이쓰
Ellos/Ellas/ Ustedes	piensan	삐엔싼

decir [데씨르] 말하다

Yo	digo	디고
Tú	dices	띠쎄쓰
Él/Ella/Usted	dice	디쎄
Nosotros/ Nosotras	decimos	데씨모쓰
Vosotros/ Vosotras	decís	데씨쓰
Ellos/Ellas/ Ustedes	dicen	디쎈

tener [떼네르] 가지고 있다

Yo	tengo	뗑고
Tú	tienes	띠에네쓰
Él/Ella/Usted	tiene	띠에네
Nosotros/ Nosotras	tenemos	떼네모쓰
Vosotros/ Vosotras	tenéis	떼네이쓰
Ellos/Ellas/ Ustedes	tienen	띠에넨

hacer [아쎄르] 하다

Yo	hago	아고
Tú	haces	아쎄쓰
Él/Ella/Usted	hace	아쎄
Nosotros/ Nosotras	hacemos	아쎄모쓰
Vosotros/ Vosotras	hacéis	아쎄이쓰
Ellos/Ellas/ Ustedes	hacen	아쎈

Practice
불규칙 변화 동사 문장

따라 말하기

앞에서 배운 동사를 활용하여 문장을 만들어 보세요.

1 나는 너를 생각해.

Yo → Yo
pensar → pienso
en ti → en ti

2 나는 숙제가 있어.

Yo →
tener →
숙제 deberes [데베레쓰] →

3 나는 돈이 있어.

Yo →
tener →
돈 →

4 너는 숙제를 해.

Tú →
hacer →
숙제 →

5 너희는 거짓말들을 해.

Vosotros →
decir →
거짓말 mentira[멘띠라] →

6 그는 수업들이 있어.

Él →
tener →
수업 →

7 그는 운동을 해.

Él →
hacer →
운동 deporte [데뽀르떼] →

정답입니다!

1 Yo pienso en ti.
2 Yo tengo deberes.
3 Yo tengo dinero.
4 Tú haces los deberes.
5 Vosotros decís mentiras.
6 Él tiene clases.
7 Él hace deporte.

Practice

불규칙 변화 동사 문장

따라 말하기

앞에서 배운 동사를 활용하여, 다음 문장들을 스페인어로 옮겨 적어 보세요.

1 나는 일이 있어. Yo tengo trabajo.

2 나는 그림을 그려.

3 너는 컴퓨터를 가지고 있어. ordenador : 컴퓨터 [오르데나도르]

4 너는 케이크를 만들어. tarta : 케이크 [따르따]

5 그는 여자친구가 있어. novia : 여자친구 [노비아]

6 그는 파티를 열어.

7 우리는 시험이 있어. exámen : 시험 [엑싸멘]

8 그는 거짓말들을 해.

9 그는 진실을 말해. verdad : 진실 [베르닫]

10 그들은 여행에 대해서 생각해.

• 정답입니다! • 1 Yo tengo trabajo. 2 Yo hago un dibujo. 3 Tú tienes un ordenador. 4 Tú haces una tarta. 5 Él tiene novia. 6 Él hace una fiesta. 7 Nosotros tenemos exámenes. 8 Él dice mentiras. 9 Él dice la verdad. 10 Ellos piensan en viajar.

Let's start

한눈에 배운다!

일반동사 부정문

no만 붙여주면 끝!

동영상 강의

앞에서 Ser동사와 Estar동사의 부정문을 배운 적이 있는데, 기억하시나요? 동사 앞에 'no'를 붙여주기만 하면 되었지요.

다른 동사도 마찬가지입니다.
이 단원에서는 Ser와 Estar동사가 아닌, 다른 동사가 사용된 문장으로 부정문을 만드는 연습을 해 보겠습니다.

▶ 나는 스페인어를 공부해. [요 에쓰뚜디오 에쓰빤뇰]

Yo estudio Español

▶ 나는 스페인어를 공부하지 않아. [요 노 에쓰뚜디오 에쓰빤뇰]

Yo no estudio Español

TIP

더 알아봅시다! **스페인어의 부정 표현**

no를 활용해서 여러 가지 의미의 부정문을 만들 수 있습니다. 모양새가 매우 간단하죠?

1. Ella **no** sonríe **nunca.**
그녀는 절대 웃지 않는다.

2. Ella **no** sonríe **nunca más.**
그녀는 더는 웃지 않는다.

3. Ella **no** sonríe **tampoco.**
그녀 또한 웃지 않는다.

4. **No** es **nada.**
아무것도 아니야.

5. **No** hay **nadie.**
아무도 없다.

6. **No** está por **ninguna** parte.
아무 데도 없다.

위의 표현들을 사용하는 데는 두 가지 규칙이 있습니다.

1. 부정 표현을 'no + 동사' 뒤에 써 준다.

Juan no trabaja **nunca** los sábados.
[후안 노 뜨라바하 눈까 올로쓰 싸바도쓰]
후안은 토요일에는 절대 일하지 않는다.

**2. 부정 표현을 동사 앞에 써 준다.
이때 no는 함께 쓸 수 없다.**

Juan **nunca** trabaja los sábados.
[후안 눈까 뜨라바하 올로쓰 싸바도쓰]
후안은 토요일에는 절대 일하지 않는다.

Practice

일반동사 부정문

따라 말하기

앞에서 배운 동사를 활용하여 문장을 만들어 보세요.

1 나는 책이 필요하지 않아. Yo no necesito el libro.

2 나는 고기를 먹지 않아.

3 나는 버스를 기다리지 않아.

4 그는 절대 공부하지 않아.

5 그는 혼자 살지 않아.

6 그녀는 스페인어를 공부하지 않아.

7 그녀는 내일 일하지 않아.

8 우리는 포도주를 팔지 않아. vino : 와인 [비노]

9 그들은 함께 일하지 않아. junto : 함께 [훈또]

10 당신들은 갈 필요가 없어요.

· 정답입니다! · 1 Yo no necesito el libro. 2 Yo no como carne. 3 Yo no espero el autobús. 4 Él nunca estudia. 5 Él no vive sólo. 6 Ella no estudia español. 7 Ella no trabaja mañana. 8 Nosotros no vendemos vino. 9 Ellos no trabajan juntos. 10 Ustedes no necesitan ir.

Let's start

한눈에 배운다!

일반동사 의문문

'?'만 붙이자

동영상 강의

앞서 Ser동사와 Estar동사로 의문문을 만들어 보았지요?
이번에는 일반동사로 의문문을 복습해보겠습니다.

방법 1 '?'를 붙여라

참 신기한 일입니다. 전 세계 모든 언어가 말꼬리만 올리면 의문문이 되지요. 스페인어에서도 마찬가지입니다. 단, 글로 적을 때는 문장의 첫머리에 뒤집힌 물음표를 하나 더 붙여줍니다.

¿ Tú estudias español ?

방법 2 주어와 동사의 위치를 바꿔라

또 하나의 방법은 영어의 Be동사 문장과 마찬가지로,
주어와 동사의 자리를 서로 바꾸어주면 의문문이 됩니다.

¿ Tú estudias español ?

¿ Estudias tú español ?

방법 3 주어의 생략이 가능한 의문문

앞서 평서문과 부정문을 배울 때, 주어가 생략이 가능하다는 것을 배웠습니다. 의문문도 마찬가지입니다. 생략한 문장에서 물음표만 붙이면, 의문문이 됩니다. 보통, 스페인어 의문문을 만들 때, 주어는 생략하는 것이 더 자연스럽습니다. 앞서 배웠듯이 동사의 모양만으로도 주어를 충분히 짐작할 수 있으니까요.

평서문: Estudias español .

의문문: ¿ Estudias español ?

TIP

더 알아 봅시다 **부가 의문문**

평서문 뒤에 부가 의문문을 덧붙이는 것 만으로도 의문 표현을 만들 수 있습니다.

Tú estudias español, ¿verdad?
[뚜 에쓰뚜디아쓰 에쓰빤뇰, 베르닫?]
너는 스페인어를 공부하잖아, 그렇지?

'그렇지?', '그렇지 않니?'라고 되묻는 것이지요. 부가 의문문에는 다음과 같은 것들이 있습니다.

¿Verdad?	[베르닫?]	right?
¿Cierto?	[씨에르또?]	right?
¿No?	[노?]	no?
¿En serio?	[엔 쎄리오?]	really?

더 알아 봅시다 **Ser, Estar로 표현 불가**

I am cold. 나는 추워.
I am hungry. 나는 배고파.

영어에서 Be동사를 이용해 나타낼 수 있는 몇몇 상태는, Ser동사나 Estar동사로는 표현할 수 없습니다. 이럴 땐 'Tener'라는 동사를 사용해야 합니다.

Yo tengo frío.
[요 뗑고 프f리오] 나는 추워.

Tener는 사실 '가지다'라는 뜻의 동사입니다. 위의 문장에서 frío는 '춥다'라는 뜻의 명사이고요. 그러니까 저 문장을 굳이 직역하자면, '나는 추위를 가지고 있어.' 라는 뜻이 되겠지요.
Tener 동사를 사용하여 어떠한 상태를 가리키는 관용 표현들은 다음과 같습니다.

frío [프f리오] 추위 / calor [깔로르] 더위
hambre [암브레] 배고픔 / sed [쎋] 갈증
sueño [쑤엔뇨] 잠 /
dolor de cabeza [돌로르 데 까베싸] 두통

Practice
일반동사 의문문

따라 말하기

빈칸을 채워 보세요.

1 너는 도움이 필요하니?

너는 / necesitar 필요하다 / 도움

¿ Necesitas tú ayuda ?

2 너는 돈이 필요하니?

너는 / necesitar 필요하다 / 돈

¿ ______ ______ ______ ?

3 너는 피자를 원하니?

너는 / querer 원하다 / 피자

¿ ______ ______ ______ ?

4 너는 책들을 원하니?

너는 / querer 원하다 / 책들

¿ ______ ______ ______ ?

5 너는 생선을 먹니?

너는 / comer 먹다 / 생선

¿ ______ ______ ______ ?

6 너는 문제를 이해하니?

너는 / comprender 이해하다 / 문제

¿ ______ ______ ______ ?

7 너는 그 사실을 아니?

너는 / conocer 알다 / 사실

¿ ______ ______ ______ ?

8 너는 편지를 쓰니?

너는 / escribir 쓰다 / 편지

¿ ______ ______ ______ ?

9 너는 버스를 기다리니?

esperar
기다리다 → ¿ ______
버스 → ______ ?

10 너는 혼자 사니?

vivir
살다 → ¿ ______
혼자 → ______ ?

11 그녀는 열심히 일하니?

trabajar
일하다 → ¿ ______
열심히 → ______ ?

12 그녀는 가까이 사니?

vivir
살다 → ¿ ______
가까이
cerca [쎄르까] → ______ ?

13 당신은 필요한 게 있나요?

necesitar
필요하다 → ¿ ______
어떤 것 → ______ ?

14 너희는 함께 점심을 먹니?

almorzar
점심을 먹다 → ¿ ______
함께 → ______ ?

15 그들은 멀리 사니?

vivir
살다 → ¿ ______
멀리
lejos [을레호쓰] → ______ ?

16 그녀들은 걸어서 가니?

ir
가다 → ¿ ______
걸어서 → ______ ?

• 정답입니다! •
1 ¿Necesitas tú ayuda? 2 ¿Necesitas tú dinero? 3 ¿Quieres tú pizza? 4 ¿Quieres tú los libros? 5 ¿Comes tú pescado? 6 ¿Comprendes tú la pregunta? 7 ¿Conoces tú la verdad? 8 ¿Escribes tú una carta? 9 ¿Esperas el autobús? 10 ¿Vives sólo? 11 ¿Trabaja mucho? 12 ¿Vive cerca? 13 ¿Necesita algo? 14 ¿Almorzáis juntos? 15 ¿Viven lejos? 16 ¿Van caminando?

Practice

일반동사 의문문

따라 말하기

앞에서 배운 동사를 활용하여 문장을 만들어 보세요.

1 너는 혼자 사니? ¿Vives tú sólo?

2 너는 물을 마시고 싶니? agua : 물 [아구아]

3 너는 선물을 원하니?

4 너는 돈이 필요하니?

5 그는 피자를 먹니?

6 그는 도움을 원하니? ayuda : 도움 [아유다]

7 그녀는 기차를 기다리니? tren : 기차 [뜨렌]

8 그녀는 그림을 그리니?

9 그들은 함께 일하니?

10 그녀들은 스페인어를 배우니?

· 정답입니다! · 1 ¿Vives tú sólo? 2 ¿Quieres tú beber agua? 3 ¿Quieres tú un regalo? 4 ¿Necesitas tú dinero? 5 ¿Come él pizza? 6 ¿Quiere él ayuda? 7 ¿Espera ella el tren? 8 ¿Pinta ella un cuadro? 9 ¿Trabajan ellos juntos? 10 ¿Aprenden ellas español?

1 나도 너도 사과를 좋아해.

LETICIA
Me gustan las manzanas.
메 구쓰딴 / 을라쓰 만싸나쓰.
나는 좋아하다 / 사과들.

¿Te gustan las manzanas?
떼 구쓰딴 / 을라쓰 만싸나쓰?
너는 좋아하다 / 사과들?

MARIA
Sí, me gustan las manzanas también.
씨, 메 구쓰딴 / 을라쓰 만싸나쓰 / 땀비엔.
응, 나는 좋아하다 / 사과들 / 또한.

LETICIA
A nosotros nos gustan las manzanas.
아 노쏘뜨로쓰 / 노쓰 구쓰딴 / 을라쓰 만싸나쓰.
우리에 의해 / 우리는 좋아하다 / 사과들.

A Roberto no le gustan las manzanas.
아 로베르또 / 노 / 을레 구쓰딴 / 을라쓰 만싸나쓰.
로버트(남성이름)에 의해 / (부정) / 그는 좋아하다 / 사과들.

MARIA
A Carmen tampoco le gustan las manzanas.
아 까르멘 / 땀뽀꼬 / 을레 구쓰딴 / 을라쓰 만싸나쓰.
카르멘(여성이름)에 의해 / ~도 아니다 / 그는 좋아하다 / 사과들.

LETICIA
A ellos no les gustan las manzanas.
아 에요쓰 / 노 / 을레쓰 구쓰딴 / 을라쓰 만싸나쓰.
그들에 의해 / (부정) / 그들은 좋아하다 / 사과들.

L : 나는 사과를 좋아해.
너는 사과를 좋아하니?
M : 응, 나도 사과를 좋아해.
L : 우리는 사과를 좋아해.
로버트는 사과를 좋아하지 않아.
M : 카르멘도 사과를 좋아하지 않아.
L : 그들은 사과를 좋아하지 않아.

TIP

Me gustan

'좋아하다'는 의미의 gustar는 매우 특이한 동사입니다. 이런 동사들을 역구조 동사라고 부릅니다. 역구조 동사는 주어를 쓸 때 주격 Yo 대신 목적격 Me 형태를 가져다 사용합니다. 형태만 목적격 Me일 뿐, 의미는 그냥 주격 Yo입니다.

네? 주격을 사용하건, 목적격을 사용하건 간에, 주어를 생략해버리면 그만 아니냐고요? 좋은 질문입니다. 하지만 gustar 동사를 사용할 때는, 목적격 대명사 Me를 생략할 수 없습니다. 따라서 Me gusta을 통째로 암기하는 편이 좋습니다.

반대로 gustar 동사를 사용할 때 좋은 점도 있습니다. 주어에 따른 6변형을 전혀 하지 않고, 대신 목적어의 수에 따른 변화만 있습니다.

- 목적어가 단수(사과 1개)일 때
  Me gusta la manzana.
  나는 그 사과 1개를 좋아해.
- 목적어가 복수(사과 여러 개)일 때
  Me gustan las manzanas.
  나는 사과들을 좋아해.

Manzanas

Manzana 뒤에 '-s'가 붙으면서 단수의 사과 Manzana가 아닌 복수의 사과들 Manzanas로 바뀝니다.
스페인어에선 뒤에 '-s' 만 붙여도 손쉽게 단수에서 복수로 바꿀 수 있습니다.

A mí también & a mí tampoco.

두 표현 모두 '나도'라는 뜻입니다. 하지만 yo también은 긍정문에서, yo tampoco는 부정문에서 사용됩니다.

A mi también me gustan las manzanas.
[아 미 땀비엔 메 구스딴 을라쓰 만싸나쓰]
: 나도 사과를 좋아해.

A mi tampoco me gustan las manzanas.
[아 미 땀뽀꼬 메 구스딴 을라쓰 만싸나쓰]
: 나도 사과를 싫어해.

2 너 주말에 뭐 해?

FEDERICO

¿Qué haces durante el fin de semana?
께 아쎄쓰 / 두란떼 / 엘 핀[f] 데 쎄마나?
(너는) 무엇을 하다 / ~동안 / 주말에?

CARLOS

El sábado salgo con mi novia
엘 싸바도 / 쌀고 / 꼰 / 미 노비아 /
토요일 / (나는) 나가다 / ~와 함께 / 나의 여자친구 /

y el domingo, monto en bicicleta.
이 / 엘 도밍고, 몬또 / 엔 비씨끌레따.
그리고 / 일요일은, (나는) 탄다 / 자전거를.

El sábado, hago un picnic en el parque
엘 싸바도, 아고 / 운 삐크닉 / 엔 / 엘 빠르께
토요일에, (나는) ~하다 / 소풍 / ~에서 / 공원 /

y voy a ver una peli con mi novia.
이 / 보이 / 아 베르 / 우나 뻴리 / 꼰 / 미 노비아.
그리고 / (나는) 할 것이다 / 보는 것을 / 한 편의 영화 /
~함께 / 나의 여자친구.

El domingo, monto en bicicleta
엘 도밍고, 몬또 / 엔 비씨끌레따 /
일요일에, (나는) 탄다 / 자전거를 /

con los miembros del club de ciclismo.
꼰 / 을로쓰 미엠브로쓰 / 델 끌룹 / 데 씨끌리쓰모.
~와 함께 / 멤버들 / 동호회의 / 사이클링의.

¿Y tú? ¿Qué haces el fin de semana?
이 뚜? 께 아쎄쓰 / 엘 핀[f] 데 쎄마나?
그리고 너는? 무엇을 하니 / 이번 주말에?

F : 너 주말에 뭐 해?
C : 토요일에는 여자친구랑 데이트하고
일요일에는 자전거를 타.
토요일에는 여자친구랑 공원으로 소풍을 갔다
영화를 보러 갈 거야.
일요일에는 자전거 동호회 멤버 몇 명이랑
자전거를 탈 거야.
너는 이번 주말에 뭐 해?

TIP

Fin de semana
Fin de semana를 직역하면 '주의 끝' 즉 '주말'을 뜻합니다. 영어로는 end of week와 같죠. 그럼 주중은 무엇일까요? Entre semana [엔뜨레 쎄마나]라고 합니다.

Peli
Peli는 película의 준말입니다. 스페인에서는 대부분 película 대신 peli를 대화체로 활용합니다.

Voy a ir a ver una peli con mi novia.
'나는 여자친구랑 영화를 볼 거야'라는 뜻입니다. 'Ir'는 '가다'라는 뜻을 가지고 있지만, 근접한 미래에 대해서 말할 때 조동사로 사용되기도 합니다.

Bici
Bicicleta의 줄임말은 Bici 입니다.

semana

El fin de semana 이번 주 주말에
this weekend

Los fines de semana 평소 주말에 (복수)
on weekends

FEDERICO

El sábado tengo una fiesta y el domingo descanso en mi casa.

엘 싸바도 / 뗑고 / 우나 피^{f}에쓰따 /
이 / 엘 도밍고 / 데쓰깐쏘 / 엔 / 미 까싸.
토요일에 / 가지고 있다 / 파티를 /
그리고 / 일요일에 / 쉬다 / ~안에서 / 나의 집.

Mi amigo organiza una fiesta grande el sábado

미 아미고 / 오르가니싸 / 우나 피^{f}에쓰따 / 그란데 / 엘 싸바도
나의 친구가 / 기획하다 / 파티 / 큰 / 토요일

y nos vamos a divertir toda la noche.

이 / 노쓰 바모쓰 / 아 디베르띠르 / 또다 / 올라 노체.
그리고 / 우리는 할 것이다 / 즐기는 것을 / 모든 / 밤.

El domingo, descanso en mi casa.

엘 도밍고, 데쓰깐쏘 / 엔 미 까싸.
일요일에, 쉬게 하다 / ~안에서 / 나의 집.

Voy a jugar a videojuegos.

보이 / 아 후가르 / 아 비데오 후에고쓰.
(나는) 할 것이다 / 노는 것을 / 비디오 게임들.

CARLOS

¡Buen fin de semana, diviértete!

부엔 / 핀^{f} 데 쎄마나, 디비에르떼떼!
좋은 / 주말, 즐겨라!

FEDERICO

¡Buen fin de semana y

부엔 / 핀^{f} 데 쎄마나 / 이 /
좋은 / 주말 / 그리고 /

hasta la próxima semana!

아쓰따 / 올라 쁘록씨마 쎄마나!
~까지 / 다음 주!

F : 토요일에는 파티에 가서 놀 거고 일요일에는 집에 있을 거야.
내 친구가 토요일에 큰 파티를 열거든. 밤새 놀 거야.
일요일에는 집에서 쉬려고,
비디오 게임을 할 거야.
C : 즐거운 주말 보내, 재미있게 놀아!
F : 즐거운 주말 보내, 다음 주에 보자!

TIP

Tengo una fiesta
'파티를 하다, 즐기다, 놀다'라는 의미로 사용되는 표현입니다.

El domingo
특정한 어떤 날을 지칭할 경우 스페인어에서는 'el + 요일' 형태를 사용합니다.

Hay una fiesta el domingo.
[아이 우나 피에쓰따 엘 도밍고]
: 일요일에 파티가 있어.

Hoy es domingo.
[오이 에쓰 도밍고]
: 오늘은 일요일이야

¡Buen fin de semana!
앞서 배웠던 'Buenas noches'처럼 헤어질 때 하는 인사로, '주말 잘 보내'라는 뜻입니다.

Hasta la próxima semana.
'다음 주에 봐'라는 의미의 표현입니다.

3 같이 쇼핑하러 갈래?

TIP

SOFIA
¿Hola? ¿Javier? Soy Sofía.
올라? 하비에르? 쏘이 / 소피^{f}아.
안녕? 자비에르(남성이름)? (나는) ~이다 / 소피(여성이름).

JAVIER
Hola Sofía. ¿Cómo estás?
올라 소피^{f}아. 꼬모 에쓰따쓰?
안녕 소피. 어떻게 지내?

SOFIA
Yo estoy muy bien, gracias.
요 에쓰또이 / 무이 비엔, 그라씨아쓰.
나는 ~상태이다 / 매우 잘, 고마워.

¿Estás libre el sábado?
에쓰따쓰 / ㄹ리브레 / 엘 싸바도?
(너는) ~이다 / 자유로운 / 토요일?

JAVIER
Sí, estoy libre. ¿Qué pasa?
씨, 에쓰또이 / ㄹ리브레. 께 빠싸?
응, (나는) ~이다 / 자유로운. 무슨 일이야?

SOFIA
Pienso ir de compras
삐엔쏘 / 이르 데 꼼쁘라쓰 /
(나는) 생각하다 / 쇼핑을 가다 /

a los grandes almacenes.
아 ㄹ로쓰 그란데쓰 알마쎄네쓰.
백화점으로.

No tengo ropa de verano.
노 / 뗑고 / 로빠 / 데 베라노.
(부정) / (나는) 가지고 있다 / 옷 / 여름의.

S : 여보세요, 자비에르니? 나야 소피.
J : 어 안녕 소피. 잘 지냈어?
S : 매우 잘 지내고 있지, 고마워.
이번 주 토요일에 시간 있어?
J : 응, 시간 있어. 무슨 일이야?
S : 백화점에 가서 쇼핑할 생각이야.
여름옷이 없거든.

Cómo
Cómo는 '어떻게'라는 뜻을 가진 단어입니다.
영어의 'how'와 같은 표현입니다.

Días de la semana (요일)
월요일 : lunes [ㄹ루네쓰]
화요일 : martes [마르떼쓰]
수요일 : miércoles [미에르꼴레쓰]
목요일 : jueves [후에베쓰]
금요일 : viernes [비에르네쓰]
토요일 : sábado [싸바도]
일요일 : domingo [도밍고]

Grandes almacenes
Grandes almacenes를 직역하면 '큰 창고들'입니다. 하지만 스페인어에서는 '백화점'을 의미하는 단어로 사용됩니다.

SOFIA
¿Vienes conmigo a ver tiendas?
비에네쓰 / 꼰미고 / 아 베르 / 띠엔다쓰?
(너는) 오다 / 나와 함께 / 보는 것 / 가게들?

JAVIER
Me viene bien.
메 / 비에네 / 비엔.
나에게 / 오다 / 잘.

Yo tampoco tengo ropa de verano.
요 / 땀뽀꼬 / 뗑고 / 로빠 / 데 베라노.
나 / ~도 아니다 / 가지고 있다 / 옷 / 여름의.

Vamos juntos.
바모쓰 / 훈또쓰.
가자 / 같이.

SOFIA
Sábado, delante de
싸바도, 델란떼 데 /
토요일, ~앞에서 /

los grandes almacenes a las 2:00pm.
올로쓰 그란데쓰 알마쎄네쓰 / 아 올라쓰 도쓰.
백화점 / 두 시에.

¿Te parece?
떼 빠레쎄?
괜찮아?

JAVIER
Muy bien, nos vemos el sábado entonces.
무이 비엔, 노쓰 베모쓰 / 엘 싸바도 / 엔똔쎄쓰.
매우 좋아, 우리 보자 / 토요일에 / 그렇다면.

SOFIA
¡Hasta el sábado!
아쓰따 / 엘 싸바도!
~까지 / 토요일!

S : 같이 쇼핑하러 갈래?
J : 잘됐네,
나도 여름옷이 없거든.
같이 가자.
S : 토요일 2시 백화점 앞에서 만나자, 어때?
J : 좋아, 그럼 토요일에 보자.
S : 그래, 토요일에 봐!

TIP

Me viene bien
직역하면 '나한테 잘 온다'입니다. '적절하다', '딱 맞췄다'라는 의미로 사용되는 표현입니다.

Yo tampoco tengo ropa de verano.
'나 또한 여름옷이 없어.'라는 의미로, '**Yo tampoco**'는 부정문에서 '나도 없다'라는 뜻으로 사용된 표현입니다.

사계절 명칭 (Las cuatro estaciones)
봄 : primavera [쁘리마베라]
여름 : verano [베라노]
가을 : otoño [오또뇨]
겨울 : invierno [인비에르노]

¿Te parece?
Parece는 '닮다, 같다'라는 뜻을 지녔지만, 이 맥락에서는 '~어때?', '~괜찮아?'라는 의미로 사용된 표현입니다.

4 누가 잘 생겼다고 생각해?

CARLOTA

¿Quién te parece guapo de nuestra clase?

끼엔 / 떼 빠레쎄 / 구아뽀 / 데 누에쓰뜨라 끌라쎄?
누구 / 너는 ~닮다 / 잘생긴 / 우리 반에서?

NATALIA

Luis me parece muy guapo.

ㄹ루이쓰 / 메 빠레쎄 / 무이 / 구아뽀.
루이스(남성이름) / 나는 ~닮다 / 매우 / 잘생긴.

Y también encuentro a Héctor muy lindo.

이 / 땀비엔 / 엔꾸엔뜨로 /
아 엑또르 / 무이 / ㄹ린도.
그리고 / 또한 / 발견하다 /
헥터(남성이름)가 / 매우 / 귀엽다고.

CARLOTA

¿Ah sí?

아 씨?
아 그래?

NATALIA

Sí. Luis se parece a Tom Cruise.

씨. ㄹ루이쓰 / 쎄 빠레쎄 / 아 똠 끄루쓰.
응. 루이스 / 그는 ~닮다 / 톰 쿠루즈를.

Y Héctor se parece a Nicholas Hoult.

이 / 엑또르 쎄 / 빠레쎄 / 아 니꼴라쓰 호울트.
그리고 / 헥터 / 그는 ~닮다 / 니콜라스 홀트를.

CARLOTA

¿Nicholas Hoult? ¿El zombi?

니꼴라쓰 호울트? 엘 쏨비?
니콜라스 홀트? 그 좀비?

C : 우리 반에서 누가 잘생긴 거 같아?
N : 루이스가 엄청 잘생긴 거 같아.
그리고 헥터는 귀엽게 생긴 거 같아.
C : 그래?
N : 응, 루이스는 톰 크루즈 닮았어.
그리고 헥터는 니콜라스 홀트를 닮았어.
C : 니콜라스 홀트? 그 좀비?

TIP

Guapo

Guapo [구아뽀]라는 단어는 라틴어 'Vappa'에서 유래했습니다. 'Vappa'는 원래 두 가지 뜻을 가지고 있었는데, 하나는 '오래된 포도주', 또 하나는 '나쁜 남자'입니다.

Y también encuentro a Héctor muy lindo

Encontrar 동사는 '찾다, 발견하다'라는 뜻이지만, '~라고 생각하다'는 뜻도 됩니다. 여기서는 '헥터가 귀엽게 생겼다고 생각한다'는 말이 되는 거죠.

El zombi

게임이나 만화, 영화에서 많이 나오는 죽었다 살아나는 되물들 아시죠? 영어로 zombie, 한국어로는 좀비, 스페인어로는 zombi입니다. 이 맥락에서는 영화 '웜 바디스'에서 니콜라스 홀트가 좀비로 출연했던 것에 관해 이야기하고 있습니다. 스페인 고유의 zombi라는 말도 있는데, 바로 muertos vivientes입니다. 직역하면 '살아있는 죽은 자들'이죠.

NATALIA

No el zombi. El zombi 'romántico'.
노 / 엘 쏨비. 엘 쏨비 / '로만띠꼬'.
(부정) / 좀비. 좀비 / 로맨틱한.

Y también interpreta otros papeles.
이 / 땀비엔 / 인떼르쁘레따 / 오뜨로쓰 / 빠뻴레쓰.
그리고 / 또한 / (그는) 연기하다 / 다른 / 역할들.

CARLOTA

Sí, pero interpreta un montón
씨, 뻬로 / 인떼르쁘레따 / 운 몬똔 /
응, 하지만 / (그는) 연기하다 / 하나의 무더기 /

de papeles extraños.
데 빠뻴레쓰 / 엑쓰뜨란뇨쓰.
역할들의 / 이상한.

NATALIA

¿Y tú qué?
이 / 뚜 / 께?
그리고 / 너는 / 뭐?

¿Quién te parece guapo de nuestra clase?
끼엔 / 떼 빠레쎄 / 구아뽀 / 데 누에쓰뜨라 끌라쎄?
누가 / 너는 ~닮다 / 잘생긴 / 우리 반에서?

CARLOTA

Sin duda, Tomás.
씬 / 두다, 또마쓰.
없이 / 의심, 토마스(남성이름).

Se parece a Christian Bale.
쎄 빠레쎄 / 아 끄리쓰띠안 베일.
그는 닮다 / 크리스찬 베일을.

N : 그냥 좀비가 아니지. '로맨틱한' 좀비지.
그리고 다른 역할도 맡았어.
C : 그래도 이상한 역할을 많이 맡던데.
N : 그럼 너는?
우리 반에서 누가 잘생겼다고 생각하는데?
C : 한 치의 망설임도 없이 토마스지.
크리스찬 베일 닮았어.

TIP

Papeles

Papeles를 직역하면 '종이'를 뜻하지만 '배역, 역할' 또는 '서류'를 의미하기도 합니다.

Escribir en papel : 종이에 쓰다.
Interpretar un papel : 역할을 연기하다.
Perder los papeles : 서류들을 잃어버리다.

Christian Bale

스페인 사람들은 외국 배우들 이름을 영어 발음과 스페인어 발음의 중간으로 발음합니다.

Christian Bale : 끄리쓰띠안 베일
Tom Cruise : 똠 끄루쓰
Bradley Cooper : 브랃을리 꾸뻬르
Scarlett Johansson : 에쓰까를렛 조한쏜

NATALIA

¿Christian Bale? ¿Hablas en serio?
끄리쓰띠안 베일? 아블라쓰 / 엔 쎄리오?
크리스찬 베일? (너는) 말하다 / 진심으로?

CARLOTA

Por supuesto.
뽀르 쑤뿌에쓰또.
당연하지.

Christian Bale es elegante en Batman.
끄리쓰띠안 베일 에쓰 / 엘레간떼 / 엔 / 밭만.
크리스찬 베일은 ~이다 / 우아한 / ~안에서 / 배트맨.

NATALIA

Christian Bale también interpreta
끄리쓰띠안 베일 / 땀비엔 / 인떼르쁘레따 /
크리스찬 베일 / 역시 / 연기하다 /

un montón de papeles extraños.
운 몬똔 / 데 빠뻴레쓰 / 엑쓰뜨란뇨쓰.
하나의 무더기 / 역할들의 / 이상한.

Siempre me recuerda
씨엠쁘레 / 메 레꾸에르다 /
항상 / 나에게 기억나게 하다 /

a ese americano loco.
아 / 에쎄 아메리까노 / 을로꼬.
~을 / 그 미국인 / 미친.

N : 크리스찬 베일? 진심이야?
C : 응.
배트맨에서 크리스찬 베일이 엄청 세련됐잖아.
N : 크리스찬 베일도 이상한 역할 많이 맡는데.
그는 언제나 그 정신 나간 미국인을 떠오르게 해.

TIP

Batman
검은색 의상을 입고 다니는 박쥐 인간, 배트맨! 배트맨은 스페인식 발음으로 '밭만'입니다. 스파이더맨은 '에쓰삐데르만'이고 슈퍼맨은 '쑤뻬르만'입니다. 귀엽지 않은가요?

빈도부사

언제나 (always) :	siempre [씨엠쁘레]
자주 (often) :	a menudo [아 메누도]
빈번히 (frequently) :	frecuentemente [프ᶠ레꾸엔떼멘떼]
가끔 (sometimes) :	a veces [아 베쎄쓰]
드물게 (rarely) :	raramente [라라멘떼]
절대로 (never) :	nunca [눈까]

Americano loco
영화 '아메리칸 싸이코'의 한 장면을 이야기하고 있습니다.

Americano
스페인어로 미국인을 부르는 방법이 두 가지가 있습니다. 하나는 **'americano'** [아메리까노] 이고 하나는 **'estadounidense'** [에쓰따도우니덴쎄] 입니다.

5 내기 할래?

JAVIER
No nos vamos a matar por saltar de este acantilado.
노 / 노쓰 바모쓰 / 아 / 마따르 / 뽀르 / 쌀따르 / 데 에쓰떼 아깐띨라도.
(부정) / 우리는 할 것이다 / ~을 / 죽음 / ~로 / 뛰다 / 이 절벽에서.

CAROLINA
¿Pero si nos matamos?
뻬로 / 씨 / 노쓰 마따모쓰?
하지만 / 만약 / 우리가 죽으면?

JAVIER
Que no. No nos vamos a matar.
께 노. 노 / 노쓰 바모쓰 / 아 마따르.
아니라고. (부정) / 우리는 할 것이다 / 죽음을.

CAROLINA
¿Apostamos?
아뽀쓰따모쓰?
내기할까?

JAVIER
Vale. ¿Qué apostamos?
발레. 께 / 아뽀쓰따모쓰?
알겠어. 무엇을 / 걸다?

CAROLINA
Apostemos 5 euros.
아뽀쓰떼모쓰 / 씽꼬 에우로쓰.
내기하자 / 5 유로.

JAVIER
De acuerdo. Mírame bien. ¡Aaaaaaaa! ¡Auu!
데 아꾸에르도. 미라메 / 비엔. 아아아아아! 아우!
그래. 나를 봐라 / 잘. (의성어) 아아아아아! (의성어) 아야!

J : 이 절벽에서 뛰어도 안 죽는다.
C : 만약에 죽으면 어떡할래?
J : 안 죽는다니까.
C : 내기할래?
J : 그래, 뭐 내기할래?
C : 5유로 내기하자.
J : 그래. 나를 잘 봐. 으아~~~~! 아야!

TIP

¿Pero si nos matamos?
'Si'는 영어의 'if'와 같은 가정적 조건을 나타내는 접속사입니다. 한국어로는 '만약에', '만일', '설령'과 같은 뜻을 가진 단어입니다.

¿Apostamos?
아이들이 매일 사용한다고 해도 과언이 아닌 표현입니다. '내기할래?'혹은 '내기를 걸다'라는 의미입니다. '내기'라는 의미의 명사형은 'apuesta'입니다.

CAROLINA
¿Estás bien? ¿Estás vivo?
에쓰따쓰 / 비엔? 에쓰따쓰 / 비보?
~상태이다 / 좋은? ~상태이다 / 살아있는?

JAVIER
¡Me he roto una pierna!
메 에 / ㄹ~오또 / 우나 삐에르나!
내가 했다 / 부러짐을 / 한쪽의 다리를!

CAROLINA
No estás muerto. Tú has ganado.
노 / 에쓰따쓰 / 무에르또. 뚜 아쓰 / 가나도.
부정 / ~상태이다 / 죽어있는. 네가 했다 / 승리.

Te debo 5 euros.
떼 데보 / 씽꼬 에우로쓰.
너에게 빚지다 / 5유로를.

JAVIER
Sí, gracias.
씨, 그라씨아쓰.
응, 고마워.

CAROLINA
¿Llamo a la ambulancia?
야모 / 아 을라 암불란씨아?
부를까 / 구급차를?

JAVIER
¡Sí, rápido! ¡Me duele!
씨, 라삐도! 메 두엘레!
응, 빨리! 나 아파!

C : 괜찮아? 살아있어?
J : 나 다리 한쪽이 부러졌어!
C : 안 죽었네, 네가 이겼어.
내가 5유로 빚졌어.
J : 응, 고마워!
C : 구급차를 부를까?
J : 응, 빨리, 나 아파!

TIP

Muerto

Muerto는 '죽은', '사망한'의 뜻을 가지고 있는 형용사이기도 하지만 '죽은 사람', '사망자', '고인'을 뜻하는 명사가 되기도 합니다.

Te debo 5 euros

Deber는 '무엇을 해야 한다'는 의미의 동사이기도 하지만, 여기서는 '누군가에게 돈을 빚지다'라는 뜻으로 사용됐습니다.

La ambulancia

한국의 119가 스페인에서는 112입니다. 스페인에서 불이 나거나 구조가 필요할 때에는 112번으로 전화를 거시면 됩니다.

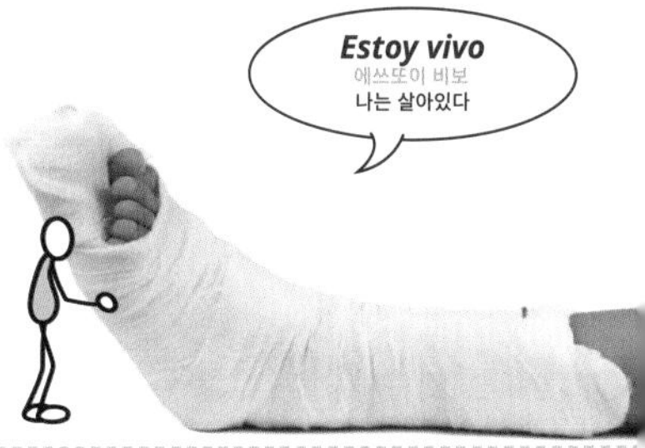

6 무슨 일이야?

MARIA
¿Qué tienes?
께 / 띠에네쓰?
무엇을 / 가지고 있다?

VICTOR
Tengo un dolor de barriga terrible.
뗑고 / 운 돌로르 / 데 바ㄹ~이가 / 떼ㄹ~이블레.
(나는) 가지고 있다 / 하나의 고통 / 배의 / 끔찍한.

¿Tienes medicamentos para los dolores de vientre?
띠에네쓰 / 메디까멘또쓰 / 빠라 /
올로쓰 돌로레쓰 / 데 비엔뜨레?
(너는) 가지고 있다 / 약들 / ~위한 /
고통들 / 배의?

MARIA
No, no tengo medicamentos.
노, 노 / 뗑고 / 메디까멘또쓰.
아니, (부정) / 가지고 있다 / 약들.

VICTOR
¿Hay algún hospital cerca de aquí?
아이 / 알군 / 오쓰삐딸 / 쎄르까 / 데 아끼?
~있다 / 어느 / 병원 / 근처에 / 여기에서?

MARIA
Sí, no está muy lejos de aquí.
씨, 노 / 에쓰따 / 무이 올레호쓰 / 데 아끼.
응, (부정) / 있다 / 매우 멀리 / 여기에서.

Yo te acompaño hasta allí.
요 / 떼 / 아꼼빠뇨 / 아쓰따 / 아이.
내가 / 너와 / 동행하다 / ~까지 / 그 곳.

M : 무슨 일이야?
V : 지금 배가 끔찍하게 아파.
배 아플 때 먹는 약 있어?
M : 아니, 약 하나도 없어.
V : 이 주변에 병원이 있어?
M : 응, 여기서 멀지 않아.
내가 거기까지 데려다줄게.

TIP

Vientre
Vientre와 barriga는 둘 다 '배'를 뜻합니다.

Para
'Para'는 여러 가지의 뜻을 지닌 전치사입니다. 목적, 용도, 시간, 기간, 예정일, 동기, 이유를 뜻하는 단어이지만, 이 맥락에서는 복통을 위한 약을 의미합니다.

Medicamento para dolores de cabeza.
[메디까멘또 빠라 돌로레쓰 데 까베싸]
두통을 위한 약.

Los deberes son para el jueves.
[올로쓰 데베레쓰 쏜 빠라 엘 후에베쓰]
숙제는 목요일까지 해야 해.

Estudio para sacar un 10.
[에쓰뚜디오 빠라 싸까르 운 디에쓰]
나는 만점을 받기 위해 공부해.

Hospital
영어와 뜻도 같고 맞춤법도 같지만, 발음이 다른 Hospital. 스페인어에서 'H'가 묵음이라는 것을 잊지 마세요.

7 삥치지 마.

CARLOS
¿Puedes prestarme dinero?
뿌에데쓰 / 쁘레쓰따르메 / 디네로?
할 수 있다 / 나에게 빌려주는 것 / 돈?

YOOMIN
¿Para qué?
빠라 / 께?
~위해서 / 무엇을?

CARLOS
Quiero comprar un ordenador pero no tengo dinero.
끼에로 / 꼼쁘라르 / 운 오르데나도르 / 뻬로 /
노 / 뗑고 / 디네로.
원해 / 구입하기를 / 한 대의 컴퓨터 / 하지만 /
(부정) / 가지고 있다 / 돈을.

YOOMIN
No, yo tampoco tengo dinero.
노, 요 / 땀뽀꼬 / 뗑고 / 디네로.
아니, 나는 / ~도 아니다 / (나는) 가지고 있다 / 돈을.

CARLOS
No te burles de mí.
Yo sé que tienes dinero.
노 / 떼 부를레쓰 / 데 미. 요 쎄 / 께 / 띠에네쓰 / 디네로.
(부정) / 니가 놀리는 것을 / 나에 대해.
나는 안다 / (접속사) / (너는) 가지고 있다 / 돈을.

YOOMIN
Es verdad. Yo tengo dinero.
에쓰 / 베르닫. 요 뗑고 / 디네로.
~이다 / 사실. 나는 가지고 있다 / 돈을.

Pero no tengo dinero para ti.
뻬로 / 노 / 뗑고 / 디네로 / 빠라 / 띠.
하지만 / (부정) / 가지고 있다 / 돈을 / ~위한 / 너를.

C : 나 돈 좀 빌려줄 수 있어?
Y : 뭐하려고?
C : 컴퓨터를 사고 싶은데 돈이 하나도 없어.
Y : 아니, 나도 돈이 없어.
C : 삥치지 마.
너 돈 있는 거 다 알아.
Y : 맞아. 나는 돈이 있어.
하지만 너를 위한 돈은 없어.

TIP

Dinero

유럽 국가인 스페인은 유로를 씁니다. 그렇다면 스페인에서 지폐와 동전은 뭐라고 부를까요?

Moneda (동전), monedas (동전들)

Billete (지폐), billetes (지폐들)

Ordenador

Ordenador는 동사 'ordenar' (정리하다, 정돈하다)와 많이 흡사하지요? 하지만 'ordenar'은 '질서를 세우다' 또는 '명령하다'라는 뜻도 가지고 있습니다. 'ordenador'는 '컴퓨터 혹은 지시를 내리는 자'를 의미합니다. 특이하게도 스페인어를 쓰는 다른 모든 나라는 컴퓨터를 'computadora'라고 부릅니다. 스페인만 유일하게 'ordenador'라고 하는 셈이죠.

8 애완동물 키우니?

TIP

LIDIA **¿Tú tienes una mascota?**
뚜 띠에네쓰 / 우나 마쓰꼬따?
너는 가지고 있다 / 한 마리의 애완동물?

SOFIA **Sí, tengo un perro. Es un caniche.**
씨, 뗑고 / 운 뻬ㄹ~오. 에쓰 / 운 까니체.
응, 가지고 있다 / 한 마리의 개. ~이다 / 한 마리의 푸들.

LIDIA **¡Debe ser lindo! ¿Cuántos años tiene?**
데베 쎄르 / 을린도! 꾸안또쓰 / 안뇨쓰 / 띠에네?
~이어야 한다 / 귀여운! 얼마의 / 해들(년들) / 가지고 있다?

SOFIA **Tiene 4 años. ¿Te gustan los perros?**
띠에네 / 꾸아뜨로 안뇨쓰. 떼 구쓰딴 / 을로쓰 뻬ㄹ~오쓰?
가지고 있다 / 4년. 너는 좋아하다 / 개들?

LIDIA **Sí, me gustan los perros pero prefiero los gatos.**
씨, 메 구쓰딴 / 을로쓰 뻬ㄹ~오쓰 / 뻬로 /
쁘레피f에로 / 을로쓰 가또쓰.
응, 나는 좋아하다 / 개들을 / 하지만 / 선호해 / 고양이들.

Yo tengo un gato siamés. Tiene 8 años.
요 뗑고 / 운 가또 씨아메쓰. 띠에네 / 오쪼 안뇨쓰.
나는 가지고 있다 / 한 마리의 샴 고양이. (그는) 가지고 있다 / 8년을.

SOFIA **¡Los gatos siameses son tan bonitos!**
을로쓰 가또쓰 씨아메쎄쓰/ 쏜 / 딴 / 보니또쓰!
샴고양이들은 / ~이다 / 대단히 / 아름다운!

L : 너 애완동물 키우니?
S : 응, 나는 개를 한 마리 키워. 푸들이야.
L : 엄청 귀엽겠다! 몇 살이야?
S : 네 살이야. 개들 좋아해?
L : 응, 개도 좋아하는데 나는 고양이가 더 좋아.
나는 샴고양이 한 마리를 키워. 여덟 살이야.
S : 샴고양이 정말 아름답지!

Debe ser lindo.
'Deber'는 준조동사로, '~해야 한다, ~임에 틀림없다.'라는 의미가 있습니다. '네 푸들은 틀림없이 매우 귀여울 것이다', 즉 '네 푸들 매우 귀엽겠다.'라는 뜻입니다.

동물들도 '그, 그녀'
스페인어에는 영어에서와 같이 동물을 가리킬 때 사용할 수 있는 대명사 'it'이 없으므로, 동물을 가리킬 때는 암컷이냐 수컷이냐에 따라서 'él' 혹은 'ella'를 사용합니다.

Me gustan... pero prefiero...
'나는 ~를 좋아하지만 ~를 더 선호한다'라는 의미의 표현입니다.

¿Te gustan los perros? Prefiero los gatos.
'개를 좋아해?' 혹은 '나는 고양이를 더 좋아해'라고 말할 때, 다시 말해 일반적인 대상으로서의 개나 고양이를 가리킬 때는 복수 정관사 'los'를 사용합니다. 참고로 영어의 경우엔 이 상황에서 정관사를 사용하지 않죠. 정관사 사용법은 스페인어와 영어가 거의 비슷하지만 이 경우는 서로 다릅니다.

9 그래서 너한테 사귀자고 한 거야.

JAVIER **¿Quieres salir conmigo?**
끼에레쓰 / 쌀리르 / 꼰미고?
(너는) 원하다 / 데이트하다 / 나와 함께?

CAROLINA **¿Tienes coche?**
띠에네쓰 / 꼬체?
(너는) 가지고 있다 / 자동차를?

JAVIER **No, no tengo coche.**
노, 노 / 뗑고 / 꼬체.
아니, (부정) / 가지고 있다 / 자동차를.

CAROLINA **¿Tienes mucho dinero?**
띠에네쓰 / 무초 / 디네로?
가지고 있다 / 많은 / 돈을?

JAVIER **No, no tengo dinero.**
노, 노 / 뗑고 / 디네로.
아니, (부정) / 가지고 있다 / 돈을.

CAROLINA **¿Y me preguntas si quiero salir contigo?**
이 / 메 쁘레군따쓰 /
씨 / 끼에로 / 쌀리르 / 꼰띠고?
그런데 / 나한테 묻다 /
만약 / 원하다 / 데이트하다 / 너와?

JAVIER **Sí, porque tú eres como yo.**
씨, 뽀르께 / 뚜 에레쓰 / 꼬모 / 요.
응, 왜냐하면 / 너는 ~이다 / ~같은 / 나.

J : 나랑 사귈래?
C : 자동차 있어?
J : 아니, 자동차 없어.
C : 돈은 있어?
J : 아니, 돈 없는데.
C : 그런데 나한테 사귀자고 하는 거야?
J : 응, 왜냐하면 너는 나랑 같거든.

TIP

¿Quieres salir conmigo?
직역하면 '나와 함께 나갈래?'이지만 '나랑 사귈래? 나랑 데이트할래?'라는 뜻으로 사용되는 문장입니다.

Coche
스페인의 운전면허 시험은 한국처럼 두 종 중 하나를 고를 수 있습니다. 하지만 특이하게도 스페인 사람들은 수동(기어)을 선호합니다. 운전면허 학원에서도 수동을 권합니다. 스페인의 운전자 90%가 수동(기어)을 사용한다고 하더라도 과언이 아닙니다. 필기시험을 볼 때도 3문제 차이로 당락이 결정되며, 실기시험의 경우 충분히 연습을 거친 뒤 감독관의 판단에 따라 시험을 볼 수 있습니다. 이처럼 스페인에서 자동차 면허를 따기는 매우 어렵습니다.
면허를 취득한 뒤 첫 1년간은 무조건 초록색 L 싸인을 뒤쪽 차창에 걸어 모두에게 보여야 하며, 만약 이를 어길 경우 벌금을 내야 할 수도 있습니다.

Y
대부분의 경우, 접속사 Y는 '그리고'를 뜻하지만, 이 맥락의 경우 '그런데'를 의미합니다.

05

대명사 & 소유 형용사

이것, 그것, 저것

나를, 너를, 우리를

나의, 너의, 우리의 ①

나의, 너의, 우리의 ②

나의 것, 너의 것, 우리의 것

Let's start

한눈에 배운다!

이것, 그것, 저것

영어로 This

동영상 강의

영어의 This와 That은 이것, 저것을 가리킬 때 사용합니다. 이러한 대명사들을 '지시대명사'라고 부르죠. 그런데 스페인어의 지시대명사에는 남성과 여성뿐 아니라 중성도 있습니다.

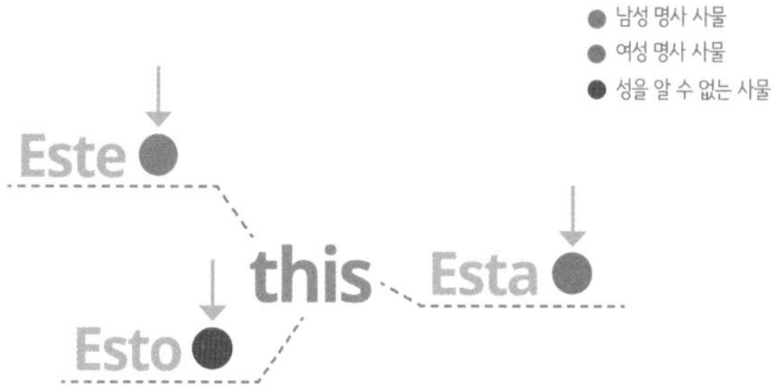

먼저 이것, 그것, 저것에 해당하는 표현을 남성, 여성, 중성에 맞춰 암기해 보겠습니다.

This
이것

- Este [에쓰떼]
- Esta [에쓰따]
- Esto [에쓰또]

That
그것

- Ese [에쎄]
- Esa [에싸]
- Eso [에쏘]

That
저것

- Aquel [아껠]
- Aquella [아께야]
- Aquello [아께요]

이번에는 복수형 표현들을 외워보겠습니다.

These
이것들

- Estos [에쓰또쓰]
- Estas [에쓰따쓰]

Those
그것들

- Esos [에쏘쓰]
- Esas [에싸쓰]

Those
저것들

- Aquellos [아께요쓰]
- Aquellas [아께야쓰]

TIP

더 알아봅시다 **중성 지시대명사**

스페인어에는 기본적으로 중성이 사용되지 않습니다. 모든 명사들은 남성과 여성으로 나뉠 뿐입니다. 그런데 왜 오직 지시대명사만 중성을 갖고 있는 것일까요? 쉽게 생각하자면 중성은 의문문을 만들기 위한 것입니다. 의문문을 만들 때는 남성인지 여성인지 아직 알 수 없으니 우선 중성으로 처리하는 것이죠.

- ¿Qué es ***esto***?
  [께 에쓰 에쓰또]
  이것은 뭐야?

읽어 보세요 **왜 중성은 복수형이 없죠?**

스페인어에는 중성이 없습니다. 이것은 지시형용사에서도 마찬가지죠. 다만 지시대명사의 경우는 중성이 있는데, 그 이유는 성을 알 수 없는 것을 지시대명사를 이용해 가리키게 될 경우가 있기 때문입니다. 의문문도 그중에 하나입니다.

- 지시대명사 남성 / 여성 / 중성
- 지시형용사 남성 / 여성

영어의 This는 지시대명사이지만 형용사로 사용될 때도 있습니다. 이런 경우를 '지시형용사'라고 부르는데, 단어의 모양은 똑같습니다. 다음과 같이 말이죠.

this - 지시대명사

this boy - 지시형용사

이번에는 스페인어의 지시형용사들을 살펴보겠습니다. 역시 지시대명사들과 모양은 똑같죠. 다만 다른 명사와 함께 사용되는 점이 다릅니다. 여기서는 함께 사용되는 명사로 '남자'와 '여자'를 선택해 보았습니다.

이 남자	**este** hombre	[에쓰떼 옴브레]
그 남자	**ese** hombre	[에쎄 옴브레]
저 남자	**aquel** hombre	[아껠 옴브레]

이 여자	**esta** mujer	[에쓰따 무헤르]
그 여자	**esa** mujer	[에싸 무헤르]
저 여자	**aquella** mujer	[아께야 무헤르]

이 남자들	**estos** hombres	[에쓰또쓰 옴브레쓰]
그 남자들	**esos** hombres	[에쏘쓰 옴브레쓰]
저 남자들	**aquellos** hombres	[아께요쓰 옴브레쓰]

이 여자들	**estas** mujeres	[에쓰따쓰 무헤레쓰]
그 여자들	**esas** mujeres	[에싸쓰 무헤레쓰]
저 여자들	**aquellas** mujeres	[아께야쓰 무헤레쓰]

TIP

읽어 보세요 **지시대명사는 3인칭**

이 장에서 배우는 지시대명사들은 모두 3인칭이라는 공통점을 가지고 있습니다. 3인칭 단수이거나, 3인칭 복수인 것이죠. 따라서 이 지시대명사들을 주어로 사용할 경우 동사는 항상 3인칭에 맞추어 사용하게 됩니다. 몇 개의 동사를 예로 들어 연습해보겠습니다.

- **Ser동사**
  - Esto es ~
    이것은 ~ 이다.
  - Esos son ~
    그것들은 ~ 이다.
- **Estar동사**
  - Esto está ~
    이것은 ~ 이다.
  - Esos están ~
    그것들은 ~ 이다.
- **Ir동사**
  - Esto va ~
    이것은 간다
  - Esos van ~
    그것들은 간다

Practice

이것, 그것, 저것

따라 말하기

빈칸 안에 지시형용사와 명사를 써넣어 보세요.

1 이 볼펜 este bolígrafo

2 그 편지들

3 저 가방

4 저 사진들

5 이 책들

6 그 신발

7 이 텔레비전

8 저 시계

9 그 가게

10 그 전화기

11 이 편지들

12 그 책들

남성 명사		
reloj	[렐로흐]	시계
teléfono	[뗄레포^f노]	전화기
libro	[을리브로]	책
bolígrafo	[볼리그라포^f]	볼펜
zapato	[싸빠또]	신발

여성 명사		
maleta	[말레따]	가방(여행가방)
carta	[까르따]	편지
fotografía	[포^f또그라피^f아]	사진
tienda	[띠엔다]	가게
televisión	[뗄레비씨온]	텔레비전

정답입니다! 1 este bolígrafo 2 esas cartas 3 aquella maleta 4 aquellas fotografías 5 estos libros 6 ese zapato 7 esta televisión 8 aquel reloj 9 esa tienda 10 ese teléfono 11 estas cartas 12 esos libros

Practice
이것, 그것, 저것

따라 말하기

다음 문자들을 스페인어로 옮겨 적어 보세요.

1 저 시계는 아름답다. Aquel reloj es bonito.

2 그 구두는 빨간색이다. rojo : 빨간색 [로호]

3 이 빵은 맛있다.

4 나는 그 남자를 좋아한다.

5 나는 이 여자를 안다.

6 그 여자는 빵을 먹지 않는다.

7 저 여자는 빵을 먹지 않는다.

8 저 사진들은 아름답다.

9 이 가방은 더럽다. sucio : 더러운 [쑤씨오]

10 나는 저 가게에 자주 간다. a menudo : 자주 [아 메누도]

정답입니다!
1 Aquel reloj es bonito. 2 Ese zapato es rojo. 3 Este pan es delicioso.
4 Me gusta ese hombre. 5 Conozco a esta mujer. 6 Esa mujer no come pan.
7 Aquella mujer no come pan. 8 Aquellas fotografías son bonitas.
9 Esta maleta está sucia. 10 Voy a aquella tienda a menudo.

Let's start

한눈에 배운다!

나를, 너를, 우리를

영어는 me

동영상 강의

우리말에서 '나는'과 '나를'은 다른 의미입니다. '너는'과 '너를'도 마찬가지이고요. 영어로 치면 'I'와 'me'의 차이인 것이죠. 주격으로 쓰이는 'I'와 목적격으로 쓰이는 'me'는 다릅니다.

어떻게 다른지 영어 문장으로 살펴보고, 목적격 대명사에 대해 이해해 볼까요?

나 (주격) ← **I love you.**

You love me. → 나를 (목적격)

앞에 쓰이는 '나는'의 'I'는 주격의 '나', 뒤에 쓰이는 '나를'의 'me'는 목적격의 '나'임을 확실히 이해하셨다면, 본격적으로 스페인어의 목적격 대명사를 알아봅시다.

나를

Me [메]

우리를

Nos [노쓰]

너를

Te [떼]

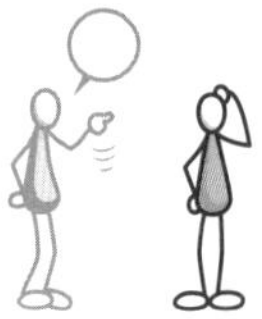

너희를

Os [오쓰]

그를, 그것을

Lo [을로]

그들을, 그것들을

Los [을로쓰]

그녀를

La [을라]

그녀들을, 그것들을

Las [을라쓰]

TIP

<< 읽어 보세요 **대명사 목적어의 위치**

'빵'이라고 말하면 동사의 뒤에, '그것'이라고 말하면 동사의 앞에 둡니다.

Yo como ***pan***.
[요 꼬모 빤]
나는 빵을 먹는다.

Yo ***lo*** como.
[요 올로 꼬모]
나는 그것(빵)을 먹는다.

'양파'라고 말하면 동사의 뒤에, '그것'이라고 말하면 동사의 앞에 둡니다.

Yo odio la ***cebolla.***
[요 오디오 을라 쎄보야.]
나는 양파를 싫어해.

Yo ***la*** odio.
[요 을라 오디오.]
나는 그것(양파)을 싫어해.

주어진 주격 대명사를 목적격 대명사로 변화시켜 보세요.

1. Yo ______________
2. Tú ______________
3. Él ______________
4. Ella ______________
5. Nosotros ______________
6. Vosotros ______________
7. Ellos ______________
8. Ellas ______________

여기서 잠깐! 한 가지 귀찮은 주의 사항이 있습니다.
목적격 대명사를 사용하면,
그것이 동사와 자리를 바꿔버리는 현상이 일어납니다.

나는 파블로를 사랑한다. ⟶ 나는 그를 사랑한다.

Yo | amo | a pablo (명사)

Yo | lo (대명사) | amo

목적격 대명사가 쓰인 다음 문장들을 열 번 읽어보세요.

1. 나는 나를 사랑해 **Yo me amo.** [요 메 아모]
2. 나는 너를 사랑해. **Yo te amo.** [요 떼 아모]
3. 나는 그를 사랑해. **Yo lo amo.** [요 을로 아모]
4. 나는 그녀를 사랑해. **Yo la amo.** [요 을라 아모]
5. 나는 우리를 사랑해. **Yo nos amo.** [요 노쓰 아모]
6. 나는 너희를 사랑해. **Yo os amo.** [요 오쓰 아모]
7. 나는 그들을 사랑해. **Yo los amo.** [요 을로쓰 아모]
8. 나는 그녀들을 사랑해. **Yo las amo.** [요 을라쓰 아모]

TIP

정답입니다!

me,te,lo,la,nos,os,los,las

읽어 보세요 **대명사는 앞으로 이동**

주어 | 동사 | 명사

주어 | 대명사 | 동사

원래 목적어의 자리는 동사의 뒤입니다. 그런데 대명사의 경우 동사의 앞으로 이동합니다. 그 이유는 대명사가 보통의 명사보다 더 익숙하기 때문입니다. 익숙한 단어를 앞으로 이동시켜서 더 쉽게 내용을 전달하기 위한 것입니다.

읽어 보세요 **직접 목적어의 위치**

1 동사가 하나 이고 (and)
문장에 동사변형이 있을 때.
→ 동사 앞에
▶ **나는 그것을 산다.**
(Yo) lo compro.

2 동사가 두 개 이거나 (or)
문장에 동사원형이 있을 때.
→ 동사 뒤에
▶ **나는 그것을 사고 싶다.**
(Yo) quiero comprarlo.

더 알아 봅시다 **동사 변화**

• yo	amo	아모
• tú	amas	아마쓰
• él / ella / usted	ama	아마
• nosotros	amamos	아마모쓰
• vosotros	amáis	아마이쓰
• ellos / ellas / ustedes	aman	아만

따라 말하기

Practice
나를, 너를, 우리를

빈칸을 채워 보세요.

1. 나는 캐롤라인을 기다려.
→ 나는 그녀를 기다려.

Yo | espero | a Carolina

2. 나는 그림을 그려.
→ 나는 그것을 그려.

Yo | dibujo | un cuadro

3. 나는 스페인어를 배워.
→ 나는 그것을 배워.

Yo | aprendo | español

4. 나는 약간의 휴가가 필요해.
→ 나는 그것들이 필요해.

Yo | necesito | unas vacaciones

5. 나는 볼펜 하나를 산다.
→ 그는 그것을 산다.

Él | compra | un bolígrafo

6. 그녀는 그녀의 남자친구를 사랑해.
→ 그녀는 그를 사랑해.

Ella | ama | a su novio

7. 우리는 돈이 필요해.
→ 우리는 그것이 필요해.

Nosotros | necesitamos | el dinero

정답입니다!

1. Yo la espero.
2. Yo lo dibujo.
3. Yo lo aprendo.
4. Yo las necesito.
5. Él lo compra.
6. Ella lo ama.
7. Nosotros lo necesitamos.

Practice
나를, 너를, 우리를

따라 말하기

다음 문장들을 스페인어로 옮겨 적어 보세요.

1 나는 그를 이해해. Yo lo entiendo.

2 나는 그녀를 좋아해. querer : 좋아하다 [께레르]

3 나는 그들을 알아.

4 그는 나를 사랑해.

5 그는 그녀를 기다린다. esperar : 기다리다 [에쓰뻬라르]

6 그는 그녀를 무시한다. ignorar : 무시하다 [익노라르]

7 그녀는 그들을 증오한다. odiar : 증오하다 [오디아르]

8 우리는 그녀들을 기다린다.

9 그들은 그녀를 쳐다본다. mirar : 보다 [미라르]

10 그들은 그녀를 시기한다. envidiar : 질투하다 [엔비디아르]

정답입니다! 1 Yo lo entiendo. 2 Yo la quiero. 3 Yo los conozco. 4 Él me ama. 5 Él la espera. 6 Él la ignora. 7 Ella los odia. 8 Nosotros las esperamos. 9 Ellos la miran. 10 Ellos la envidian.

Let's start

한눈에 배운다!

나의, 너의, 우리의 ①

영어로 My

동영상 강의

'내 집'을 영어로는 'my house'라고 하지요. 영어에서의 'my' 역시 형용사의 일종입니다. 보통은 '소유형용사'라고 부릅니다.

my +  = mi + 

영어와 마찬가지로 스페인어도 '나의' 이외에 여러 가지 '소유형용사'들이 있습니다. 남성명사인 libro를 예로 보여드리겠습니다. 일단은 모두 암기하세요.

나의

mi
[미]

우리의

nuestro
[누에쓰뜨로]

너의

tu
[뚜]

★존칭: 당신의 **su** [쑤]

너희의

vuestro
[부에쓰뜨로]

그의 / 그들의

su
[쑤]

TIP

읽어 보세요 존대어 만들기

su는 원래 '그 사람의'를 의미합니다. 그런데 어째서 '당신의' (2인칭 존대어)로도 사용되는 것일까요?

su ┌ 2인칭
   └ 3인칭

존댓말을 만드는, 다시 말해 조심스러움을 표현하는 방법에는 여러 가지가 있겠지만, 그중에 하나가 '일부러 부정확하게 말하기'입니다. 영어로 예를 들어 볼까요?

Can you? **할 수 있어?**
¿Puedes? [뿌에데쓰?]

Could you? **하실 수 있어요?**
¿Podrías? [뽀드리아쓰]

현재의 일인데도 일부러 과거형 could를 사용해 부정확하게 표현하고 있습니다. 이런 것이 바로 존대어입니다.

읽어 보세요 남자도 여자도 Su

소유형용사에는 '그 남자의, 그 여자의' 하는 식으로 소유자의 성을 나누지 않습니다. 남자의 것이건 여자의 것이건 모두 Su라는 형용사를 사용합니다.

남성형 명사를 꾸밀 땐 남성형 소유형용사를, 여성형 명사를 꾸밀 땐 여성형 소유형용사를 사용합니다. 다시 말해, '우리 책'이냐, 혹은 '우리 집'이냐 하는 문제입니다. 다시 말해, 소유물의 성별에 따릅니다. 소유자의 성별과는 관련이 없습니다.

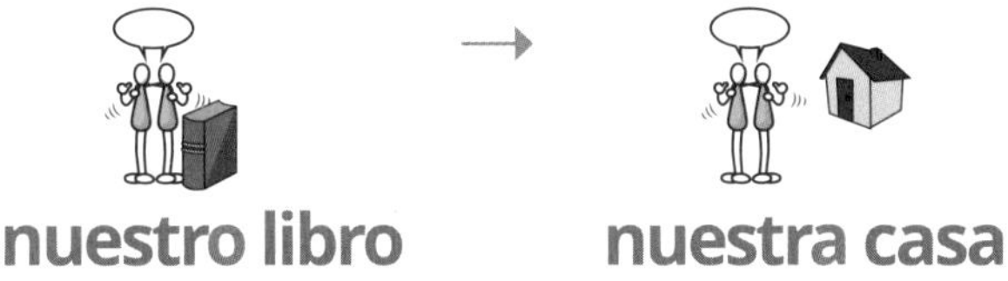

이번에는 수에 따른 변화를 살펴보겠습니다. 다른 모든 형용사들과 마찬가지로, 소유형용사 역시 명사의 수에 따라 형태가 달라집니다.

단수명사를 꾸밀 땐 단수형 소유형용사를, 복수명사를 꾸밀 땐 복수형 소유형용사를 사용합니다. 다시 말해, 하나를 가지고 있느냐, 여러 개를 가지고 있느냐의 문제입니다. 다시 말해, 소유자가 '나'인지, '우리'인지와는 관련이 없습니다.

결국, 소유형용사들은 성, 수에 따라 각각 4가지씩의 형태가 만들어질 수 있습니다. 다음 페이지에서 정리된 표를 이용해 연습해보겠습니다.

6개의 소유형용사, 모두 외우셨나요? 이제부터는 이들 6개의 소유형용사들을 사물의 성수에 맞게 변형하는 방법을 배워보겠습니다. 우선 성별에 따른 변화부터 살펴보죠. 다른 모든 형용사들과 마찬가지로, 소유형용사 역시 남성형과 여성형이 있습니다.

TIP

<< 읽어보세요 소유자의 성수는 상관이 없어요

모든 형용사는 함께 있는 명사의 성수를 따릅니다. 소유형용사도 마찬가지입니다. 가지고 있는 물건이 남성에 해당하는지, 여성에 해당하는지에 따라 소유형용사의 모양이 결정되는 것입니다. 다시 말하자면, 소유자가 '남성인지 여성인지'와는 관계가 없습니다. 그림에서 소유자가 모두 노란색인 것을 봐도 알 수 있습니다.

<< 읽어보세요 남성에도 mi, 여성에도 mi

mi를 비롯한 몇몇 소유형용사는 단수와 복수형만 있을 뿐, 남성형과 여성형으로 나눠지는 않습니다. 덕분에 조금이나마 간단해졌죠?

10번 읽어보세요!

나의, 너의, 우리의 ①

따라 말하기

자. 이제 성, 수에 따라 나뉘어진 소유형용사 전체를 보시겠습니다.

libro [을리브로]
남성명사 : 책

casa [까싸]
여성명사 : 집

나의

mi libro / casa
[미]

mis libros / casas
[미쓰]

우리의

nuestro libro
[누에쓰뜨로]

nuestros libros
[누에쓰뜨로쓰]

nuestra casa
[누에쓰뜨라]

nuestras casas
[누에쓰뜨라쓰]

너의

tu libro / casa
[뚜]

tus libros / casas
[뚜쓰]

★[존칭] 당신의

su libro / casa
[쑤]

sus libros / casas
[쑤쓰]

너희의

vuestro libro
[부에쓰뜨로]

vuestros libros
[부에쓰뜨로쓰]

vuestra casa
[부에쓰뜨라]

vuestras casas
[부에쓰뜨라쓰]

그 사람의

su libro / casa
[쑤]

sus libros / casas
[쑤쓰]

그 사람들의

su libro / casa
[쑤]

sus libros / casas
[쑤쓰]

Practice
나의, 너의, 우리의 ①

따라 말하기

빈칸 안에 소유형용사와 명사를 써넣어 보세요.

1 나의 방 — mi habitación

2 그녀의 남성 친구

3 그의 직업

4 너의 아버지

5 너의 침대

6 그녀들의 어머니

7 너의 여성 친구

8 그의 이름

9 나의 책들

10 그들의 집들

11 우리의 볼펜들

12 너희의 의자들

남성 명사

amigo	[아미고]	**남성 친구**
padre	[빠드레]	**아버지**
nombre	[놈브레]	**이름**

여성 명사

habitación	[아비따씨온]	**방**
cama	[까마]	**침대**
amiga	[아미가]	**여성 친구**
madre	[마드레]	**어머니**
ocupación	[오꾸빠씨온]	**직업**

정답입니다! 1 mi habitación 2 su amigo 3 su ocupación 4 tu padre 5 tu cama 6 su madre 7 tu amiga 8 su nombre 9 mis libros 10 sus casas 11 nuestros bolígrafos 12 vuestras sillas

Practice

나의, 너의, 우리의 ①

따라 말하기

다음 문장들을 스페인어로 옮겨 적어 보세요.

1 나의 어머니는 선생님이다. Mi madre es profesora.

2 나의 아버지는 한국 사람이다.

3 너의 고양이는 귀엽다.

lindo : 귀여운 [을린도]

4 그의 집은 크다.

5 그의 여형제들은 예쁘다.

6 나의 부모님은 친절하다.

7 우리의 친구들은 스페인 사람들이다.

8 너희의 수업들은 지루하다.

9 너의 안경은 못생겼다.

10 나의 이름은 마르타다.

정답입니다! 1 Mi madre es profesora. 2 Mi padre es coreano. 3 Tu gato es lindo. 4 Su casa es grande. 5 Sus hermanas son guapas. 6 Mis padres son simpáticos. 7 Nuestros amigos son españoles. 8 Vuestras clases son aburridas. 9 Tus gafas son feas. 10 Mi nombre es Marta.

Let's start

한눈에 배운다!

나의, 너의, 우리의 ②

영어로 My

동영상 강의

앞장에서 우리는 이미 소유형용사에 대해 배웠습니다. 하지만 불행하게도 스페인어에는 소유형용사를 사용하는 방법이 두 가지나 있습니다. 이번에 배울 것은 바로 그중 두 번째인 후치형 소유형용사입니다.

전치형용사와 후치형용사는 위치가 다를 뿐 형태는 같습니다.

* 전치형 nuestro 명사

* 후치형 명사 nuestro

다만 남성과 여성으로 분화되지 않았던 것들은 후치형용사가 되면서 나누어집니다.

이번에는 '나의'를 뜻하는 전치형과 후치형 소유형용사를 한눈에 살펴보겠습니다.

mi amigo = amigo mío
[미 아미고] [아미고 미오]

mi amiga = amiga mía
[미 아미가] [아미가 미아]

mis amigos = amigos míos
[미쓰 아미고쓰] [아미고쓰 미오쓰]

mis amigas = amigas mías
[미쓰 아미가쓰] [아미가쓰 미아쓰]

TIP

<< 읽어 보세요 **어떤 성수를 따라야 하나요?**

1. 형용사는 주어의 성수를 따릅니다.
2. 형용사는 명사의 성수를 따릅니다.

무엇이 맞는 것일까요?
조금 다른 예를 들어보겠습니다. 보통 병사들은 멀리 있는 왕보다 가까이 있는 장군의 명령을 따릅니다. 물론 장군이 없다면 왕을 따르겠죠. 마찬가지로 형용사는 가까이 있는 명사의 성수를 따릅니다. 물론 명사가 없다면 멀리 있는 주어의 성수를 따르는 것이죠.

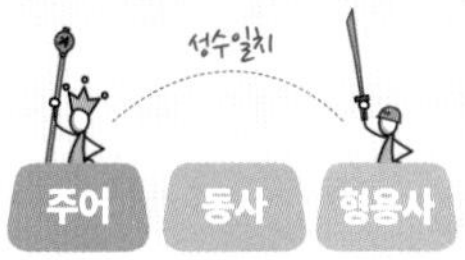

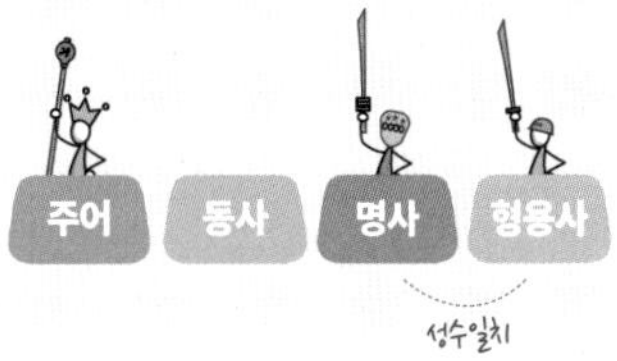

이 단원에서 배우고 있는 소유형용사는 100% 명사와 함께 사용됩니다. 따라서 주어와는 아무런 관계가 없이 명사의 성수를 따릅니다.

▸ 주어가 남자여도 *mi libro*
▸ 주어가 여자여도 *mi libro*

10번 읽어보세요!

나의, 너의, 우리의 ②

따라 말하기

자. 이제 성, 수에 따라 나뉜 후치형 소유형용사 전체를 보시겠습니다.

libro [을리브로]
남성명사 : 책

casa [까싸]
여성명사 : 집

나의

libro **mío** [미오]　　libros **míos** [미오쓰]

casa **mía** [미아]　　casas **mías** [미아쓰]

우리의

libro **nuestro** [누에쓰뜨로]　　libros **nuestros** [누에쓰뜨로쓰]

casa **nuestra** [누에쓰뜨라]　　casas **nuestras** [누에쓰뜨라쓰]

너의

libro **tuyo** [뚜요]　　libros **tuyos** [뚜요쓰]

casa **tuya** [뚜야]　　casas **tuyas** [뚜야쓰]

★[존칭] 당신의　libro **suyo** [쑤요]　　libros **suyos** [쑤요쓰]

casa **suya** [쑤야]　　casas **suyas** [쑤야쓰]

너희의

libro **vuestro** [부에쓰뜨로]　　libros **vuestros** [부에쓰뜨로쓰]

casa **vuestra** [부에쓰뜨라]　　casas **vuestras** [부에쓰뜨라쓰]

그 사람의

libro **suyo** [쑤요]　　libros **suyos** [쑤요쓰]

casa **suya** [쑤야]　　casas **suyas** [쑤야쓰]

그 사람들의

libro **suyo** [쑤요]　　libros **suyos** [쑤요쓰]

casa **suya** [쑤야]　　casas **suyas** [쑤야쓰]

Practice

나의, 너의, 우리의 ②

따라 말하기

빈칸 안에 소유형용사와 명사를 써넣어 보세요. (전치형과 후치형 모두 써보세요.)

1 나의 방 ----------------------
----

2 그녀의 남성 친구 ----------------------
----

3 그의 직업 ----------------------
----

4 너의 아버지 ----------------------
----

5 너의 침대 ----------------------
----

6 그녀의 어머니 ----------------------
----

7 너의 여성 친구 ----------------------
----

8 그의 이름 ----------------------
----

9 나의 책들 ----------------------
----

10 그들의 집들 ----------------------
----

11 우리의 볼펜들 ----------------------
----

12 너희의 의자들 ----------------------

남성 명사

amigo	[아미고]	**남성 친구**
padre	[빠드레]	**아버지**
nombre	[놈브레]	**이름**

여성 명사

habitación	[아비따씨온]	**방**
cama	[까마]	**침대**
amiga	[아미가]	**여성 친구**
madre	[마드레]	**어머니**
Trabajo	[뜨라바호]	**일, 직업, 직장**

정답입니다!

1 Mi habitación / Habitación mía 2 Su amigo / Amigo suyo 3 Su trabajo / Trabajo suyo
4 Tu padre / Padre tuyo 5 Tu cama / Cama tuya 6 Su madre / Madre suya
7 Tu amiga / Amiga tuya 8 Su nombre / Nombre suyo 9 Mis libros / Libros míos
10 Sus casas / Casas suyas 11 Nuestros bolígrafos / Bolígrafos nuestros
12 Vuestras sillas / Sillas vuestras

Practice
나의, 너의, 우리의 ②

따라 말하기

남성 명사			여성 명사		
teléfono	[뗄레포노]	전화기	televisión	[뗄레비씨온]	텔레비전
coche	[꼬체]	자동차	casa	[까싸]	집
perro	[뻬ㄹ~오]	개	copa	[꼬빠]	잔
bolígrafo	[볼리그라포^f]	볼펜	cama	[까마]	침대
novio	[노비오]	남자친구	cartera	[까르떼라]	지갑
anillo	[아니요]	반지	novia	[노비아]	여자친구
trabajo	[뜨라바호]	직업	maleta	[말레따]	(여행)가방
diario	[디아리오]	일기장	ropa	[로빠]	옷

문장의 뜻에 맞추어 빈칸을 채워보세요.

1 이것은 내 책이다.

Este　es　mi libro

2 이것은 나의 전화기다.

3 이것은 나의 차다.

4 이것은 나의 가방이다.

5 이것은 나의 텔레비전이다.

6 이것은 나의 집이다.

7 이것은 나의 잔이다.

8 이것은 나의 지갑이다.

정답입니다! 1 Este es mi libro. 2 Este es mi teléfono. 3 Este es mi coche. 4 Esta es mi maleta. 5 Esta es mi televisión. 6 Esta es mi casa. 7 Esta es mi copa. 8 Esta es mi cartera.

따라 말하기

Practice
나의, 너의, 우리의 ②

다음 문자들을 스페인어로 옮겨 적어 보세요.

1 이것은 나의 책상이다. Esta es mi mesa.

2 이것은 나의 침대다.

3 그녀는 나의 여자친구다.

4 이것은 나의 펜이다.

5 이것은 나의 일기장이다.

6 이것은 나의 개다.

7 이것은 나의 옷이다.

8 그는 나의 남자친구다.

9 이것은 나의 반지다.

10 이것은 나의 직업이다.

정답입니다! 1 Esta es mi mesa. 2 Esta es mi cama. 3 Ella es mi novia. 4 Este es mi bolígrafo. 5 Este es mi diario. 6 Este es mi perro. 7 Esta es mi ropa. 8 Él es mi novio. 9 Este es mi anillo. 10 Este es mi trabajo.

Let's start

한눈에 배운다!

나의 것, 너의 것, 우리의 것

영어는 mine

동영상 강의

영어를 처음 배울 때 가장 먼저 배우는 것 중의 하나가 이것입니다. 'I, my, me, mine' 말이에요. 이 네 가지 중 I와 my, me가 각각 스페인어로 무엇에 해당하는지는 앞서 다 배웠습니다. 이제 마지막으로 **mine** 에 대해서 배워보겠습니다. 우리말로 하면 **'나의 것'**이라는 뜻이지요.

나의 것. 너의 것. 이런 말을 보통 **'소유대명사'**라고 부릅니다.
스페인어의 소유대명사는 '정관사 + 후치형 소유형용사' 로 이루어져 있습니다.

소유대명사 = 정관사 + **후치형 소유형용사**

나의 것

el **mío** [미오]	los **míos** [미오쓰]
la **mía** [미아]	las **mías** [미아쓰]

우리의 것

el **nuestro** [누에쓰뜨로]	los **nuestros** [누에쓰뜨로쓰]
la **nuestra** [누에쓰뜨라]	las **nuestras** [누에쓰뜨라쓰]

너의 것

el **tuyo** [뚜요]	los **tuyos** [뚜요쓰]
la **tuya** [뚜야]	las **tuyas** [뚜야쓰]

★[존칭] 당신의 el **suyo** [쑤요] los **suyos** [쑤요쓰] la **suya** [쑤야] las **suyas** [쑤야쓰]

너희의 것

el **vuestro** [부에쓰뜨로]	los **vuestros** [부에쓰뜨로쓰]
la **vuestra** [부에쓰뜨라]	las **vuestras** [부에쓰뜨라쓰]

그의 것

el **suyo** [쑤요]	los **suyos** [쑤요쓰]
la **suya** [쑤야]	las **suyas** [쑤야쓰]

그의 것들

el **suyo** [쑤요]	los **suyos** [쑤요쓰]
la **suya** [쑤야]	las **suyas** [쑤야쓰]

TIP

읽어 보세요 소유대명사의 활용

만약 Ser동사 뒤에 소유대명사가 온다면 원래는 다음과 같은 모양이어야 할 것입니다.

Ser + **정관사** + **소유형용사**

하지만 Ser동사 뒤에서는 정관사를 생략합니다. 그러고 나면 소유형용사만 남아 있겠군요?

Ser + **소유형용사**

결국 Ser동사 뒤에서는 소유형용사가 곧 소유대명사입니다.

Ser + **소유형용사 (소유대명사 역할)**
Ser + **명사** + **소유형용사**

Ese cuadro ***es mío***.
[에쎄 꾸아드로 에쓰 미오]
그 그림은 내 것이야.

Aquel teléfono ***es suyo***.
[아껠 뗄레포ᶠ노 에쓰 쑤요]
저 전화기는 그의 것이야.

Esta casa ***es nuestra***.
[에쓰따 까싸 에쓰 누에쓰뜨라]
이 집은 우리의 것이야.

읽어 보세요 관사의 생략

소유형용사에서 사용되는 관사는 말하는 사람 마음대로 생략할 수 있습니다. 관사를 생략하고 나면 결국 후치형 소유형용사와 같은 형태가 되는 것이죠.

소유형용사 + 명사 사용

Ese es el libro mío.
그건 내 책이야.

소유대명사 사용

Ese es el mío.
Ese es mío.
] 그건 내 거야.

Practice
나의 것, 너의 것, 우리의 것

따라 말하기

빈칸에 알맞은 명사와 소유대명사를 채워 넣어 보세요.

1 나의 책과 너의 것

[ ] y [ ] (접속사 and)

2 내 볼펜들과 그의 것들

[ ] y [ ]

3 내 베개와 그녀의 것

[ ] y [ ]

4 그녀의 치마와 나의 것

[ ] y [ ]

5 그의 자전거와 너의 것

[ ] y [ ]

6 나의 컴퓨터와 너의 것

[ ] y [ ]

7 그들의 자전거와 우리의 것들

[ ] y [ ]

8 그의 편지와 그녀의 것

[ ] y [ ]

9 나의 그림과 너의 것

[ ] y [ ]

10 너의 휴대전화기와 나의 것

[ ] y [ ]

남성 명사

móvil	[모빌]	휴대전화기
bolígrafo	[볼리그라포f]	볼펜
cuadro	[꾸아드로]	그림
ordenador	[오르데나도르]	컴퓨터

여성 명사

almohada	[알모아다]	베개
falda	[팔f다]	치마
bicicleta	[비씨끌레따]	자전거
llave	[야베]	열쇠

정답입니다! 1 mi libro y el tuyo 2 mis bolígrafos y los suyos 3 mi almohada y la suya 4 su falda y la mía 5 su bicicleta y la tuya 6 mi ordenador y el tuyo 7 sus bicicletas y las nuestras 8 su carta y la suya 9 mi cuadro y el tuyo 10 tu móvil y el mío

1 이비자 섬에서 만나기로 했어.

JULIA
¿Mamá, dónde están mis gafas de sol?
마마, 돈데 에쓰딴 / 미쓰 가파^{f}쓰 데 쏠?
엄마, 어디에 있다 / 내 선글라스?

RAQUEL
Tus gafas están allí, sobre tu mesa.
뚜쓰 가파^{f}쓰 / 에쓰딴 / 아이, 쏘브레 / 뚜 메싸.
네 선글라스는 / ~있다 / 저기에, ~위에 / 네 책상.

JULIA
¿Y nuestros billetes de avión, dónde están?
이 / 누에쓰뜨로쓰 비예떼쓰 / 데 아비온,
돈데 에쓰딴?
그리고 / 우리의 표들 / 비행기의,
어디에 있다?

RAQUEL
Tu padre ha recogido los billetes y el resto de nuestro equipaje.
뚜 빠드레 / 아 레꼬히도 / 올로쓰 비예떼쓰 /
이 / 엘 레쓰또 / 데 누에쓰뜨로 에끼빠헤.
너의 아버지가 / 가져갔다 / 티켓들을 /
그리고 / 나머지 / 우리 짐들을.

JULIA
¿Tus amigos vienen al aeropuerto?
뚜쓰 아미고쓰 / 비에넨 / 알 아에로뿌에르또?
당신의 친구들은 / 오다 / 공항으로?

RAQUEL
Hemos quedado en Ibiza.
에모쓰 께다도 / 엔 이비싸.
만나기로 하다 / 이비자에서.

J : 엄마, 내 선글라스 어디에 있어?
R : 네 선글라스 저기 있잖아, 네 책상 위에.
J : 우리 비행기 표는 어디에 있어?
R : 티켓이랑 나머지 짐들은 아빠가 가져갔어.
J : 엄마 친구분들은 공항으로 와?
R : 이비자 섬에서 만나기로 했어.

TIP

Gafas de sol
'Gafas'는 안경, 'sol'은 태양을 뜻하는 단어입니다. 이 둘을 합쳤으니 직역하면 '태양용 안경', 즉 '선글라스'라는 뜻이 되지요.

Aquí & allí
'Aquí'는 '여기', 'allí'는 '저기'를 뜻합니다.

Tu padre
존댓말을 만드는 방법은 다음 두 가지가 있습니다.
1. 상대를 지칭할 때 usted, ustedes 를 사용
2. 상대를 지칭할 때 señor, señora 를 사용

사적인 관계에서는 존댓말을 사용하지 않습니다. 자신의 부모님은 물론, 친구네 부모님께도 존댓말을 사용하지 않습니다. 존댓말을 사용해야 하는 경우는 다음 두 가지가 있습니다.
1. 공적인 관계 (손님, 거래처, 직장 상사 등)
2. 모르는 관계 (길을 물을 때 등)

Hemos quedado
직역하자면 '우리는 남았다'이지만, 일상생활에서는 '우리는 만나기로 했다'로 사용됩니다.

Ibiza
이비자는 스페인 지중해의 섬입니다. 파티와 클럽으로 유명한 곳인데요, 세계적으로 유명한 디제이들과 스타들의 휴양지로도 잘 알려져 있습니다.

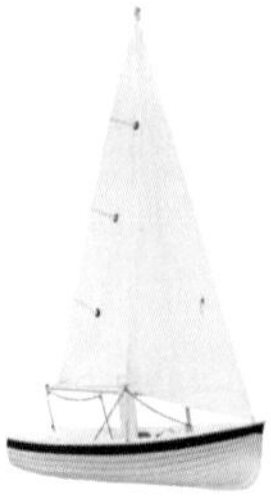

2 나의 책이야.

Juan

¡Hey! Ese libro es mío.

에이! 에쎄 을리브로 / 에쓰 / 미오.
어이! 그 책은 / ~이다 / 나의 것.

Juan

¿Este libro es tuyo?

에쓰떼 을리브로 / 에쓰 / 뚜요?
이 책은 / ~이다 / 너의 것?

Juan

Sí, es mío.

씨, 에쓰 / 미오.
응, ~이다 / 나의 것.

Juan

Mentira.

멘띠라.
거짓말.

Juan

¡Yo no estoy mintiendo!

요 / 노 / 에쓰또이 / 민띠엔도!
나는 / (부정) / 하다 / 거짓말!

¡Digo la verdad! Ese es mi libro.

디고 / 을라 베르닫! 에쎄 에쓰 / 미 을리브로.
(나는) 말하다 / 진실! 그것은 ~이다 / 나의 책.

Juan

¿Cómo sabes que es tuyo?

꼬모 / 싸베쓰 / 께 / 에쓰 / 뚜요?
어떻게 / 알다 / (접속사) / ~인지 / 너의 것?

J1 : 어이! 그 책은 내 거야.
J2 : 이 책이 네 거라고?
J1 : 응, 내 거라니까.
J2 : 거짓말.
J1 : 거짓말 아니야!
진짜라니까! 그거 내 책 맞아.
J2 : 네 건지 어떻게 알아?

TIP

¡Hey!

서로 친한 사람들끼리 인사를 나눌 때 쓰는 말입니다. '어이, 저기, 야' 따위를 뜻하기도 합니다.

Mío

이번 챕터에서 배울 'mío'는 후치형 소유형용사입니다. 명사 뒤에 쓰이는 이 소유형용사는 성과 수로 분류됩니다.

Mentira

스페인에서 mentira는 '거짓말'을 의미합니다. 그리고 mentiroso / mentirosa는 '거짓말쟁이'이죠. 그렇다면 '사실'은 뭐라고 할까요? verdad 혹은 cierto라고 합니다.

Juan
Porque mi nombre está escrito en la primera página.
뽀르께 / 미 놈브레 / 에쓰따 / 에쓰끄리또 /
엔 을라 쁘리메라 빠히나.
왜냐하면 / 나의 이름이 / 있다 / 서면으로 / 첫 페이지에.

Juan
Compruébalo.
꼼쁘루에발로.
증명해라.

Juan
Vamos a ver.
바모쓰 / 아 베르.
하자 / 보는 것을.

Juan
¿Tu nombre es Juan?
뚜 놈브레 / 에쓰 / 후안?
너의 이름 / ~이다 / 존(남성이름)?

Juan
Sí. ¿Ves que es mío?
씨. 베쓰 / 께 / 에쓰 / 미오?
응. 보다 / (접속사) / ~이다 / 나의 것?

Juan
El problema es que yo también me llamo Juan.
엘 쁘로블레마 / 에쓰 / 께 /
요 땀비엔 / 메 야모 후안.
문제는 / ~이다 / (접속사) /
나 역시 / 나의 이름은 존이다.

Juan
¿Cómo?
꼬모?
어떻게?

J1 : 왜냐하면, 첫 장에 내 이름이 적혀 있거든.
J2 : 확인해 봐.
J1 : 한번 보자.
J2 : 네 이름이 존이니?
J1 : 응. 것 봐, 내 거 맞지?
J2 : 문제는 내 이름도 존이라는 거야.
J1 : 뭐라고?

TIP

Vamos a ver

Vamos a ver, '한번 보자, 한번 생각해보자'는 뜻의 표현으로, 일상생활에서 자주 쓰입니다.

Que

스페인어의 'que'는 영어의 'that'와 같은 의미를 가지고 있는 접속사입니다.

¿Ves que es mío?
[베쓰 께 에쓰 미오]
봤지 내 것인 거?

You see **that** it's mine?

¿Cómo?

Cómo는 '어떻게'를 의미하기도 하지만, 때로는 대답에 반문할 경우 '뭐라고?'라는 뜻으로 쓰이기도 합니다.

Juan **¿Estás seguro de que es tuyo?**
에쓰따쓰 / 쎄구로 데 / 에쓰 / 뚜요?
너는 ~하다 / 확신의 / (접속사) / ~이다 / 너의 것?

Porque yo creo que este libro es mío.
뽀르께 / 요 끄레오 / 께 / 에쓰떼 을리브로 / 에쓰 / 미오.
왜냐하면 / 나는 믿는다 / (접속사) / 이 책은 / ~이다 / 나의 것.

J2 : 이게 네 것인 게 확실해?
내가 볼 땐 이건 내 책이야.

3 가방을 집에 두고 왔어.

JULIA **¿Puedes prestarme tu libro, por favor?**
뿌에데쓰 / 쁘레쓰따르메 / 뚜 을리브로, 뽀르 파^{f}보르?
(너는) 할 수 있다 / 나에게 빌려주는 것을 / 너의 책, 부탁해?

YOOMIN **¿No tienes tu libro?**
노 / 띠에네쓰 / 뚜 을리브로?
(부정) / 가지고 있다 / 너의 책?

JULIA **No, mi libro está en mi casa.**
노, 미 을리브로 / 에쓰따 / 엔 / 미 까싸.
아니, 나의 책은 / 있다 / ~안에 / 나의 집.

¿Puedes prestarme tu bolígrafo rojo?
뿌에데쓰 / 쁘레쓰따르메 / 뚜 볼리그라포^f / 로호?
(너는) 할 수 있다 / 나에게 빌려주는 것 / 너의 볼펜 / 빨간색?

YOOMIN **¿No tienes tu bolígrafo rojo?**
노 / 띠에네쓰 / 뚜 볼리그라포^f / 로호?
(부정) / 가지고 있다 / 너의 볼펜 / 빨간색?

J : 네 책 좀 빌려줄 수 있어?
Y : 네 책 없어?
J : 응, 내 책은 집에 있어.
네 빨간색 볼펜 빌려줄 수 있어?
Y : 네 빨간색 볼펜 없어?

TIP

¿Puedes prestarme tu libro, por favor?

스페인에서는 학생들이 직접 책과 교과서를 사야 합니다. 한 학기가 시작되기 전, 학교에서 다음 학기에 배울 교재의 목록을 나눠주면, 학생들은 개강 전에 책들을 구매합니다. 물론, 개강 직전 대부분이 매진되므로 개강 후 1주일 동안 친구들과 책을 함께 봐야 하는 경우도 발생합니다. 한국의 대학 풍경과 비슷하죠?

No, está en mi casa.
노, 에쓰따 / 엔 / 미 까싸.
아니, ~있다 / ~안에 / 나의 집.

¿Estos son tus folios?
에쓰또쓰 쏜 / 뚜쓰 폴^{f}리오쓰?
이것들은 ~이다 / 너의 종이들?

¿Puedo coger uno?
뿌에도 / 꼬헤르 / 우노?
할 수 있다 / 잡다 / 한 장을?

¡Me molestas!
메 몰레쓰따쓰!
나를 귀찮게 하는구나!

¿Dónde están tus cosas?
돈데 에쓰딴 / 뚜쓰 꼬싸쓰?
어디에 있다 / 너의 물건들은?

Mis cosas están en mi casa.
미쓰 꼬싸쓰 에쓰딴 / 엔 / 미 까싸.
나의 물건들은 있다 / ~안에 / 나의 집.

Dejé mi maleta en mi casa.
데헤 / 미 말레따 / 엔 / 미 까싸.
두었다 / 나의 가방을 / ~에 / 나의 집.

J : 응, 집에 있어.
이거 네 종이들이니?
내가 한 장 가져가도 돼?
Y : 귀찮게 구네!
네 소지품은 다 어디에 있어?
J : 내 소지품은 다 집에 있어.
가방을 집에 두고 나왔어.

TIP

Folios

Folios는 종이를 세는 단위 '장(張)'을 의미합니다.

Casa

Mi casa es su casa [미 까싸 에쓰 쑤 까싸]라는 문장을 다들 한 번쯤 들어보셨을 거예요! 뮤지컬 '노트르담 드 파리'에서도 나왔던 만큼 유명한 이 문장은 '내 집이 곧 당신의 집입니다.'라는 의미입니다. 스페인 사람들과 남미 사람들은 스스럼없이 친구들을 집에 불러서 파티나 식사를 합니다.

4 이건 뭐야?

LUCAS

¿Qué es eso?
께 / 에쓰 / 에쏘?
무엇 / ~이다 / 그게?

JAVIER

Es mi guitarra.
에쓰 / 미 기따ㄹ~아.
~이다 / 나의 기타.

No toques mi guitarra.
노 / 또께쓰 / 미 기따ㄹ~아.
부정 / 만지다 / 나의 기타.

LUCAS

¿Y esos qué son?
이 / 에쏘쓰 / 께 쏜?
그리고 / 그것들은 / 무엇 ~이다?

JAVIER

Esos son cómics manga.
에쏘쓰 쏜 / 꼬믹쓰 망가.
그것들은 ~이다 / 만화책들.

No toques mis cómics manga, son frágiles.
노 / 또께쓰 / 미쓰 꼬믹쓰 망가, 쏜 / 프f라힐레쓰.
부정 / 만지다 / 나의 만화책들을, ~이다 / 깨지기 쉬운.

LUCAS

¿Y eso qué es?
이 에쏘 / 께 에쓰?
그리고 그건 / 무엇~이다?

JAVIER

Eso es mi ordenador portátil.
에쏘 에쓰 / 미 오르데나도르 뽀르따띨.
그건 ~이다 / 나의 노트북.

L : 그게 뭐야?
J : 그건 내 기타야.
내 기타 만지지 마.
L : 그럼 그건 뭐야?
J : 그건 내 만화책들이야.
내 만화책들 만지지 마. 엄청 약해.
L : 그럼 그건 뭐야?
J : 그건 내 노트북이야.

TIP

Guitarra

기타에 관심이 있는 사람이라면 Spanish guitar가 얼마나 유명한지 잘 아실 거예요. Guitarra española는 스페인 전통춤과 노래인 flamenco에서도 자주 등장합니다.

Cómics manga

대부분의 스페인 사람들은 동양에서 온 만화책을 보고 'manga(일본 만화)'라고 합니다. 요새는 추세가 조금씩 바뀌면서 한국 만화는 'manhwa', 중국 만화는 'manhua'라고 부르기도 합니다.

frágiles

'섬세한, 연약한'이라는 뜻으로 Delicado[델리까도] 라는 표현도 있습니다.

Portátil

Portátil은 '들고 다닐 수 있는, 휴대용의'를 의미하는 단어입니다. 따라서 노트북뿐만 아니라 휴대용 손전등, 워키토키(무선기)등의 명사에도 쓸 수 있는 형용사입니다.

JAVIER

Es muy frágil también, ten cuidado.

에쓰 / 무이 프ᶠ라힐 / 땀비엔, 뗀 / 꾸이다도.
~이다 / 매우 깨지기 쉬운 / 또한, 가져라 / 주의.

LUCAS

¿Y eso qué es?

이 에쏘 / 께 에쓰?
그리고 그건 / 무엇~이다?

JAVIER

Eso es mi móvil.

에쏘 에쓰 / 미 모빌.
그건 ~이다 / 나의 휴대전화기.

Para de hacerme preguntas y sal de mi habitación.

빠라 / 데 아쎄르메 / 쁘레군따쓰 / 이 / 쌀 / 데 미 아비따씨온.
멈춰 / 나에게 ~하는 것을 / 질문들을 / 그리고 / 나가 / 나의 방에서.

LUCAS

¿Por qué?

뽀르 께?
왜?

JAVIER

Porque me molestas.

뽀르께 / 메 몰레쓰따쓰.
왜냐하면 / 나를 귀찮게 해.

LUCAS

¿Por qué?

뽀르 께?
왜?

JAVIER

Bueno, tú sal.

부에노, 뚜 쌀.
좋아, 너 나가.

J : 그것도 엄청 약하니까 조심해.
L : 그럼 그건 뭐야?
J : 그건 내 휴대전화기야.
질문 그만하고 내 방에서 나가.
L : 왜?
J : 왜냐하면, 네가 나를 못살게 굴거든.
L : 왜?
J : 됐어, 나가.

TIP WHY?

Móvil

스페인으로 모빌은 보통 '휴대전화기'를 이야기하는 것이지만, '움직일 수 있는, 안전성이 없는'과 같은 형용사를 의미하기도 합니다. 또한, 말 그대로 아기들 침대에 올려놓는 장난감 모빌을 뜻하기도 하지요.

Sal de mi habitación

'내 방에서 나가.'를 배웠으니 '내 방에 들어와.'도 배워볼까요? '들어가다' 동사는 스페인어로 **entrar** [엔뜨라르]입니다. **Entrar**를 명령법으로 동사 변형을 시키면 **entra**가 됩니다.

Entra al cuarto : 방에 들어가.

Bueno

Bueno는 '좋은, 행복한, 착한'과 같은 의미로 주로 사용됩니다. 하지만 여기에서 나온 **bueno**는 감탄사로서, '알겠어'와 비슷한 의미로 사용되었습니다.

tú sal

tú sal은 '너 나가!' 라는 표현입니다. 좀 더 강한 느낌의 표현으로 '저리 가!' 라고 말하고 싶다면 **¡Fuera!** [푸ᶠ에라], **¡Largo!** [라르고!], **¡Lárguese!** [라르게쎄!]라고 말할 수 있겠네요.

5 그럼 너는 알아?

SOFIA
¿Mi amor, sabes dónde está mi móvil?
미 아모르, 싸베쓰 / 돈데 에쓰따 / 미 모빌?
나의 사랑, (너는) 알다 / 어디에 ~있다 / 나의 휴대전화기?

CARLOS
No, cariño. Lo siento.
노 까린뇨, 을로 씨엔또.
부정 자기야, 미안해.

SOFIA
No importa.
노 / 임뽀르따.
부정 / 중요한.

¿Puedes llamarme a mi número para encontrar mi móvil?
뿌에데쓰 / 야마르메 아 미 누메로 /
빠라 엔꼰뜨라르 / 미 모빌?
(너는) ~할 수 있다 / 나의 번호로 전화하는 것 /
찾기 위해서 / 나의 휴대전화기?

CARLOS
Claro. ¿Cómo era el número tuyo?
끌라로. 꼬모 에라 / 엘 누메로 / 뚜요?
당연하지. 어떻게 ~이었다 / 번호 / 너의?

SOFIA
Mi número es... ¡Espera!
미 누메로 / 에쓰... 에쓰뻬라!
나의 번호는 / ~이다... 기다려!

¿No te sabes mi número todavía?
노 / 떼 싸베쓰 / 미 누메로 / 또다비아?
부정 / 너는 알다 / 나의 번호 / 아직도?

S : 자기야, 내 휴대전화기가 어디 있는지 알아?
C : 아니 자기야. 미안해.
S : 괜찮아.
휴대전화기를 찾을 수 있게 내 번호로 전화해 줄 수 있어?
C : 당연하지. 네 번호가 뭐더라?
S : 내 번호는…잠깐!
아직도 내 번호를 모른다고?

TIP

Mi amor
Amor는 스페인어로 '사랑'을 뜻합니다. 그러므로 Mi amor는 '내가 사랑하는 대상'을 의미합니다.

Claro
Claro는 '밝은', '색이 연한'의 뜻을 가진 형용사로도 쓰이지만, '물론이지', '당연하지'라는 뜻으로도 쓰입니다.

Azul claro
[아쑬 끌라로]
: 연한 파란색

¡Claro que sí!
[끌라로 께 씨]
: 당연하지!

¿Cómo lo sabes?
스페인어에 '알다'라는 단어는 두 가지가 있습니다. Conocer [꼬노쎄르]와 Saber [싸베르]이지요. 이 두 가지를 보통 이렇게 구분합니다. Conocer는 경험을 통해서 아는 것, Saber는 지식으로 아는 것이죠. 물론 언제나 명확하게 이 방식대로 구분되지는 않습니다.

Yo sé que España está en Europa.
[요 쎄 께 에쓰빠냐 에쓰따 엔 에우로빠]
: 나는 스페인이 유럽에 있다는 것을 알아.

Yo conozco a esa mujer.
[요 꼬노쓰꼬 아 에싸 무헤르]
: 나는 그 여자를 알아.

05 이 표현 꼭 외우자!
대명사 & 소유형용사

CARLOS
¡Si tú tampoco te sabes el mío!
씨 / 뚜 / 땀뽀꼬 / 떼 싸베쓰 / 엘 미오!
그래 / 너 / ~도 아니다 / 너는 안다 / 나의 것!

SOFIA
Entonces, ¿sabes cuándo es el cumpleaños mío?
엔똔쎄쓰 / 싸베쓰 / 꾸안도 에쓰 / 엘 꿈쁠레안뇨쓰 / 미오?
그렇다면 / (너는) 알다 / 언제 ~인지 / 생일이 / 나의?

¿Y el aniversario nuestro?
이 / 엘 아니베르싸리오 / 누에쓰뜨로?
그리고 / 기념일 / 우리의?

CARLOS
Lo sé pero ahora mismo no me acuerdo.
ㄹ로 쎄 / 뻬로 / 아오라 미쓰모 / 노 / 메 아꾸에르도.
알아 / 하지만 / 지금 당장 / (부정) / 기억나다.

SOFIA
¡Increíble!
인끄레이블레!
믿을 수 없어!

CARLOS
¿Entonces tú sabes cuál es el equipo favorito mío?
엔똔쎄쓰 / 뚜 싸베쓰 / 꾸알 에쓰 / 엘 에끼뽀 / 파f보리또 / 미오?
그렇다면 / 너는 알다 / 무엇이 ~인지 / 팀 / 가장 마음에 드는 / 나의?

C : 너도 내 번호 모르잖아.
S : 그러면 내 생일은 언제인지 알아?
그럼 우리 기념일은?
C : 알지만 지금 당장은 기억이 안 나.
S : 믿을 수가 없네.
C : 그러면 넌 내가 제일 좋아하는 팀이 누군지 알아?

TIP

Cumpleaños
Cumpleaños라는 단어는 'cumplir', 즉 '완수하다, 수행하다'의 의미를 가진 동사와 'años', 즉 '나이, 해'라는 의미를 가진 형용사가 합쳐져서 만들어진 단어입니다.

Hoy Lidia cumple 20 años.
[오이 ㄹ리디아 꿈쁠레 베인떼 안뇨쓰]
오늘 리디아는 20살이 됩니다.

Hoy es el cumpleaños de Lidia.
[오이 에쓰 엘 꿈쁠레안뇨쓰 데 ㄹ리디아]
오늘은 리디아의 생일이다.

Lo sé
'Lo'는 '그', 또는 '그것'을 뜻하는 목적격 대명사입니다. 이 맥락에서의 'Lo sé'는 '나는 그것을 알아'를 의미합니다.

SOFIA
Tu equipo favorito es el F.C Barcelona.
뚜 에끼뽀 / 파^{f}보리또 / 에쓰 / 엘 풋^{f}볼 끌룹 바르쎌로나.
너의 팀 / 가장 마음에 드는 / ~이다 / FC 바르셀로나.

CARLOS
Vale...
발레...
알겠어...

SOFIA
Tú no conoces nada de lo mío.
뚜 / 노 / 꼬노쎄쓰 / 나다 / 데 을로 미오.
너는 / 부정 / 알다 / 아무것도 / 나의 것에 대해.

CARLOS
No es eso.
노 / 에쓰 / 에쏘.
부정 / ~이다 / 그것이.

Compremos una agenda
꼼쁘레모쓰 / 우나 아헨다 /
사자 / 한 권의 수첩을 /

para apuntar todo lo nuestro.
빠라 / 아뿐따르 / 또도 / 을로 누에쓰뜨로.
~위해 / 메모하기 / 모든 / 우리의 것.

S : 네가 제일 좋아하는 팀은 바르셀로나잖아.
C : 맞아...
S : 너는 나에 대해 아무것도 몰라.
C : 그게 아니야.
그것들을 다 적어둘 만한 수첩을 하나 사자.

TIP

F.C Barcelona vs Madrid

스페인은 축구 강국으로 알려져 있습니다. 특히 유명한 두 팀이 있는데요, 바로 '마드리드'와 '바르셀로나' 축구팀입니다. 두 팀이 경기 할 때는 마치 한 일전과 같아서, 남녀노소 가릴 것 없이 다들 자신이 좋아하는 팀을 응원하려고 하기 때문에, 몇 달 전부터 좌석들이 매진되곤 합니다.

06

명사를 변신시키는 전치사 & 문장을 변신시키는 접속사

전치사 ①

전치사 ②

접속사

Let's start

한눈에 배운다!
전치사 ①

명사 앞에 붙이자

동영상 강의

전치사란 무엇일까요? 우선 우리말로 쉽게 설명해드리겠습니다. '침대'는 명사입니다. 하지만 '침대 위의'라는 표현도 있고, '침대 위로'라는 표현도 있죠? 이 아이들은 여전히 명사일까요? 그렇지 않습니다. '침대'라는 명사에 어떤 표현을 결합하니 다른 품사로 변신했습니다.

침　　대 : 명사 CAMA [까마]
침대 위의 : 형용사
침대 위로 : 부사

desde
[데쓰데]
~로부터 (from)

sobre(=Encima de)
[쏘브레(=엔씨마 데)]
~위에, ~에서 (on)
(대략, ~에 관한)

dentro
[덴뜨로]
~안에, ~후에 (in)

a
[아]
~에게, ~로 (to)

alrededor
[알레데도르]
~주위에, ~둘레에 (around)

bajo
[바호]
~아래에 (under)

fuera
[푸^{f}에라]
~의 밖에, ~을 넘어 (out of)

TIP

더 알아 보세요 **전치사 a의 사용**

이 단원에서 배우는 전치사 중 a는 스페인어에서 특히 자주 활용되는 전치사입니다. 사람 또는 동작이 향하는 방향이나 도착 지점을 나타낼 때 사용합니다

Ella llama **a Juan**.
[에야 야마 아 후안]
그녀는 후안을 부른다.

Nosotros vamos **a Madrid**.
[노쏘뜨로쓰 바모쓰 아 마드릳]
우리는 마드리드에 간다.

읽어 보세요 **전치사가 사용된 문장들**

- Yo estoy despierto / **desde** / las 06:00.
  요 에쓰또이 데쓰삐에르또 / **데쓰데** / 올라쓰 쎄이쓰.
  나는 잠에서 깨어있다 / ~부터 / 6시.
- El vestido / está / **sobre** / la cama.
  엘 베쓰띠도 / 에쓰따 / **쏘브레** / 올라 까마.
  그 드레스는 / ~있다 / ~위에 / 그 침대.
- Yo estoy / **dentro** / de la casa.
  요 에쓰또이 / **덴뜨로** / 데 올라 까싸.
  나는 ~있다 / ~안에 / 그 집의.
- Yo viajo / **a** / España.
  요 비아호 / 아 / 에쓰빤냐.
  나는 여행한다 / ~으로 / 스페인.
- Los gatos / viven / **alrededor** / de la iglesia.
  올로쓰 가또쓰 / 비벤 / **알레데도르** / 데 올라 이글레씨아.
  그 고양이들은 / 산다 / ~주위에 / 그 성당의.
- La caja / está / **bajo** / la cama.
  올라 까하 / 에쓰따 / **바호** / 올라 까마.
  그 박스는 / ~있다 / ~아래에 / 그 침대.
- Estoy / **fuera** / de casa.
  에쓰또이 / **푸^{f}에라** / 데 까싸.
  나는 ~있다 / ~밖에 / 집의.

이렇게 명사에 결합시키는 표현을 우리말에서는 보통 '조사'라고 부르고, **유럽어에서는 '전치사'**라고 부릅니다. 조사는 명사의 뒤에 두지만, 전치사는 그 이름대로 명사의 앞에 둡니다. 앞 페이지의 전치사들은 모두 침대라는 명사 앞에, 아래의 전치사들은 모두 상자라는 명사 앞에 둔 예입니다.

조사: 명사 뒤에 위치

▸우리말 : ▬ 의 너머에

전치사: 명사 앞에 위치

▸유럽어 : tras ▬
뜨라쓰

enfrente de
[엔프f렌떼 데]
~의 앞에 (in front of)

detrás de
[데뜨라쓰 데]
~의 뒤에 (behind)

entre
[엔뜨레]
~사이에 (between)

al lado
[알 울라도]
~옆에 (by)

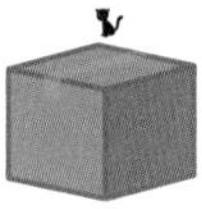

tras
[뜨라쓰]
~의 너머에 (over)

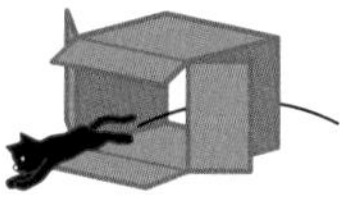

a través de
[아 뜨라베쓰 데]
~을 가로질러 (through)

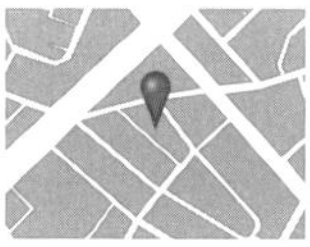

en
[엔]
~에 (at)

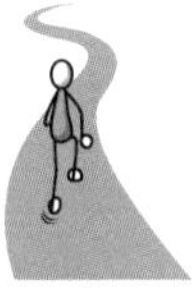

siguiendo
[씨기엔도]
~을 따라서 (along)

따라 말하기

TIP

더 알아 보세요 **전치사격 인칭 대명사**

전치사격 인칭 대명사는 우리가 1단원에서 이미 배운 스페인어 주격 인칭 대명사와 비슷합니다. 1인칭과 2인칭 대명사만 달라지니 주의해서 사용하면 됩니다.

전치사 + mí / ti / él / ella / usted / nosotros / vosotros / ellos / ellas / ustedes

읽어 보세요 **전치사가 사용된 문장들**

- Estoy / **enfrente de** / tu casa.
  에쓰또이 / **엔프f렌떼 데** / 뚜 까싸.
  나는 ~있다 / 앞에 / 너의 집.
- El restaurante / está / **detrás de** / la oficina.
  엘 레쓰따우란떼 / 에쓰따 / **데뜨라쓰 데** / 울라 오피f씨나.
  그 레스토랑은 / ~있다 / ~뒤에 / 그 사무실.
- La biblioteca / está / **entre** / los edificios.
  울라 비블리오떼까 / 에쓰따 / **엔뜨레** / 울로쓰 에디피f씨오쓰.
  그 도서관은 / ~있다 / ~사이에 / 그 건물들.
- El perro / está / **al lado** / de su dueño.
  엘 뻬ㄹ~오 / 에쓰따 / **알 울라도** / 데 쑤 두엔뇨.
  그 개는 / ~있다 / ~옆에 / 그의 주인의.
- **Tras** / la montaña / hay / un pueblo.
  뜨라쓰 / 울라 몬딴냐 / 아이 / 운 뿌에블로.
  ~의 너머에 / 그 산 / ~있다 / 하나의 마을.
- Conocí / a mi novio / **a través de** / unos amigos.
  꼬노씨 / 아 미 노비오 / **아 뜨라베쓰 데** / 우노쓰 아미고쓰.
  알게 되었다 / 나의 남자친구를 / ~을 통해 / 친구들.
- Estoy / **en** / casa.
  에쓰또이 / **엔** / 까싸.
  나는 ~있다 / ~에 / 집.
- **Siguiendo** / la calle / está / el supermercado.
  씨기엔도 / 울라 까예 / 에쓰따 / 엘 쑤뻬르메르까도.
  ~을 따라서 / 그 길을 / ~있다 / 그 슈퍼마켓.

Practice
부사 (전치사 + 명사)

따라 말하기

빈칸에 전치사와 명사를 넣어 보세요.

1 파리에

En ____ París ____

파리: París [빠리쓰]

2 침대 아래에

____ ____

3 식탁 위에

____ ____

식탁: mesa [메싸]

4 서울에서부터

____ ____

5 방 안에

____ ____

6 침대 밖에

____ ____

7 내 주변에

____ ____

8 상자 아래에

____ ____

9 상자 안에

____ ____

상자: caja [까하]

10 길을 따라서

____ ____

길: calle [까예]

11 옥상에

____ ____

옥상, 테라스 : terraza [떼ㄹ~아싸]

12 집 밖에

____ ____

13 공원 주위에

____ ____

공원 : parque [빠르께]

14 강을 따라서

____ ____

15 강 너머에

____ ____

16 식탁 앞에

____ ____

• 정답입니다! •

1 En París 2 Bajo la cama 3 Encima de la mesa 4 Desde Seúl 5 Dentro de la habitación 6 Fuera de la cama 7 A mi alrededor 8 Bajo la caja 9 Dentro de la caja 10 Siguiendo la calle 11 En la terraza 12 Fuera de la casa 13 Alrededor del parque 14 Siguiendo el río 15 Tras el río 16 Enfrente de la mesa

Practice
부사 (전치사 + 명사)

따라 말하기

빈칸에 전치사와 명사를 넣어 보세요.

1 침대 뒤에
Detrás de ______ la cama ______

2 상자 두 개 사이에
______ ______

3 내 옆에
______ ______

4 집 앞에
______ ______

5 집 뒤에
______ ______

6 하늘과 땅 사이에
______ ______
하늘 : cielo [씨엘로] 땅: tierra [띠에ㄹ~아]

7 산 너머에
______ ______
산 : montaña [몬딴냐]

8 들판을 가로질러
______ ______
들판 : campo [깜뽀]

9 벽 뒤에
______ ______
벽 : pared [빠렏]

10 그들 앞에
______ ______

11 강을 가로질러
______ ______

12 식당 뒤에
______ ______

13 상자 안에
______ ______

14 책들 사이에
______ ______

15 숲 너머에
______ ______
숲 : bosque [보쓰께]

• 정답입니다! • 1 Detrás de la cama 2 Entre las dos cajas 3 Al lado mío 4 Enfrente de la casa 5 Detrás de la casa 6 Entre el cielo y la tierra 7 Tras la montaña 8 A través del campo 9 Detrás de la pared 10 Enfrente de ellos 11 A través del río 12 Detrás del restaurante 13 Dentro de la caja 14 Entre los libros 15 Tras el bosque

Let's start

한눈에 배운다!
전치사 ②

명사 앞에 붙이자

P212–P217
한번에 배우자!
동영상 강의

그러면 '침대 위의', 혹은 '침대 위로'라는 표현의 품사는 무엇일까요? '침대'라는 단어는 명사이지만 **전치사가 붙고 나면 형용사나 부사로 변신**합니다.

▸ 침대 위의 고양이

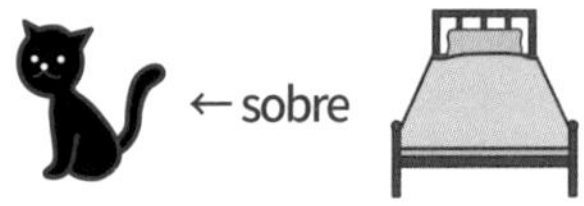

고양이(명사)를 꾸미고 있으니 형용사라 부른다

▸ 침대 위로 뛰다

뛰다(동사)를 보충 설명하고 있으니 부사라 부른다

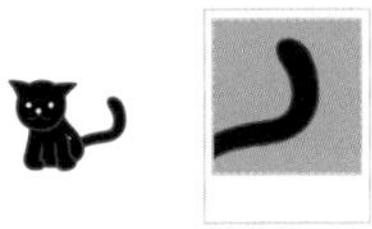

de
[데]
~의, ~로부터 (of,from)

sobre
[쏘브레]
~에 관하여 (about)
(~위에)

porque
[뽀르께]
~때문에 (because of)

sin
[씬]
~없이 (without)

entre
[엔뜨레]
~사이에서
(between, among)

para
[빠라]
~행의 (목적지), ~를 위해
(for)

como
[꼬모]
~처럼, ~로써 (like)

con
[꼰]
~와 함께, ~와 (with)

excepto
[엑쎕또]
~을 제외하고 (except)

TIP

<< 읽어 보세요 **전치사가 사용된 문장들**

- La clase / **de** español / es interesante.
  라 끌라쎄 / **데** 에쓰빤뇰 / 에쓰 / 인떼레싼떼.
  그 수업 / 스페인어의 / ~이다 / 흥미로운.

- El documental / es / **sobre** / África.
  엘 도꾸멘딸 / 에쓰 / **쏘브레** / 아프^{f}리까.
  그 다큐멘터리는 / ~이다 / ~에 대해서 / 아프리카.

- Tengo / hambre / **porque** / no he comido.
  뗑고 / 암브레 / **뽀르께** / 노 에 꼬미도.
  가지고 있다 / 배고픔을 / 왜냐하면 / 먹지 않았다.

- Café / **sin** / azúcar / por favor.
  까페^{f} / **씬** / 아쑤까르 / 뽀르 파^{f}보르.
  커피 / ~없이 / 설탕 / 부탁해요.

- Mi casa / está / **entre** / la farmacia / y / el supermercado.
  미 까싸 / 에쓰따 / **엔뜨레** / 욜라 파^{f}르마씨아 / 이 / 엘 쑤뻬르메르까도.
  나의 집은 / ~있다 / ~사이에 / 약국 / 그리고 / 그 슈퍼마켓.

- Este aceite / es / **para** / cocinar.
  에쓰떼 아쎄이떼 / 에쓰 / **빠라** / 꼬씨나르.
  이 기름은 / ~이다 / ~위해 / 요리하기를.

- Ella es / **como** / su madre.
  에야 에쓰 / **꼬모** / 쑤 마드레.
  그녀는 ~이다 / ~처럼 / 그녀의 어머니.

- Quiero / una tarta / **con** / frutas.
  끼에로 / 우나 따르따 / **꼰** / 프^{f}루따쓰.
  나는 원해 / 하나의 케이크 / ~와 / 과일.

- Él come / todo / **excepto** / carne.
  엘 꼬메 / 또도 / **엑쎕또** / 까르네.
  그는 먹는다 / 전부 / ~을 제외하고 / 고기.

따라 말하기

전치사는 **사물의 위치**에 대해 말해주는 것들이 대부분입니다. 그리고 두 번째로 많은 비중을 차지하는 것은 **시간**에 대한 것들입니다. 그 외에도 방법 혹은 기타 의미를 담은 전치사도 있습니다. 아래의 전치사들은 모두 시간 전치사들입니다. 시간 전치사 뒤에는 주로 시각이나 날짜를 알려주는 명사가 사용되지만, 그 외에 사건을 나타내는 명사나 문장이 사용되기도 합니다.

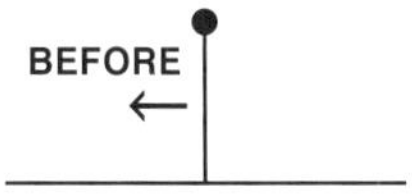

antes
[안떼쓰]
~전에 (예전에)

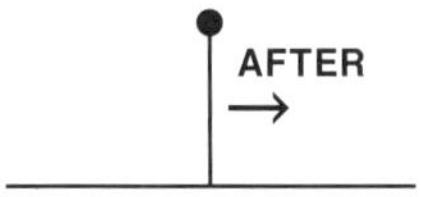

después
[데쓰뿌에쓰]
~뒤에 (그 후에)

desde que
[데쓰데 께]
~이래로

mientras
[미엔뜨라쓰] (시간x)
~하는 동안에

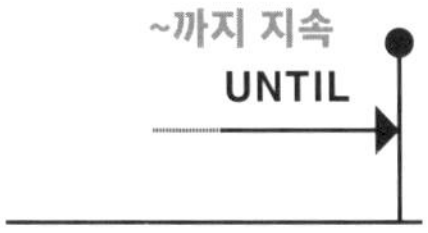

hasta [아쓰따]
~까지

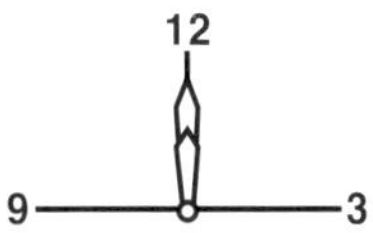

a las
[아 울라쓰]
~(시간)에 (at)

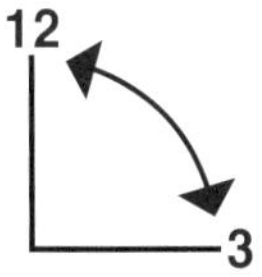

durante
[두란떼]
~동안에 (for 15 min)

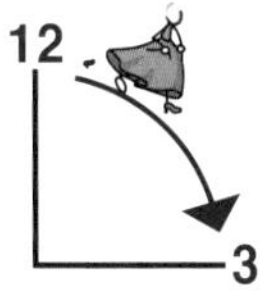

dentro de
[덴뜨로 데]
~안에 (in 15 min)

TIP

읽어 보세요 **전치사가 사용된 문장들**

- Ella reza / **antes** de dormir.
  에야 레싸 / **안떼쓰** / 데 도르미르.
  그녀는 기도한다 / ~전에 / 잠자다.
- Vamos / a caminar / **después** de comer.
  바모쓰 / 아까미나르 / **데쓰뿌에쓰** / 데 꼬메르.
  가자 / 걸으러 / ~후에 / 먹기를.
- **Desde que** / hago yoga / soy / más / activa.
  데쓰데 께 / 아고 요가 / 쏘이 / 마쓰 악띠바.
  ~이래로 / 요가를 하다 / 나는 ~이다 / 더욱 활동적인.
- Tú estudias / **mientras** / yo cocino.
  에쓰뚜디아쓰 / **미엔뜨라쓰** / 꼬씨노.
  너는 공부한다 / ~하는 동안에 / 내가 요리한다.
- Yo trabajo / **hasta** / las 18:00
  요 뜨라바호 / **아쓰따** / 울라쓰 쎄이쓰.
  나는 일한다 / ~까지 / 오후 6시.
- Tengo / reunión / **a las** / 9 de la mañana.
  뗑고 / 레우니온 / **아 울라쓰** / 누에베 데 울라 만냐나.
  가지고 있다 / 회의를 / ~에 / 아침 9시.
- Dormí / **durante** / 30 minutos.
  도르미 / **두란떼** / 뜨레인따 미누또쓰.
  나는 잤다 / ~동안에 / 30분.
- Me voy / **dentro de** / 15 minutos.
  메 보이 / **덴뜨로 데** / 낀쎄 미누또쓰.
  나는 간다 / ~안에 / 15분.

Practice
부사 (전치사 + 명사)

따라 말하기

빈칸에 전치사와 명사를 넣어 보세요.

1 스페인에 대해서

Sobre ______ España ______

2 내 여성 친구를 위해서

______ ______

3 나의 아버지처럼

______ ______

4 내 고양이의

______ ______

5 내 남성 친구와(함께)

______ ______

6 내 가족 없이

______ ______

7 과일을 제외하고

______ ______

8 소금 없이

______ ______

소금 : sal [쌀]

9 그를 위해서

______ ______

10 너처럼

______ ______

11 한국의

______ ______

12 볼펜으로

______ ______

13 돈 없이

______ ______

14 영어를 제외하고

______ ______

15 설탕을 넣은

______ ______

설탕 : azúcar (아쑤까르)

16 내 여자친구를 위해서

______ ______

• 정답입니다! •
1 Sobre España 2 Para mi amiga 3 Como mi padre 4 De mi gato 5 Con mi amigo
6 Sin mi familia 7 Excepto fruta 8 Sin sal 9 Para él 10 Como tú 11 De Corea 12 Con el bolígrafo
13 Sin dinero 14 Excepto el inglés 15 Con azúcar 16 Para mi novia

Practice
부사 (전치사 + 명사)

따라 말하기

빈칸에 전치사와 명사를 넣어 보세요.

1 10시 이전에

Antes ______ de las 10 ______

2 여행하는 동안에

______ ______

3 1997년 이후로

______ ______

4 자정까지

______ ______

자정 : medianoche [메디아노체]

5 오후 1시에

______ ______

6 10분 뒤에

______ ______

7 2시간 동안

______ ______

8 수업 뒤에

______ ______

9 점심을 먹기 전에

______ ______

10 일하는 동안에

______ ______

11 밥 먹은 뒤에

______ ______

12 내일까지

______ ______

13 오전 10시에

______ ______

14 이틀 뒤에

______ ______

15 일주일 동안

______ ______

일주일 : una semana [우나 쎄마나]

16 오후에

______ ______

• 정답입니다! •
1 Antes de las 10 2 Mientras viajo 3 Después de 1997 4 Hasta la medianoche
5 A la una de la tarde 6 Después de 10 minutos 7 Durante dos horas 8 Después de clases
9 Antes de almorzar 10 Durante el trabajo 11 Después de comer 12 Hasta mañana
13 A las 10 de la mañana 14 Después de dos días 15 Durante una semana
16 a la tarde (por la tarde, en la tarde)

Practice
전치사를 활용한 문장

따라 말하기

다음의 문장을 전치사를 활용하여 스페인어로 써 보세요.

1 나는 회사 뒤편에서 기다리고 있어. Yo estoy esperando detrás de la oficina.

2 나는 부모님과 함께 살아.

3 그는 집 안에 있어.

4 그녀는 집 앞에 있어.

5 화장실은 네 뒤에 있어.

baño : 화장실 [반뇨]

6 집 옆에 경찰서가 있어.

comisaría : 경찰서 [꼬미싸리아]

7 상자 안에 컵들이 있어.

8 공원 주변에는 고양이들이 살아.

9 내 자매들은 스페인에 살아.

10 2년 전부터 여기서 일해.

11 밖은 추워.

---

12 열쇠들은 밖에 있어.

llave : 열쇠 [야베]

---

13 책들은 책상 위에 있어.

---

14 나는 건물 사이에 있어.

edificio : 건물 [에디피f씨오]

---

15 선물은 그녀를 위한 거야.

---

16 이 꽃은 널 위한거야.

---

17 나는 교실에 있어.

---

18 길을 따라가 보면 신호등이 있어요.

semáforo : 신호등 [쎄마포f로]

• 정답입니다! •

1 Yo estoy esperando detrás de la oficina. 2 Yo vivo con mis padres.
3 Él está dentro de la casa. 4 Ella está enfrente de la casa. 5 El baño está detrás tuyo.
6 La comisaría está al lado de la casa. 7 Las copas están dentro de la caja.
8 Alrededor del parque viven gatos. 9 Mis hermanas viven en España.
10 Trabajo aquí desde hace dos años. 11 Fuera hace frío. 12 Las llaves están fuera.
13 Los libros están encima de la mesa. 14 Estoy entre dos edificios. 15 El regalo es para ella.
16 Esta flor es para ti. 17 Estoy en la clase. 18 Siguiendo la calle hay un semáforo.

Let's start

한눈에 배운다!

접속사

무조건 암기하자

따라 말하기

이전 챕터에서 우리는 전치사에 대해 배웠습니다. 전치사는 항상 명사 앞에 붙여준다는 것, 기억하시죠? 이번에는 문장 앞에 붙여주는 몇 가지 표현을 배워 보겠습니다. 이 경우에도 마찬가지로, 그렇게 함으로써 문장의 쓰임새가 살짝 변하기도 합니다. 마치 명사에 전치사를 붙였을 때처럼 말이죠.

and **y** → 그리고 **나는 네가 싫어.**

or **o** → 아니면 **너는 내가 싫어?**

but **pero** → 그러나 **나는 네가 싫어.**

because **porque** → 왜냐하면, **나는 네가 싫어.**

if **si** → 만약 **내가 너를 싫어한다면**

so **por eso** → 그래서 **나는 네가 싫어.**

y와 o는 두 개의 명사를 서로 이어주기도 합니다.

español y francés — 스페인어 **그리고** 프랑스어
에쓰빤뇰 이 프f란쎄쓰

español o francés — 스페인어 **또는** 프랑스어
에쓰빤뇰 오 프f란쎄쓰

TIP

<< 읽어 보세요 **접속사의 발음 변화**

'o-'나 'ho-'로 시작하는 단어 앞에서는 접속사 o를 u로 바꾸어 써 줍니다. 같은 발음의 반복으로 인한 혼돈을 피하기 위해서입니다.

mujer *u* hombre.
[무헤르 우 옴브레]
여자 혹은 남자

접속사 y도 마찬가지입니다. '-i'나 '-hi'로 시작하는 단어 앞에서는 e로 바꾸어 씁니다.

padre *e* hijo
[빠드레 에 이호]
아버지와 아들

aguja *e* hilo
[아구하 에 일로]
바늘과 실

단, '-hie'로 시작하는 단어 앞에서는 바꿔 쓰지 않습니다.

<< 읽어 보세요 **절이란 무엇인가요?**

절을 이해하기 위해서는 우선 문장을 이해해야 합니다. 문장이란 주어와 동사로 이루어진 단위입니다. 문장 뒤에는 마침표나 물음표 등이 찍혀서 구분을 쉽게 하죠. 그런데 간혹 문장이 다른 더 큰 문장 속에 포함되는 경우가 있습니다. 예를 들어 보겠습니다.

나는 너를 사랑해.
문장

나는 너를 사랑하지만, 우리 헤어져.
절

Practice
접속사

따라 말하기

접속사가 들어간 다음 문장들을 스페인어로 옮겨 적어 보세요.

1 사탕 7개나 8개 줘. Dame siete u ocho caramelos.

2 아버지와 아들은 콘서트에 갔다.
concierto : 콘서트 [꼰씨에르또]

3 걷기만 하고 뛰지는 않는다.
caminar : 걷다 [까미나르] correr : 뛰다 [꼬ㄹ~에르]

4 생선은 먹지만 고기는 안 먹어요.

5 네가 원하면 갈게.

6 가고 싶지만 못 가.

7 내가 좋니, 싫니?

8 나는 여행을 갈 것이기 때문에 행복합니다.

9 스페인어 그리고 한국어를 할 줄 알아요.

10 그녀가 내게 소리를 질렀기 때문에 화가 났다.
gritar : 소리치다 [그리따르]

• 정답입니다! •
1 Dame siete u ocho caramelos. 2 Padre e hijo fueron al concierto. 3 Camino pero no corro. 4 Como pescado pero no carne. 5 Si quieres me voy. 6 Quiero ir pero no puedo. 7 ¿Te gusto o no te gusto? 8 Estoy feliz porque me voy de viaje. 9 Hablo español y coreano. 10 Ella me gritó y por eso estoy enfadada.

1 오늘 날씨 좋네.

LIDIA

Hace buen tiempo hoy.
아쎄 / 부엔 띠엠뽀 / 오이.
~하다 / 좋은 날씨 / 오늘.

CAROLINA

Es verdad, hace buen tiempo.
에쓰 / 베르닫, 아쎄 / 부엔 띠엠뽀.
~이다 / 사실, ~하다 / 좋은 날씨.

Pero yo prefiero cuando llueve.
뻬로 / 요 쁘레피^{f}에로 / 꾸안도 / 유에베.
하지만 / 나는 선호하다 / ~때 / 비가 오다.

LIDIA

¿Ah sí? ¿Por qué?
아 씨? 뽀르 께?
아 그래? 왜?

CAROLINA

Porque me encanta el sonido de la lluvia en el tejado.
뽀르께 / 메 엔깐따 / 엘 쏘니도 /
데 을라 유비아 / 엔 엘 떼하도.
왜냐하면 / 나는 정말 좋아하다 / 소리를 /
비의 / 지붕에서.

Pero no me gusta estar bajo la lluvia.
뻬로 / 노 / 메 구쓰따 / 에쓰따르 / 바호 / 을라 유비아.
하지만 / (부정) / 나는 좋아하다 / ~있다 / ~아래 / 비.

L : 오늘 날씨 좋다.
C : 그러네, 오늘 날씨 좋네.
하지만 나는 비 올 때가 더 좋아.
L : 그래? 왜?
C : 왜냐하면, 나는 지붕 위에 비가 떨어지는 소리를 좋아하거든.
하지만 비를 맞는 것은 좋아하지 않아.

TIP

Hace buen tiempo.

Tiempo는 **'시간'**, 혹은 **'날씨'**를 의미하는데, 여기에서는 **'좋은 날씨'**로 해석하면 됩니다. 날씨를 이야기할 때는 아래와 같이 '(자연이) 무엇을 하다' 라는 식으로 표현한다는 것을 기억해주세요.

Hace calor = 덥다
[아쎄 / 깔로르]
[하다 / 뜨거움]

Hace frío = 춥다
[아쎄 / 프^{f}리오]
[하다 / 차가움]

Hace buen tiempo = 날씨가 좋다
[아쎄 / 부엔 / 띠엠뽀]
[하다 / 좋은 / 시간]

Hace buen día = 날씨가 좋다
[아쎄 / 부엔 / 디아]
[하다 / 좋은 / 날]

llueve

It's raining
Está lloviendo [에쓰따 요비엔도]

It's snowing
Está nevando [에쓰따 네반도]

Cuando

'Cuando'는 **'~할 때'**, **'~하면'**과 같은 의미를 가진 접속사입니다. 하지만 **'cuándo'**에 **'acento'** 즉, 강세가 붙으면 뜻이 다른 부사로 변하게 됩니다. **'Cuando'**와 **'cuándo'**는 영어의 **'when'**과 같은 의미를 가지고 있습니다.

Cuando yo era pequeña.
[꾸안도 요 에라 뻬께냐]
내가 어렸을 때.

¿Cuándo vienes?
[꾸안도 비에네쓰]
언제 오니?

LIDIA
Yo prefiero la nieve a la lluvia.
요 쁘레피^{f}에로 / 을라 니에베 / 아 / 을라 유비아.
나는 선호하다 / 눈 / ~보다 / 비.

CAROLINA
¿Por qué?
뽀르 께?
왜?

LIDIA
La nieve no moja y es bonita.
을라 니에베 / 노 / 모하 / 이 / 에쓰 / 보니따.
눈은 / 부정 / 젖다 / 그리고 / ~이다 / 예뻐.

L : 나는 눈이 비보다 더 좋아.
C : 왜?
L : 눈은 젖게 하지 않고 예쁘잖아.

TIP

Preferir A a B

'A를 B보다 더 좋아한다, 선호한다'는 뜻입니다.

Yo prefiero el campo a la ciudad.
[요 쁘레피^{f}에로 엘 깜뽀 아 을라 씨우닫]
: 나는 시골을 도시보다 더 좋아한다.

Es bonita

La nieve가 **여성 명사**이기 때문에 **형용사 bonita 도 여성형**입니다.

꼭 기억하세요! 스페인어에서는 **명사의 성과 수**에 따라서 **형용사도 그에 맞게 바뀐다**는 것을요!

2 여기에 살지 않으시나 봐요?

PABLO
Discúlpeme.
디쓰꿀뻬메.
실례합니다.

RAQUEL
¿Sí?
씨?
네?

PABLO
¿Sabe dónde está
싸베 / 돈데 에쓰따
알다 / 어디에 있다

la oficina de correos?
을라 오피^{f}씨나 데 꼬ㄹ~에오쓰?
우체국이?

P : 실례합니다.
R : 무슨 일이세요?
P : 우체국이 어딘지 아시나요?

Discúlpeme

Discúlpeme는 **'실례합니다'**를 뜻하기도 하지만 **'저를 용서하세요'**라는 뜻도 있습니다.

Oficina de correos

Oficina de correos를 직역하면 **'우편의 사무실'**을 뜻합니다.

RAQUEL

Por supuesto.

뽀르 쑤뿌에쓰또.
당연하다.

La oficina de correos está al lado del ayuntamiento.

을라 오피[f]씨나 데 꼬ㄹ~에오쓰 / 에쓰따 /
알 을라도 / 델 아윤따미엔또.
우체국은 / ~있다 /
~옆에 / 시청.

PABLO

¿El ayuntamiento?

엘 아윤따미엔또?
시청?

RAQUEL

Sí, el ayuntamiento.

씨, 엘 아윤따미엔또.
네, 시청.

PABLO

¿Dónde está el ayuntamiento?

돈데 에쓰따 / 엘 아윤따미엔또?
어디에 ~있다 / 시청?

RAQUEL

El ayuntamiento se encuentra delante del centro comercial.

엘 아윤따미엔또 / 쎄 엔꾸엔뜨라 /
델란떼 / 델 쎈뜨로 꼬메르씨알
시청은 / 찾을 수 있다 /
~앞에서 / 쇼핑센터.

PABLO

¿Y dónde está el centro comercial?

이 / 돈데 에쓰따 / 엘 쎈뜨로 꼬메르씨알?
그러면 / 어디에 ~있다 / 쇼핑센터?

R : 그럼요.
우체국은 시청 옆에 있습니다.
P : 시청요?
R : 네, 시청이요.
P : 시청은 어디에 있나요?
R : 시청은 쇼핑센터 앞에 있습니다.
P : 쇼핑센터는 어디에 있나요?

TIP

Ayuntamiento

시청은 **ayuntamiento**도 있지만 **palacio municipal [빨라씨오 무니씨빨]**이라는 단어도 있습니다. 직역하면 **'도시의 궁전'**이라는 뜻입니다. 남미에서는 **Ayuntamiento** 외에도 **Alcaldía**라는 동의어도 사용합니다.

Dónde

Dónde는 **'어디, 어디에', '어느 곳, 어느 장소'**의 뜻을 가진 형용사입니다. 하지만 **'Dónde'에서 강세 부호를 빼게 될 경우 '그곳에서, 거기서', '~하는'의 의미를 가진 부사로 바뀌게 됩니다.**

¿Dónde estás?
[돈데 에쓰따쓰]
어디에 있니?

Estoy donde siempre.
[에쓰또이 돈데 씨엠쁘레]
항상 있는 그 자리에 있어.

RAQUEL
¿Usted no vive aquí?
우쓰뗃 / 노 / 비베 / 아끼?
당신은 / [부정] / 거주하다 / 여기에서?

PABLO
No, soy un viajero.
노, 쏘이 / 운 비아헤로.
아니요, 나는 ~이다 / 한 명의 여행자.

RAQUEL
De acuerdo.
데 아꾸에르도.
알겠습니다.

El centro comercial está a 500 metros de aquí.
엘 센뜨로 꼬메르씨알 / 에쓰따 /
아 끼니엔또쓰 메뜨로쓰 / 데 아끼.
쇼핑센터는 / ~ 있다 /
500미터 / 여기에서.

PABLO
¿En qué dirección está?
엔 께 디렉씨온 / 에쓰따?
어느 방향 / ~있다?

RAQUEL
Vaya todo recto.
바야 / 또도 / 렉또.
가라 / 전부 / 곧게.

Cuando vea un hotel grande, gire a la izquierda.
꾸안도 / 베아 / 운 오뗄 / 그란데, 히레 / 아 을라 / 이쓰끼에르다.
~때 / 보다 / 하나의 호텔 / 큰, 회전해라 / ~으로 / 왼쪽.

Avance un poco y allí está.
아반쎄 / 운 뽀꼬 / 이 / 아이 에쓰따.
앞으로 가라 / 조금 / 그리고 / 거기에 있다.

R : 여기에 살지 않으시나 봐요?
P : 네, 저는 여행자입니다.
R : 그렇군요.
쇼핑센터는 500m 떨어진 곳에 있습니다.
P : 어느 방향인가요?
R : 쭉 가세요.
큰 호텔이 보이시면, 왼쪽으로 도세요.
그리고 앞으로 조금만 가시면 됩니다.

TIP

De acuerdo
영어의 **'I see'** 같은 의미의 **Ya veo**[야 베오]라는 표현도 자주 사용합니다.

Centro comercial
Centro는 **'중심'**을, **Comercial**은 **'상업의'**를 뜻합니다. 스페인에서는 이 두 단어를 합쳐서 **'쇼핑센터'**라는 뜻으로 사용합니다.

Todo recto
'직진하세요'라는 의미입니다.
Gire a la izquierda는 **'왼쪽으로 도세요'** 혹은 '좌회전하세요', **Gire a la derecha**는 **'오른쪽으로 도세요'** 혹은 '우회전하세요'라는 의미입니다. **Pare aquí [빠레 아끼]**는 **'여기서 세워주세요'**라는 의미입니다.

PABLO
Muchas gracias.
무차쓰 그라씨아쓰.
매우 감사합니다.

RAQUEL
Buen viaje.
부엔 비아헤.
좋은 여행.

P : 감사합니다.
R : 즐거운 여행 하세요.

TIP

Buen viaje

스페인에서는 여행을 가기 전에 항상 주변으로부터 **Buen viaje [부엔 비아헤]**라는 말을 듣곤 합니다. **좋은 여행**을 기원하는 응원의 메시지와 같지요.

3 못 찾겠어.

LUCAS
Montse, ¿dónde están tus lápices de colores?
몬쎄, 돈데 에쓰딴 / 뚜쓰 을라삐쎄쓰 / 데 꼴로레쓰?
몬쎄(여성이름), 어디 ~있다 / 너의 연필들 / 색깔들의?

MONTSE
Están en mi habitación,
에쓰딴 / 엔 / 미 아비따씨온,
~있다 / ~안에 / 나의 방,

encima de mi mesa.
엔씨마 / 데 미 메싸.
~위에 / 나의 책상.

LUCAS
No encuentro tus lápices de colores.
노 / 엔꾸엔뜨로 / 뚜쓰 을라삐쎄쓰 / 데 꼴로레쓰.
(부정) / 찾다 / 너의 연필들 / 색깔들의.

L : 몬쎄, 네 색연필 어디 있어?
M : 내 방에 있어,
책상 위에.
L : 못 찾겠어.

Están al lado de mi ordenador de mesa,
에쓰딴 / 알 ᄋᆯ라도 / 데 미 오르데나도르 데 메싸,
~있다 / ~옆에 / 나의 데스크톱 컴퓨터,

delante de la lámpara.
델란떼 데 / ᄋᆯ라 ᄋᆯ람빠라.
~앞에 / 전구.

Ah sí, están aquí.
아 씨, 에쓰딴 / 아끼.
아 그래, ~있다 / 여기에.

¿Y tus rotuladores, dónde están?
이 / 뚜쓰 로뚤라도레쓰, 돈데 에쓰딴?
그리고 / 너의 사인펜들, 어디 ~있다?

Hay una cómoda entre mi cama
아이 / 우나 꼬모다 / 엔뜨레 / 미 까마 /
~있다 / 한 개의 서랍장 / ~사이에 / 나의 침대 /

y mi estante de libros.
이 / 미 에쓰딴떼 / 데 ᄋᆯ리브로쓰.
그리고 / 나의 선반 / 책의.

Están en el cajón de abajo.
에쓰딴 / 엔 / 엘 까혼 / 데 아바호.
~있다 / ~안에 / 서랍 / 아래의.

¡Gracias!
그라씨아쓰!
고마워!

M : 내 데스크톱 컴퓨터 옆에 있어, 스탠드 앞에.
L : 아, 여기 있구나.
네 사인펜들은 어디에 있어?
M : 내 침대랑 책장 사이에 서랍장이 하나 있어.
아래 서랍에 있어.
L : 고마워!

TIP

Ordenador de mesa

데스크톱을 알았다면 **노트북**도 알아야겠죠? **Ordenador portátil [오르데나도르 뽀르따띨], 휴대용 컴퓨터**입니다.

Cómoda

Cómoda는 서랍이나 옷장을 뜻하지만 **'편리한', '사용하기 간편한'**이라는 의미로도 쓰입니다.

Cajón

Cajón [까혼] : 서랍
Armario [아르마리오] : 옷장, 책장, 선반
Mesita de noche [메씨다 데 노체] : 베드 테이블

Mesita de noche를 직역하면 '작은 테이블 / ~의 / 저녁' 이라는 뜻입니다. 여기서 **Mesita**는 **Mesa**[메사]'테이블' 에 어미에 **'~ita'**를 붙여 작은 테이블 이라는 단어가 된 것 입니다. 이렇게 스페인어에는 어미에 **'~ita / ~ito', '~itico/ ~itica'** 를 붙여 사물이나 사람을 작거나 귀여운 어떤 것으로 만들 수 있습니다. 이를 **축소사** 라고 부릅니다.

Caja [까하] : 상자
Cajita [까히따] : 작은 상자

hermano [에르마노] : 남자형제
hermanito [에르마니또] : 남동생

4 캐러멜 마키아토를 마셔야겠다.

¿Vamos a la cafetería para beber algo?
바모쓰 / 아 을라 까페^{f}떼리아 / 빠라 / 베베르 / 알고?
가자 / 커피숍으로 / ~위해 / 마시다 / 어떤 것?

Tengo mucha sed porque
뗑고 / 무차 쎋 / 뽀르께 /
(나는) 가지고 있다 / 많은 갈증 / 왜냐하면 /

mi desayuno fue demasiado salado.
미 데싸유노 / 푸^{f}에 / 데마씨아도 쌀라도.
나의 아침 식사는 / ~이었다 / 지나치게 짠.

¿Por qué no?
뽀르 께 노?
왜 안돼?

Yo voy a pedir un café con caramelo sin nata.
요 보이 / 아 뻬디르 / 운 까페^{f} /
꼰 / 까라멜로 / 씬 / 나따.
나는 할 것이다 / 주문을 / 한 잔의 커피 /
함께 / 캐러멜 / ~빼고 / 생크림.

Pides como mi hermano.
삐데쓰 / 꼬모 / 미 에르마노.
(너는) 주문하다 / ~처럼 / 나의 남자 형제.

A mi hermano no le gusta la nata.
아 미 에르마노 / 노 / 을레 구쓰따 / 을라 나따.
나의 남자 형제에 의해 / 부정 / 좋아하다 / 생크림을:

N : 카페에 가서 뭐 하나 마실까?
아침 식사가 너무 짜서 목이 엄청 마르네.
A : 그러지 뭐.
N : 나는 생크림을 뺀 캐러멜 마키아토를 마셔야겠다.
A : 내 남동생처럼 주문하네.
내 남동생이 생크림을 좋아하지 않거든.

TIP

아침, 점심, 저녁

Desayuno [데싸유노] : 아침
Almuerzo [알무에르쏘] : 점심
Cena [쎄나] : 저녁
Merienda [메리엔다] : 간식
Onces [온쎄쓰] : 간식

¿Por qué no?

영어의 **Why not?**과 같은 뜻으로 '안될 것 없잖아?'라는 의미입니다.

Café con caramelo

Café con caramelo는 **'캐러멜 커피'**를 뜻합니다. 하지만 스페인에서 **Caramelo**는 사탕과 캐러멜 소스, 각각 두 가지를 의미합니다.

Caramelo de café
[까라멜로 데 까페^{f}] : 커피맛 사탕
Café con caramelo
[까페^{f} 꼰 까라멜로] : 캐러멜 커피
Crema de leche
[끄레마 데 레체] : 생크림
Crema batida
[끄레마 바띠다] : 휘핑크림

ALEJANDRA

A mí me encanta.
아 미 / 메 엔깐따.
나는 / 정말 좋아하다.

Yo voy a pedir un café con leche con mucha nata.
요 보이 / 아 뻬디르 /
운 까페[f] / 꼰 / 울레체 / 꼰 / 무차 나따.
나는 할 것이다 / 주문을 /
한 잔의 커피 / 함께 / 우유 / 함께 / 많은 생크림.

A : 나는 엄청 좋아해.
나는 생크림을 많이 얹은 카페라테 하나 마셔야겠다.

TIP

Café con leche

이탈리아에 Café latte가 있다면, 스페인에는 café con leche가 있습니다. **Café con leche는 '우유를 넣은 커피'**를 뜻합니다. 우리가 한국에서 흔히 시켜 먹는 **카페라테**와 별다를 것 없지만, 스페인에서는 스페인어로 주문해야겠죠!

5 페인트 볼이 뭐야?

VICTOR

¿María, te gusta el paintball?
마리아, 떼 구쓰따 / 엘 뻬인뜨볼?
메리(여성이름), 너는 좋아하다 / 페인트 볼?

MARIA

¿Qué es el paintball?
께 에쓰 / 엘 뻬인뜨볼?
무엇 ~이다 / 페인트 볼?

VICTOR

El paintball es un juego de tiro real.
엘 뻬인뜨볼 / 에쓰 / 운 후에고 / 데 띠로 / 레알.
페인트 볼 / ~이다 / 놀이 / 사격의 / 실제.

MARIA

¿Tú quieres matarme?
뚜 끼에레쓰 / 마따르메?
너는 원하다 / 나를 죽이는 것을?

V : 메리, 너 페인트 볼 좋아해?
M : 페인트 볼이 뭐야?
V : 실제로 하는 총싸움이야.
M : 날 죽이고 싶어?

Paintball

스페인에서 외래어를 쓸 때, 페인트 볼과 같이 적절하게 번역하기 어려운 외래어는 종종 있는 그대로 활용하기도 합니다.

VICTOR

Jaja. Que no. No es eso.

하하. 께 노. 노 / 에쓰 / 에쏘.
하하. 접속사 부정. 부정 / ~이다 / 그것.

El marcador de paintball contiene bolas de colorantes.

엘 마르까도르 / 데 뻬인뜨볼 /
꼰띠에네 / 볼라쓰 / 데 꼴로란떼쓰.
마킹 기계 (총) / 페인트볼의 /
포함하다 / 구슬들 / 염료의.

MARIA

¿Ah sí? ¿Cómo se juega?

아 씨? 꼬모 / 쎄 후에가?
아 그래? 어떻게 / 놀다?

VICTOR

Es simple.

에쓰 / 씸쁠레.
~이다 / 간단한.

Tengo que disparar a los oponentes antes de ser disparado.

뗑고 께 / 디쓰빠라르 /
아 ㄹ로쓰 오뽀넨떼쓰 / 안떼쓰 데 / 쎄르 / 디쓰빠라도.
(나는) ~해야 한다 / 쏘는 것을 /
상대방에게 / ~전에 / 되다 / 총을 맞은.

MARIA

Cierto, es simple.

씨에르또, 에쓰 / 씸쁠레.
확실해, ~이다 / 간단한.

VICTOR

Pero también puedes esconderte detrás de las paredes,

뻬로 / 땀비엔 / 뿌에데쓰 / 에쓰꼰데르떼 /
데뜨라쓰 / 데 / ㄹ라쓰 빠레데쓰,
하지만 / 또한 / ~할 수 있다 / 숨기를 / ~뒤에 / 벽들,

V : 하하. 그런 게 아니야.
페인트 볼 총에는 물감이 들어있는 구슬이 들어있어.
M : 그래? 어떻게 하는 거야?
V : 간단해. 내가 구슬에 맞기 전에 상대방을 구슬로 맞추면 돼.
M : 정말 간단하네.
V : 하지만 벽 뒤에 숨기도 하고,

TIP

Que no

우리말로 직역하자면 **'아니야'**입니다. **'그런 거 아니야'**라는 의미로, 구어체에서 흔히 사용하는 표현입니다.

¿Ah sí?

'그래?'라는 의미의 감탄사입니다. 우리말로 직역하면 '정말이야?'라는 뜻인, **'¿En serio?'**와 **'¿De verdad?'**도 **'그래?'** 또는 **'정말로?'**라는 의미로 사용하는 감탄사입니다.

Esconderse

'숨다'라는 재귀 동사입니다. 아이들이 뛰어놀면서 많이 하는 **'숨바꼭질'** 놀이 아시죠? 이 놀이가 스페인어로 **'escondite'**입니다.

VICTOR saltar sobre los obstáculos y pasar a través de los túneles.

쌀따르 / 쏘브레 / 을로쓰 옵쓰따꿀로쓰 / 이 / 빠싸르 /
아 뜨라베쓰 / 데 을로쓰 뚜넬레쓰.
뛰기 / ~위로 / 장애물들 / 그리고 / 지나가기 /
~을 통해서 / 터널들을.

MARIA Es interesante,

에쓰 / 인떼레싼떼,
~이다 / 흥미로운,

yo también quiero jugar al paintball.

요 / 땀비엔 / 끼에로 / 후가르 / 알 뻬인뜨볼.
나 / 역시 / 원해 / 놀다 / 페인트 볼을.

VICTOR Vamos juntos este fin de semana para probarlo.

바모쓰 / 훈또쓰 / 에쓰떼 핀f 데 쎄마나 / 빠라 / 쁘로바를로.
가자 / 함께 / 이번 주말에 / ~위해서 / 시도하다.

V : 장애물을 뛰어넘거나 터널을 통과하기도 해.
M : 재미있겠다, 나도 페인트 볼을 해보고 싶다.
V : 이번 주말에 같이 하러 가자.

TIP

jugar al paintball

Jugar al tenis	테니스
Jugar al fútbol	축구
Jugar al vóleibol	배구
Jugar al golf	골프
Jugar al baloncesto	농구
Jugar al béisbol	야구
Jugar a videojuegos	오락게임
Jugar a los bolos	볼링
Jugar a las cartas	카드게임
Jugar al bádminton	배드민턴
Jugar al tenis de mesa	탁구

6 두 자리 잡아둘 수 있어?

LETICIA ¿Hola, Víctor?

올라, 빅또르?
안녕, 빅터(남성이름)?

VICTOR Sí, Leticia. ¿qué pasa?

씨, 을레띠시아. 께 빠싸?
응, 레티시아(여성이름) 무슨 일이야?

L : 여보세요? 빅터?
V : 응, 레티시아. 무슨 일이야?

06 이 표현 꼭 외우자! 전치사 & 접속사

LETICIA
¿A qué hora empieza el festival?
아 께 오라 / 엠삐에싸 / 엘 페^{f}쓰띠발?
어떤 시간 / 시작하다 / 축제가?

VICTOR
El festival empieza a las 14:00.
엘 페^{f}쓰띠발 / 엠삐에싸 / 아 을라쓰 도쓰.
축제는 / 시작하다 / 두 시에.

Pero tienes que estar allí a la 1:00.
뻬로 / 띠에네쓰 께 / 에쓰따르 / 아이 / 아 을라 우나.
하지만 / (너는) ~해야 한다 / ~있다 / 그곳 / 오후 한 시에.

LETICIA
¿Por qué?
뽀르 께?
왜?

VICTOR
Porque a las 14:00 todos los buenos sitios están cogidos.
뽀르께 / 아 을라쓰 도쓰 / 또도쓰 /
을로쓰 부에노쓰 씨띠오쓰 / 에쓰딴 / 꼬히도쓰.
왜냐하면 / 두 시에 / 모든 / 좋은 자리들은 / ~있다 / 잡힌.

LETICIA
¡Recórcholis!
레꼬르촐리쓰!
이런!

¿Puedes guardar dos sitios para mí?
뿌에데쓰 / 구아르다르 / 도쓰 씨띠오쓰 / 빠라 / 미?
(너는) 할 수 있다 / 보관하기 / 두 개의 자리 / ~위해 / 나를?

VICTOR
¿Qué es lo que pasa?
께 에쓰 / 을로 께 빠싸?
무슨 ~이다 / 일이 일어나다?

L : 축제가 몇 시에 시작해?
V : 축제는 2시에 시작해.
하지만 1시 이전에 가 있어야 해.
L : 왜?
V : 왜냐하면, 2시에는 모든 좋은 자리가 잡혀 있거든.
L : 저런!
나를 위해서 두 자리 잡아둘 수 있어?
V : 무슨 일이야?

TIP

¿Por qué? / Porque
생김새와 발음이 비슷하지만, 의미가 다른 이 두 단어를 헷갈려서는 안 됩니다.
'¿Por qué?'는 **'왜?'**와 같은 뜻을 가지고 있는 의문문이지만 **'porque'**는 **'왜냐하면', '~때문에'**의 의미를 가진 단어입니다.

14:00
시간을 말할 때 영어의 경우 **am / pm** 두 가지로 나뉘지만, 스페인어는 **de la mañana**(자정~아침11시) / **de la tarde**(정오~오후 6시) / **de la noche**(오후6시~자정) 세 가지로 나뉩니다.
de la mañana 와 **de la tarde**의 기준은 오후 12시로 정확합니다. 하지만 **de la tarde**와 **de la noche**의 기준은 정확하지 않고, 때로는 오후 6시가 되기도, 오후 7시가 되기도 합니다. 이렇게 기준이 모호한 이유는 해지는 시간을 기준으로 하기 때문입니다.

las 2 de la mañana
[라쓰 도쓰 데 을라 마냐나] 새벽 2시
las 2 de la tarde
[라쓰 도쓰 데 을라 따르데] 낮 2시
las 9 de la noche
[라쓰 디에쓰 데 을라 노체] 밤 10시

시간 앞에 붙이는 관사에는 1시는 정관사 **la**[여성 단수]를 사용하고 나머지 시간은 정관사 **las**[여성 복수]를 사용하면 됩니다.

Son las 6:00 de la mañana
[쏜 라쓰 쎄이쓰 데 라 마냐나] : 오전 6시입니다.

¡Recórcholis!
Recórcholis는 스페인에서 자주 쓰이는 감탄사입니다. 한국어로 번역하면 **'이런!'**과 같은 의미입니다. 남미에서는 이와 같은 뜻으로 **¡Caramba!**[까람바!] 혹은 **¡Caray!**[까라이!]라는 표현을 사용합니다.

LETICIA
Voy a llegar un poco tarde.
보이 / 아 예가르 / 운 뽀꼬 / 따르데.
할 것이다 / 도착을 / 한 번 조금 / 늦게.

VICTOR
¿Por qué?
뽀르 께?
왜?

LETICIA
Por culpa de mi coche.
뽀르 / 꿀빠 / 데 미 꼬체.
~로 / 잘못 / 나의 자동차의.

Está roto.
에쓰따 / 로또.
~이다 / 부서진.

VICTOR
¿Entonces vienes en metro?
엔똔쎄쓰 / 비에네쓰 / 엔 / 메뜨로?
그러면 / (너는) 오다 / ~안으로 / 지하철?

LETICIA
No, el mecánico viene antes de la 1:00.
노, 엘 메까니꼬 비에네 / 안떼쓰 / 데 올라 우나.
아니, 수리공이 오다 / ~전에 / 오후 1시.

VICTOR
De acuerdo. Guardaré dos sitios para ti.
데 아꾸에르도. 구아르다레 / 도쓰 씨띠오쓰 / 빠라 / 띠.
알겠어. 보관하다 / 두 개의 자리를 / ~위해 / 너를.

LETICIA
Gracias. ¡Hasta luego!
그라씨아쓰. 아쓰따 올루에고!
고마워. 나중에 만나.

L : 나 조금 늦을 거야.
V : 왜?
L : 내 자동차 때문에.
고장 났거든.
V : 그러면 지하철로 오는 거야?
L : 아니, 수리공이 1시에 온대.
V : 알겠어. 두 자리 잡아 놓을게.
L : 고마워. 이따가 보자!

TIP

Tarde

Tarde는 **'오후'**라는 뜻도 있지만 **'늦게'**, **'지각'**이라는 의미도 있습니다. '지각'을 알았다면 '일찍'도 알아야겠죠? **'일찍'**은 **'temprano'**입니다.

Llegue a casa muy temprano.
[예게 아 까싸 무이 뗌쁘라노]
: 집에 일찍 도착했다.

Metro

Metro[메뜨로]는 스페인 말로 **'지하철'**을 의미하기도 하지만, 길이를 측정할 때의 단위 **'미터(m)'**로 쓰이기도 합니다. **'줄자'**를 뜻하기도 합니다.

¡Hasta luego!

'잠시 후에 봐'라는 말입니다. **Hasta**는 여러 가지 뜻을 가지고 있는데, **'~까지'**, **'(또) 만납시다'**라는 뜻도 있습니다.

¡Hasta mañana!
[아쓰따 만냐나]
: 내일 보자.

¡Hasta la próxima semana!
[아쓰따 올라 쁘록씨마 쎄마나]
: 다음 주에 보자.

7 어떤 자전거를 사야하지?

CAROLINA

¿Qué bicicleta debo comprarme?

께 / 비씨끌레따 / 데보 / 꼼쁘라르메?
어떤 / 자전거를 / (나는) ~해야 한다 / 사다?

¿La bicicleta verde o la bicicleta roja?

을라 비씨끌레따 / 베르데 / 오 / 을라 비씨끌레따 / 로하?
자전거 / 초록색의 / 아니면 / 자전거 / 빨간색의?

JAVIER

¿Cuál es el problema?

꾸알 / 에쓰 / 엘 쁘로블레마?
무엇이 / ~이다 / 문제?

CAROLINA

Mi color preferido es el verde.

미 꼴로르 / 쁘레페^{f}리도 / 에쓰 / 엘 베르데.
내 색깔 / 선호하는 / ~이다 / 초록색의.

JAVIER

Compra la bicicleta verde entonces.

꼼쁘라 / 을라 비씨끌레따 / 베르데 / 엔똔쎄쓰.
사다 / 자전거 / 초록색 / 그러면.

CAROLINA

Pero la bicicleta roja es más barata.

뻬로 / 을라 비씨끌레따 / 로하 / 에쓰 / 마쓰 바라따.
하지만 / 자전거 / 빨간색의 / ~이다 / 더 저렴한.

JAVIER

Entonces compra la bicicleta roja.

엔똔쎄쓰 / 꼼쁘라 / 을라 비씨끌레따 / 로하.
그러면 / 구입하다 / 자전거 / 빨간색의.

CAROLINA

Pero la bicicleta verde es más rápida.

뻬로 / 을라 비씨끌레따 / 베르데 / 에쓰 / 마쓰 라삐다.
하지만 / 자전거 / 초록색의 / ~이다 / 더 빠른.

C : 어떤 자전거를 사야 하지?
초록색 자전거 아니면 빨간색 자전거?
J : 뭐가 문제야?
C : 내가 제일 좋아하는 색깔이 초록색이야.
J : 그럼 초록색 자전거를 사.
C : 하지만 빨간색 자전거가 더 저렴해.
J : 그럼 빨간색 자전거를 사.
C : 하지만 초록색 자전거가 더 빨라.

TIP

Caro

스페인에서는 **'비싸다'**라는 뜻을 가진 **'caro'**가 있습니다. 그러면 **'싸다, 저렴하다'**라는 단어도 배워야 하겠죠? 바로 **'barato'**입니다.

La bicicleta roja es muy barata.
[을라 비씨끌레따 로하 에쓰 무이 바라따]
: 빨간 자전거는 아주 저렴해!

Pero

'Pero'는 '하지만', '그러나', '어쨌든'의 의미를 가지고 있는 접속사입니다. **영어의 'but'**과 같은 의미를 가지고 있지요.

JAVIER

Si quieres una buena bicicleta, compra la bicicleta verde.

씨 / 끼에레쓰 / 우나 부에나 비씨끌레따,
꼼쁘라 / 올라 비씨끌레따 / 베르데.
만약 / (네가) 원하다 / 한 대의 좋은 자전거를,
구입하다 / 자전거 / 초록색이.

Si quieres una bicicleta barata, compra la bicicleta roja.

씨 / 끼에레쓰 / 우나 비씨끌레따 / 바라따,
꼼쁘라 / 올라 비씨끌레따 / 로하.
만약 / (네가) 원하다 / 한 대의 자전거 / 저렴한,
구입해 / 자전거 / 빨간색의.

CAROLINA

No me gusta el rojo.

노 / 메 구쓰따 / 엘 로호
부정 / 나는 좋아하다 / 빨간색.

JAVIER

Entonces está decidido.

엔똔쎄쓰 / 에쓰따 / 데씨디도.
그러면 / ~이다 / 확정한.

CAROLINA

Sí, voy a comprar la bicicleta roja.

씨, 보이 / 아 꼼쁘라르 / 올라 비씨끌레따 / 로하.
응, 할 것이다 / 구입을 / 자전거 / 빨간색의.

JAVIER

¿Qué?

께?
무엇?

CAROLINA

Es que no tengo mucho dinero.

에쓰 / 께 / 노 / 뗑고 / 무초 디네로.
~이다 / 접속사 / 부정 / (나는) 가지고 있다 / 많은 돈을.

J : 좋은 자전거를 원하면 초록색 자전거를 사.
저렴한 자전거를 원하면, 빨간색 자전거를 사.
C : 나는 빨간색을 좋아하지 않아.
J : 그럼 결정된 거네.
C : 응, 그러니까 나는 빨간색 자전거를 살 거야.
J : 뭐라고?
C : 왜냐하면, 돈이 많이 없거든.

TIP

Verde

스페인어로 색을 'color'이라고 합니다.
스페인어로 'colores', 즉 색들을 한 번 배워볼까요?

Rosado [로싸도]	: 분홍색
Rojo [로호]	: 빨간색
Anaranjado [아나랑하도]	: 주황색
Amarillo [아마리요]	: 노란색
Verde [베르데]	: 초록색
Azul [아쑬]	: 파란색
Violeta [비올레따]	: 보라색
Negro [네그로]	: 검은색
Blanco [블랑꼬]	: 흰색
Marrón [마ㄹ~온]	: 밤색
Gris [그리쓰]	: 회색

¿Qué?

직역하면 **'무엇'**이지만 **'뭐라고? 잘 못 들었어'**의 의미를 가진 말입니다. **정중하게 '잘 못 들었습니다'**라고 하려면 **¿Perdón? [뻬르돈] (죄송합니다)** 혹은 **¿Cómo? [꼬모] (어떻게? 뭐라고요?)** 라고 합니다.

07

동사를 도와주는
조동사

동사를 도와주는 조동사

Let's start

한눈에 배운다!

동사를 도와주는 조동사

네 가지 조동사

동영상 강의

영어에서의 **can, will, must** 등을 뭐라고 부르지요?
'조동사'라고 합니다. 조동사는 동사의 바로 앞에 놓여 동사를 돕습니다.
그리고 뒤의 동사는 항상 원형의 형태로 사용됩니다.

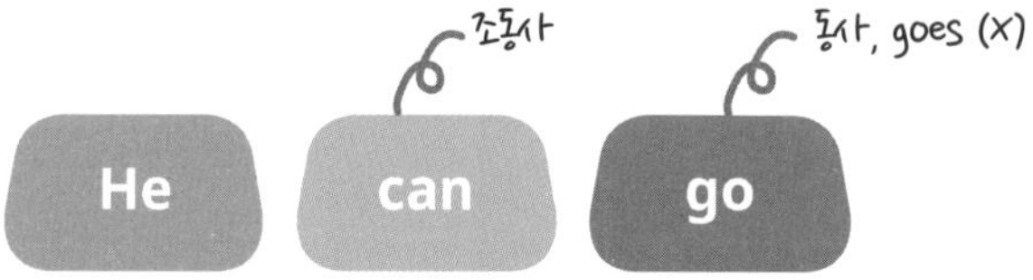

스페인어에도 영어의 조동사와 같은 역할을 하는 동사들이 있습니다.
이들 동사에 대해서는 다음 두 가지 원칙만 기억하시면 됩니다.

1. 동사의 앞에 사용
2. 변화는 조동사가 대신하고, 동사는 원형을 사용

이제 중요한 조동사 4개를 배워보겠습니다.

1 poder = can [할 수 있다]

'할 수 있다'라는 뜻으로, 영어의 can에 해당합니다.

▶ 나는 스페인어를 할 수 있어.

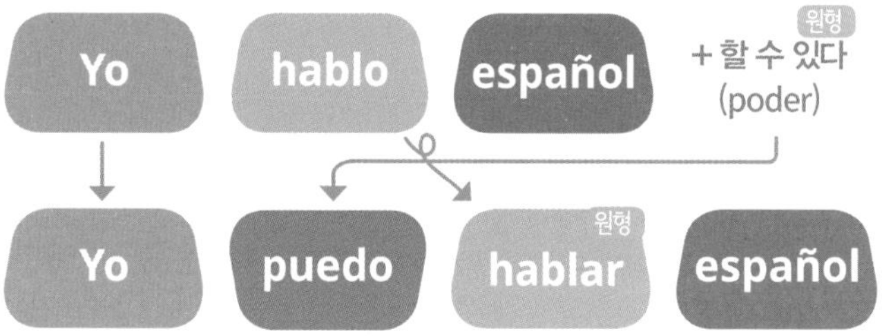

2 tener que = have to [해야 한다]

tener동사는 앞서 본 적이 있으실 겁니다. '가지다'라는 뜻의 동사이지요.
뒤에 que가 붙으면서, 영어의 have to와 비슷한 표현이 되었습니다.

▶ 나는 스페인어를 공부해야 해.

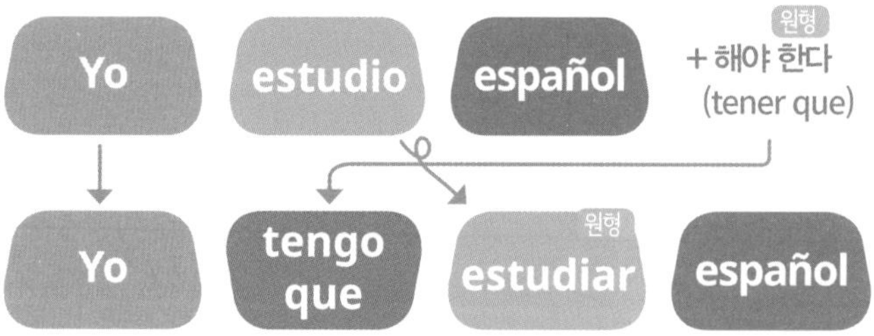

TIP

<< 읽어 보세요 **saber동사와 conocer동사**

saber동사가 일반동사로 쓰일 때는 '알다'라는 뜻이 됩니다. 그런데 스페인어에는 '알다'라는 뜻의 동사가 하나 더 있습니다. conocer동사인데요, 이 두 동사의 의미에는 약간의 차이가 있습니다.

1 conocer는 경험을 통해 무엇인가를 알고 있다는 의미입니다. 주로 사람이나 지명이 목적어로 쓰입니다.

¿***Conoces*** a Juan?
[꼬노쎄쓰 아 후안]
너는 후안을 아니?

2 반면 saber는 지식으로서, 이론적으로 알고 있는 것에 대해 말할 때 사용합니다.

¿***Sabes*** cuál es la capital de Francia?
[싸베쓰 꾸알 에쓰 올라 까삐딸 데 프f란씨아]
너는 프랑스 수도에 대해서 아니?

<< 단어 살펴보기 **동사의 6변형**

poder [뽀데르] ~할 수 있다

Yo	puedo	[뿌에도]
Tú	puedes	[뿌에데쓰]
Él / Usted	puede	[뿌에데]
Nosotros	podemos	[뽀데모쓰]
Vosotros	podéis	[뽀데이쓰]
Ellos / Ustedes	pueden	[뿌에덴]

tener [떼네르] 가지다

Yo	tengo	[뗑고]
Tú	tienes	[띠에네쓰]
Él / Usted	tiene	[띠에네]
Nosotros	tenemos	[떼네모쓰]
Vosotros	tenéis	[떼네이쓰]
Ellos / Ustedes	tienen	[띠에넨]

3 querer = want [원하다]

querer동사 역시 배운 적 있는 동사입니다. querer동사 뒤에 동사 원형을 덧붙여, '~하기 원하다'는 뜻으로 사용할 수 있습니다.

▶ 나는 스페인어를 하고 싶어.

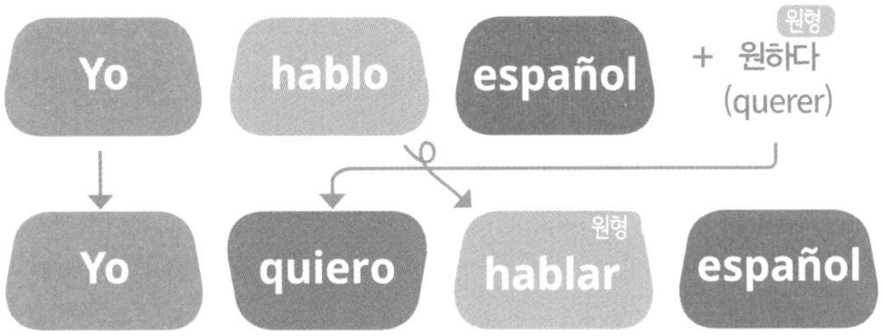

4 saber = know how to [할 줄 안다]

'할 줄 안다'라는 뜻으로, 영어의 know how to에 해당해요.

▶ 나는 스페인어를 할 줄 알아.

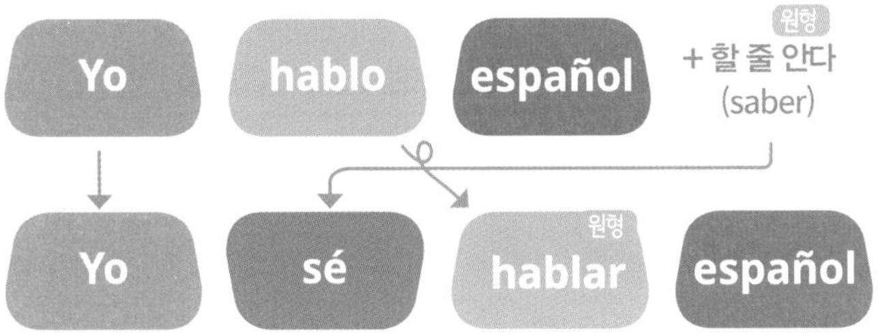

Can, Must 등 영어의 모든 조동사들은 오직 조동사로만 사용됩니다.
다시 말해 조동사와 일반동사가 확실하게 구분되어 있습니다.

하지만 스페인어에서는 **Ir** [이르] 가다, **Querer** [께레르] 원하다와 **Saber** [싸베르] 알다 같은 조동사들이 동사로서의 역할도 합니다.
때로는 조동사로, 때로는 일반동사로 사용되는 박쥐같은 친구들인 것이죠.

Ir [이르] 일반동사 : 가다
Ir [이르] 조동사 : ~할 것이다(미래)

일반동사	조동사	둘 다 사용
Yo **voy** a Madrid.	Yo **voy** a correr.	Yo **voy** a **ir**.
[요 보이 아 마드리드]	[요 보이 아 꼬ㄹ~에르]	[요 보이 아 이르]
(나는 마드리드에 간다.)	(나는 달릴 것이다.)	(나는 갈 것이다.)

TIP

querer [께레르] 원하다, 사랑하다

Yo	quiero	[끼에로]
Tú	quieres	[끼에레쓰]
Él / Usted	quiere	[끼에레]
Nosotros	queremos	[께레모쓰]
Vosotros	queréis	[께레이쓰]
Ellos / Ustedes	quieren	[끼에렌]

saber [싸베르] 알다

Yo	sé	[쎄]
Tú	sabes	[싸베쓰]
Él / Usted	sabe	[싸베]
Nosotros	sabemos	[싸베모쓰]
Vosotros	sabéis	[싸베이쓰]
Ellos / Ustedes	saben	[싸벤]

<< 읽어 보세요 **Querer [께레르], Saber [싸베르]**

1 Querer[께레르] 일반동사

Yo **quiero** caramelos.
[요 끼에로 까라멜로쓰]
나는 사탕을 원해.

2 Querer[께레르] 조동사

Yo **quiero** comer.
[요 끼에로 꼬메르]
나는 먹기를 원해.

3 Saber[싸베르] 일반동사

Yo sé español.
[요 쎄 에쓰빠뇰]
나는 스페인어를 알아.

4 Saber[싸베르] 조동사

Yo sé cocinar.
[요 쎄 꼬씨나르]
나는 요리를 할 줄 알아.

Practice

네 가지 조동사

해석을 보고 비어 있는 풍선의 각 칸을 채워 보세요. 주어에 따라 조동사의 형태가 달라진다는 점, 조동사가 있을 때 동사는 원형으로 사용한다는 점에 유의하세요.

1 나는 이탈리아어를 할 줄 알아요.

	poder	hablar	
나는	할 수 있다	말하다	이탈리아어
Yo	puedo	hablar	italiano

주어에 따라 달라지는 조동사의 형태를 생각하며 써봅시다.

2 나는 그녀와 이야기해야 해요.

	tener que	hablar	
나는	해야 한다	말하다	그녀와

3 나는 노래하는 법을 배우고 싶어요.

	querer	aprender	
나는	원하다	배우다	노래하는 것

4 나는 수영하러 갈 수 있어.

	poder	ir	
나는	할 수 있다	간다	수영하는 것

따라 말하기

5 나는 한국어로 말할 수 있어.

나는	할 수 있다 (poder)	말하다 (hablar)	한국어

6 나는 스페인어를 알아듣고 싶어.

나는	원하다 (querer)	알아듣다 (entender)	스페인어

7 나는 진실을 알기를 원해.

나는	원하다 (querer)	알다 (saber)	진실을

8 너는 중국어를 이해할 수 있어?

너는	할 수 있다 (poder)	이해하다 (comprender)	중국어
¿			?

9 당신은 일본어를 배우고 싶나요?

당신은	원하다 (querer)	배우다 (aprender)	일본어
¿			?

정답입니다!

1 Yo puedo hablar italiano.
2 Yo tengo que hablar con ella.
3 Yo quiero aprender a cantar.
4 Yo puedo ir a nadar.
5 Yo puedo hablar coreano.
6 Yo quiero entender español.
7 Yo quiero saber la verdad.
8 ¿Tú puedes comprender chino?
9 ¿Usted quiere aprender japonés?

10 나는 나갈 수 없어.

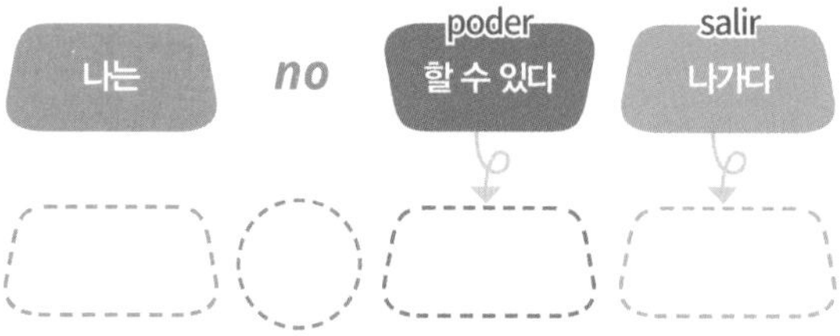

11 나는 노래를 할 수 없어.

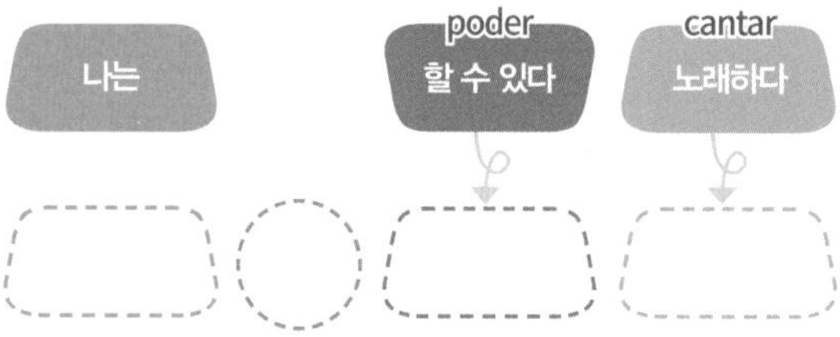

12 나는 공부하기 싫어.

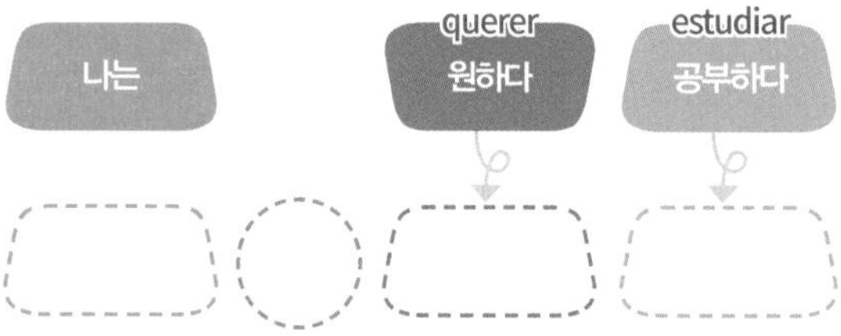

13 나는 공부할 필요가 없어.

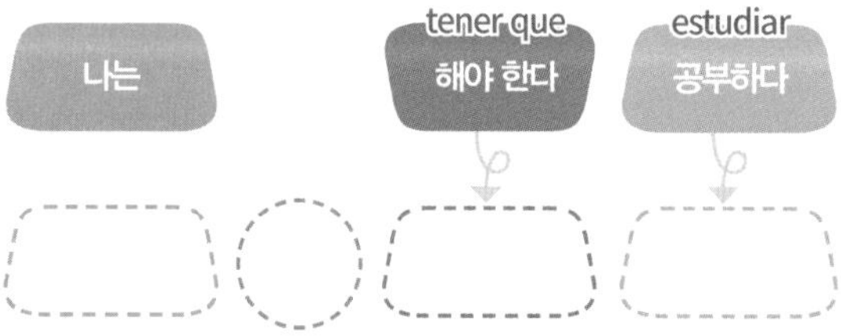

정답입니다! ⑩ Yo no puedo salir. ⑪ Yo no puedo cantar. ⑫ Yo no quiero estudiar. ⑬ Yo no tengo que estudiar.

Practice
네 가지 조동사

따라 말하기

다음 문장을 스페인어로 옮겨 적어 보세요.

1 나는 춤추는 것을 배우고 싶어. Yo quiero aprender a bailar.

2 나는 스페인에 가고 싶어.

3 나는 아이스크림을 먹고 싶어.

helado : 아이스크림 [엘라도]

4 나는 직장을 가지고 싶어.

5 나는 스페인어를 공부해야 해.

6 나는 일을 해야 해.

7 나는 숙제를 해야 해.

8 나는 살사를 출 수 있어.

bailar : 춤추다 [바일라르]

9 나는 지기 싫어.

perder : 지다 [뻬르데르]

10 나는 일하기 싫어.

정답입니다! 1 Yo quiero aprender a bailar. 2 Yo quiero ir a España. 3 Yo quiero comer helado. 4 Yo quiero tener un trabajo. 5 Yo tengo que estudiar español. 6 Yo tengo que trabajar. 7 Yo tengo que hacer los deberes. 8 Yo puedo bailar salsa. 9 Yo no quiero perder. 10 Yo no quiero trabajar.

07 이 표현 꼭 외우자!
동사를 도와주는 조동사

1 왜 때려?

CARLOS
Lucas.
을루까쓰.
루카스(남성이름).

LUCAS
¿Qué?
께?
뭐?

CARLOS
Quiero pelear bien.
끼에로 / 뻴레아르 / 비엔.
(나는) 원하다 / 싸우기를 / 잘.

LUCAS
¿Para qué?
빠라 / 께?
~위해 / 무엇을?

CARLOS
Porque tengo que pelear contra alguien.
뽀르께 / 뗑고 께 / 뻴레아르 / 꼰뜨라 / 알기엔.
왜냐하면 / (나는) ~해야 한다 / 싸우기를 / 상대로 / 누군가를.

LUCAS
Bueno, tienes que mirar bien
부에노, 띠에네쓰 께 / 미라르 / 비엔 /
알겠어, (너는) ~해야 한다 / 보다 / 잘 /

el puño de tu adversario.
엘 뿐뇨 / 데 뚜 앋베르싸리오.
주먹 / 너의 상대방의.

C : 형.
L : 왜?
C : 나 싸움을 잘하고 싶어.
L : 그래? 뭐 하게?
C : 누구랑 싸워야 해.
L : 그러면, 상대의 주먹을 잘 쳐다봐야 해.

TIP

Lucas

스페인에선 형제 사이라고 해도 **반말**을 할 뿐만 아니라, 형이나 누나 등의 가족 **호칭 대신 이름**을 부릅니다.

Contra

Contra는 '반대하여', '어기고', '달리'의 뜻을 가지고 있는 전치사입니다. 영어의 **'against'**와 같은 의미를 가지고 있습니다. 하지만 이 맥락의 경우 '누구를 상대로'를 의미하죠.

Estoy contra la pared.
[에쓰또이 꼰뜨라 을라 빠렏]
나는 벽에 기대고 있다.

Estoy en contra de la decisión.
[에쓰또이 엔 꼰뜨라 데 을라 데씨씨온]
나는 그 결정에 반대한다.

CARLOS
¿Ah sí? ¿Tengo que mirar bien su puño?
아 씨? 뗑고 께 / 미라르 / 비엔 / 쑤 뿐뇨?
아 그래? (나는) ~해야 한다 / 보다 / 잘 / 그의 주먹을?

LUCAS
Sí, ¿puedes hacerlo?
씨, 뿌에데쓰 / 아쎄를로?
응, (너는) 가능하다 / ~하는 것?

CARLOS
Sí, voy a intentarlo.
씨, 보이 / 아 인뗀따를로.
응, 할 것이다 / 시도를.

LUCAS
Bien, mira bien mi puño.
비엔, 미라 / 비엔 / 미 뿐뇨.
좋아, 보다 / 잘 / 나의 주먹.

¡Pum!
뿜!
퍽!

C : 그래? 상대의 주먹을 잘 봐야 해?
L : 응, 너 그럴 수 있겠어?
C : 응, 해볼게.
L : 그럼 내 주먹을 잘 보고 있어.
퍽!

TIP

Puño

Puño[뿐뇨]는 신체 부위로서 '주먹'을 의미하기도 하지만 수량을 나타내는 '한 줌, 한 움큼' 을 의미하기도 합니다. 수량을 표현할 때는 **Puñado**[뿌냐도] 라고 말하면 더 정확하겠네요.

Tienes que mirar bien el puño de tu adversario.
[띠에네쓰 께 미라르 비엔 엘 뿐뇨 데 뚜 앋베르싸리오]
: 상대의 주먹을 잘 쳐다봐야 해.

Mete dos puños de arroz a la cazuela.
[메떼 도쓰 뿐뇨쓰 데 아ㄹ~오쓰 아 을라 까쑤엘라]
: 쌀 두 줌을 냄비에 넣어줘.

동사를 도와주는 조동사

CARLOS
¡Auch! ¿Por qué me pegas?
아우! 뽀르 께 / 메 뻬가쓰?
아야 (의성어)! 왜 / 나를 때리다?

LUCAS
Ah, es verdad, perdón. Hay otra cosa.
아, 에쓰 / 베르닫, 뻬르돈. 아이 / 오뜨라 꼬싸.
아, ~이다 / 사실, 미안. ~있다 / 다른 무언가.

Tienes que esquivar el puño al final.
띠에네쓰 께 / 에쓰끼바르 / 엘 뿐뇨 / 알 피^{f}날.
(너는) ~해야 한다 / 피하다 / 주먹을 / 마지막에.

C : 아야! 왜 때려?
L : 아 맞다, 미안. 한 가지 더 있어.
마지막에 주먹을 피해야 해.

TIP

¡Auch!

한국에서 아프면 **'아야!'**라고 하듯이 스페인에서는 **¡Auch!**라는 의성어를 사용합니다.

Al final

'끝에'를 배웠다면 '처음에'도 배워야겠죠? **'처음에'는 al principio [알 쁘린씨삐오]**입니다.

2 여름에 영국에 가는데, 영어를 못 하거든.

VICTOR
Alejandra, ¿puedes ayudarme?
알레한드라, 뿌에데쓰 / 아유다르메?
알렉산드라 (여성이름), 할 수 있다 / 나를 돕기를?

ALEJANDRA
Sí, ¿qué pasa?
씨, 께 빠싸?
응, 무슨 일이야?

V : 알렉산드라, 나 좀 도와줄 수 있어?
A : 응, 무슨 일이야?

VICTOR

Voy a Inglaterra este verano
보이 / 아 인글라떼ㄹ~아 / 에쓰떼 베라노 /
갈 것이다 / 영국에 / 이번 여름에 /

y no sé hablar inglés.
이 / 노 / 쎄 / 아블라르 / 인글레쓰.
그리고 / [부정] / 알다 / 말하다 / 영어.

¿Puedes darme clases de inglés?
뿌에데쓰 / 다르메 / 끌라쎄쓰 / 데 인글레쓰?
할 수 있다 / 나에게 주는 것을 / 수업들 / 영어의?

ALEJANDRA

Por supuesto, yo puedo darte clases.
뽀르 쑤뿌에쓰또, 요 뿌에도 / 다르떼 / 끌라쎄쓰.
당연하지, 나는 할 수 있다 / 너에게 주는 것을 / 수업들.

¿Pero no sabes ni una palabra en inglés?
뻬로 / 노 / 싸베쓰 / 니 / 우나 빨라브라 / 엔 인글레쓰?
하지만 / 아니 / 알다 / ~도 전혀 / 하나의 단어 / 영어로?

VICTOR

Sí, sé hablar un poco de inglés
씨, 쎄 / 아블라르 / 운 뽀꼬 / 데 인글레쓰 /
응, 알다 / 말하다 / 하나 조금 / 영어를 /

pero me preocupa de todas formas.
뻬로 / 메 쁘레오구빠 / 데 또다쓰 / 포^{f}르마쓰.
하지만 / 나는 걱정하다 / 모든 / 모양.

V : 이번 여름에 영국에 가는데,
내가 영어를 못하거든.
나한테 영어 과외를 해줄 수 있어?
A : 그럼, 해줄 수 있지.
그런데 영어 단어를 하나도 모르는 거야?
V : 아니, 조금은 할 줄 알아,
하지만 어쨌든 걱정이 돼서.

TIP

Ni & Y
'그리고'를 뜻하는 'y'도 영어의 'nor'같이 부정이 있습니다. 바로 'ni'입니다.

No me gusta ni la uva ni la pera.
[노 메 구쓰다 니 울라 우바 니 올라 뻬라]
나는 포도도 싫고 배도 싫어.

¿No sabes ni una palabra en inglés?
직역하자면 '영어 한 단어도 말할 줄 몰라?'라는 뜻입니다. 한 단어도 모를 정도로 전혀 못하느냐는 뜻이겠지요.

Sí, sé hablar un poco de inglés
상대방이 **부정문으로 질문**했을 때, 그것에 **다시 부정하는 대답, 즉 긍정의 의미를 담은 대답**을 할 때는 **'Sí'**를 사용합니다. 마찬가지로 **긍정문 질문**에 대해 **긍정하는 대답**을 할 때도 **'Sí'**를 사용합니다.

¿No sabes hablar inglés?
: 너 영어 할 줄 몰라?

Sí, sé hablar inglés.
: 아니, 영어 할 줄 알아.

¿Sabes hablar inglés?
: 너 영어 할 줄 알아?

Sí, sé hablar inglés.
: 응, 영어 할 줄 알아.

동사를 도와주는 조동사

ALEJANDRA

¿Cuánto tiempo te quedas en Inglaterra?

꾸안또 띠엠뽀 / 떼 께다쓰 / 엔 / 인글라떼ㄹ~아?
얼마의 시간 / 너는 남다 / ~안에 / 영국?

VICTOR

Me quedo dos semanas.

메 께도 / 도쓰 쎄마나쓰.
나는 남다 / 2주.

ALEJANDRA

Te aconsejo comprar un libro de inglés para viajes.

떼 아꼰쎄호 / 꼼쁘라르 /
운 을리브로 / 데 인글레쓰 / 빠라 / 비아헤쓰.
너에게 조언하다 / 구입하다 / 책을 / 영어의 / ~위한 / 여행들.

Es lo más eficaz.

에쓰 / 을로 마쓰 에피ᶠ까쓰.
그것은 ~이다 / 가장 효율적.

VICTOR

Muchas gracias.

무차쓰 그라씨아쓰.
매우 감사해.

¿Puedes aconsejarme algún libro?

뿌에데쓰 / 아꼰쎄하르메 / 알군 을리브로?
(너는) 할 수 있다 / 나에게 추천하는 것을 / 어떤 책?

ALEJANDRA

Los libros de la editorial 'Old Stairs' están bien hechos.

을로쓰 을리브로쓰 / 데 을라 에디또리알 '올드 쓰떼르쓰' /
에쓰딴 / 비엔 에초쓰.
책들 / 출판사 '올드 스테어스'의 / ~이다 / 잘 만들어진.

VICTOR

Gracias.

그라씨아쓰.
고마워.

A : 영국에 얼마나 머무를 거야?
V : 2주 머무를 거야.
A : 그러면 여행을 위한 영어책을 사는 걸 추천할게.
그게 더 효율적이야.
V : 고마워. 책을 추천해줄 수 있어?
A : '올드 스테어즈' 출판사 책들이 잘 되어 있어.
V : 고마워.

TIP

Te aconsejo comprar un libro de inglés para viajes

'추천하다'를 배웠다면 '추천하지 않는다, 말리다'라는 말도 배워야겠죠? **'추천하지 않는다'는 aconsejar 동사에 부정 형태를 붙여서** 말해도 되지만 **desaconsejar [데싸꼰쎄하르] 동사**를 사용할 수도 있습니다.

Te desaconsejo comprar ese libro.
[떼 데싸꼰쎄호 꼼쁘라르 에쎄 을리브로]
: 그 책을 사는 것을 말릴게.

3 우리 지금 산 한가운데 있잖아.

RAQUEL
¿Tú sabes hacer espaguetis?
뚜 싸베쓰 / 아쎄르 / 에쓰빠게띠쓰?
너는 알다 / 만들다 / 스파게티?

José
Yo sé hacer espaguetis con salsa de tomate.
요 쎄 / 아쎄르 / 에쓰빠게띠쓰 / 꼰 / 쌀싸 데 또마떼.
나는 알다 / 만들다 / 스파게티 / ~함께 / 토마토 소스.

RAQUEL
¿Y los espaguetis con nata?
이 / 을로쓰 에쓰빠게띠쓰 / 꼰 / 나따?
그리고 / 스파게티 / ~함께 / 크림?

José
No, no sé hacer espaguetis con nata.
노, 노 / 쎄 / 아쎄르 / 에쓰빠게띠쓰 / 꼰 / 나따.
아니, (부정) / 알다 / 만들다 / 스파게티 / ~함께 / 크림.

Puedo hacer espaguetis con
뿌에도 / 아쎄르 / 에쓰빠게띠쓰 / 꼰 /
(나는) 할 수 있다 / 만들다 / 스파게티를 / ~함께 /

ajo y aceite de oliva.
아호 / 이 / 아쎄이떼 데 올리바.
마늘 / 그리고 / 올리브유.

R : 너 스파게티 만들 줄 알아?
J : 토마토 스파게티 만들 줄 알아.
R : 크림 스파게티는?
J : 크림 스파게티는 할 줄 몰라.
마늘이랑 올리브유가 들어간 스파게티는 할 수 있어.

TIP

Espaguetis

'스파게티'는 이탈리아의 긴 면을 뜻합니다. 그런데 우리가 파스타를 먹을 때는 면이 한 가닥이 아니라 여러 가닥이 나오죠? 그래서 스페인어의 '스파게티'라는 단어 **espaguetis는 항상 복수 형태**로 사용됩니다.

Aceite de oliva

스페인의 올리브유는 요리 업계에서 많은 인기를 누리고 있는데, 이것은 바로 스페인 올리브의 깊은 맛 덕분입니다. 스페인은 지중해성 기후이므로 올리브 나무가 많이 자랍니다. 올리브 열매는 기름을 만드는 데에만 쓰이지 않고 피클처럼 새콤하게 절여 먹거나 흔히 피자 토핑으로 쓰이기도 합니다. 스페인 올리브의 종류는 매우 다양합니다.

07 이 표현 꼭 외우자!
동사를 도와주는 조동사

RAQUEL

¿Puedes comprar espaguetis con nata?
뿌에데쓰 / 꼼쁘라르 / 에쓰빠께띠쓰 / 꼰 / 나따?
(너는) 할 수 있다 / 사다 / 스파게티 / 함께 / 크림?

José

No, estamos en medio de la montaña.
노, 에쓰따모쓰 / 엔 메디오 / 데 을라 몬딴냐.
아니, (우리는) ~있다 / 한가운데에 / 산의.

RAQUEL

¿Y qué?
이 께?
그래서?

José

Tengo que descender 2000 metros
뗑고 께 / 데쓰쎈데르 / 도쓰밀 메뜨로쓰
(나는) ~해야 한다 / 하강 / 2천 미터를

para comprarlo.
빠라 / 꼼쁘라를로.
~위해 / 사는 것.

Yo no puedo hacer eso.
요 / 노 / 뿌에도 아쎄르 / 에쏘.
나는 / (부정) / 할 수 있다 / 그것을.

R : 크림 스파게티 사 올 수 있어?
J : 아니, 우리 지금 산 한가운데 있잖아.
R : 그래서 뭐?
J : 그래서 그거 사려면 2,000미터를 내려가야 해.
그렇게 할 수는 없어.

TIP

Nata

Nata는 '생크림'을 뜻하지만, 우리가 흔히 먹는 **크림 파스타의 '크림'**을 의미하기도 합니다. 이 맥락에서는 생크림이 아닌 크림소스를 얘기하는 거겠죠?

Eso

Eso는 '그것', '그 일'을 의미합니다. 그렇다면 **'이것', '이 일'**을 뜻하는 단어는 무엇일까요? 바로 **'esto'**입니다.

Puedo hacer eso.
[뿌에도 아쎄르 에쏘]
나는 그것을 할 수 있다.

Puedo hacer esto.
[뿌에도 아쎄르 에쓰또]
나는 이것을 할 수 있다.

4 악기 다룰 줄 알아?

FEDERICO
Me encanta el jazz.
메 엔깐따 / 엘 자쓰.
나는 아주 좋아하다 / 재즈를.

NATALIA
¿Sabes tocar algún instrumento?
싸베쓰 / 또까르 / 알군 인쓰뜨루멘또?
할 줄 안다 / 연주하는 것 / 어떤 악기?

FEDERICO
Sé tocar la trompeta.
쎄 / 또까르 / 을라 뜨롬뻬따.
할 줄 안다 / 연주하는 것 / 트럼펫.

NATALIA
¿Tú sabes tocar jazz?
뚜 싸베쓰 / 또까르 / 자쓰?
너는 할 줄 안다 / 연주하는 것 / 재즈?

FEDERICO
No, debo practicar más.
노, 데보 / 쁘락띠까르 / 마쓰.
아니, 해야 한다 / 연습하다 / 더.

¿Tú sabes tocar algún instrumento?
뚜 싸베쓰 / 또까르 / 알군 인쓰뜨루멘또?
너는 할 줄 안다 / 연주하는 것 / 어떤 악기를?

NATALIA
No, no sé tocar instrumentos.
노, 노 / 쎄 / 또까르 / 인쓰뜨루멘또쓰.
아니, 부정 / 할 줄 안다 / 연주하는 것 / 악기들을.

Pero sé hacer beat box.
뻬로 / 쎄 아쎄르 / 비뜨 복쓰.
하지만 / 할 줄 안다 / 만드는 것 / 비트박스.

F : 나는 재즈를 엄청 좋아해.
N : 너는 악기를 다룰 줄 알아?
F : 트럼펫 불 줄 알아.
N : 너는 재즈 연주해?
F : 아니, 아직 더 오래 배워야 해.
너는 악기를 다룰 줄 알아?
N : 아니, 나는 악기를 다룰 줄 몰라.
하지만 나는 비트박스를 할 줄 알아.

TIP

Instrumento

Instrumento는 원래 '도구, 기구, 기계'라는 뜻입니다. **'악기'**는 **instrumento de música**인데요, 대부분 짧게 **instrumento**라고 하는 것입니다.

Instrumento de medición
[인쓰뜨루멘또 데 메디씨온]
: 측량 기기

08

의문사 활용하기

의문사란?

의문사 적용 의문문

전치사 + 의문사

Let's start

한눈에 배운다!

의문사란?

의문사 의문문

동영상 강의

세상에 질문하는 방법은 딱 두 가지가 있습니다.
그중 첫 번째는 이미 배운 내용으로,
스스로 완성된 문장을 만든 후 참인지 거짓인지를 묻는 방식입니다.

- 코끼리는 사과를 먹습니다. (평서문)
- 코끼리는 사과를 먹습니까? (의문문)

누군가 이런 질문을 해온다면 우리는 '예' 혹은 '아니요'로 대답해야 합니다.
OX 퀴즈에 OX로 답하는 셈이죠.
그래서 이러한 방식의 의문문을 Yes, No 의문문이라고 부릅니다.
반면 다른 방식에서는 애초에 완성된 문장을 만들지 않습니다.
문장에서 **어떤 한 단어를 대신해 의문사를 집어넣는 방식**이죠.

- 코끼리는 **나무 아래서** 사과를 먹습니다. (평서문)
- 코끼리는 **어디에서** 사과를 먹습니까? (의문사 의문문)

- 코끼리는 **코로** 사과를 먹습니다. (평서문)
- 코끼리는 **어떻게** 사과를 먹습니까? (의문사 의문문)

- 코끼리는 **아침마다** 사과를 먹습니다. (평서문)
- 코끼리는 **언제** 사과를 먹습니까? (의문사 의문문)

- 코끼리는 **배고파서** 사과를 먹습니다. (평서문)
- 코끼리는 **왜** 사과를 먹습니까? (의문사 의문문)

- 코끼리는 **사과를** 먹습니다. (평서문)
- 코끼리는 **무엇을** 먹습니까? (의문사 의문문)

- **코끼리는** 사과를 먹습니다. (평서문)
- **누가** 사과를 먹습니까? (의문사 의문문)

TIP

읽어 보세요

명사를 묻는 의문사, 부사를 묻는 의문사

'누구'와 '무엇'은 주로 특정 대상(명사)에 관해 묻는 의문사입니다. '무엇'은 간혹 행동에 관해 묻기도 합니다.

어디서, 어떻게, 언제, 왜. 이는 부사와 관련된 의문문입니다. 이 네 가지는 부사를 대표하는 의미이기도 합니다.

왜냐하면…
부사는 동사를 꾸밉니다.
동사는 사건을 말합니다.

사건을 설명하는 것은 위의 네 가지
(어디서, 언제, 어떻게, 왜)
이기 때문입니다.
어렵나요?

영어에서는 이러한 의문문을 Wh-question이라고 부릅니다. 대부분의 의문사가 Wh로 시작하기 때문입니다. 반면 스페인어의 의문사들은 모양에 그다지 공통점이 없습니다.

10번 읽어보세요!

의문사의 종류

따라 말하기

아래의 8개의 의문사에 대해서 배워보도록 하겠습니다.
의문사 중 '누구, 어떤, 얼마나' 세 가지는 단수와 복수를 구분하며, 그중 하나는 성별도 구분합니다.
주의해서 외워봅시다.

무엇
qué
[께]
What

어디
dónde
[돈데]
Where

어떻게
cómo
[꼬모]
How

언제
cuándo
[꾸안도]
When

왜
por qué
[뽀르 께]
Why

어떤
cuál
[꾸알]
which

cuál　cuáles

누구
quién
[끼엔]
Who

quién　quiénes

얼마나
cuánto
[꾸안또]
How much / many

cuánto　cuánta
cuántos　cuántas

이것은 얼마입니까?
¿Cuánto cuesta esto?

사람들이 몇 명이나 있나요?
¿Cuánta gente hay?

Let's start

한눈에 배운다!

의문사 적용 의문문

영어와 비슷하다

동영상 강의

스페인어의 의문사 사용법은 다음 세 가지가 있습니다. Ser동사와 Estar동사의 어순은 서로 같군요.

1. 의문사 | Ser 동사 | 주어
2. 의문사 | Estar 동사 | 주어
3. 의문사 | 주어 | 일반동사

그런데 스페인어는 주어를 의문사보다 앞으로 가져오기도 합니다. 어떤 큰 이유가 있어서 이동하는 것이 아니라 그냥 습관적으로 그렇게 합니다. 그런데 이렇게 하고 나니 세 가지 모두 같은 어순이 되어버렸군요? 그러면 쉽게 스페인어의 의문사 사용법은 한 가지밖에 없다고 생각해도 좋겠네요.

▶ 너는 누구니? [뚜 끼엔 에레쓰?]

¿ Tú (주어) quién (의문사) eres (동사) ?

그런데 앞에서 이미 배운 바와 같이 스페인어는 대명사(나, 너, 이것, 저것 등)로 만든 **주어를 곧잘 생략해버립니다.** 이것은 의문사 의문문에서도 마찬가지입니다. 이렇게 보니 스페인어의 의문사 사용법은 정말 간단하군요.

▶ 너는 누구니? [끼엔 에레쓰?]

¿ Quién (의문사) eres (동사) ?

TIP

더 알아 봅시다 **대명사 주어의 생략**

왜 어떤 단어는 생략이 가능하고 어떤 단어는 안 되는 것일까요? 어떤 단어를 생략한다는 것은 말하는 사람과 듣는 사람이 그 내용을 빤히 안다는 것을 의미합니다. 서로 어떤 내용인지 알 수 없는데 생략을 할 수는 없는 노릇이니까요. 그런데 대명사도 마찬가지입니다. 서로 빤히 아는 경우에만 '그것'이라고 대명사를 통해 말할 수 있는 것이죠. 어찌 보면 대명사를 사용한다는 것 자체가 이미 일종의 생략이라고 볼 수 있습니다.

명사	대명사	생략
불명확할 때		명확할 때

읽어 보세요 **의문사의 아센또**

의문사를 사용할 때는 강세에 주의하세요. 발음에 강세를 잘못 주거나, 아센또를 잘못 찍어 표기하면 뜻이 완전히 달라집니다.

- quién : 누구
- quien : ~하는 사람
- qué : 무엇
- que : ~하는 것
- dónde : 어디
- donde : 그곳에서, 그곳으로
- cómo : 어떻게
- como : ~처럼
- cuánto : 얼마나
- cuanto : ~과 같은 정도의
- cuándo : 언제
- cuando : ~할 때
- por qué : 왜
- porque : ~ 때문에

Practice
의문사 의문문

따라 말하기

해석을 보고, 빈 풍선에 알맞는 의문사와 단어들을 채워 보세요.

1 언제 오니?

¿ Cuándo vienes ?

2 가격이 얼만가요?

¿ ______ ______ ?

3 화장실은 어디에 있나요?

¿ ______ ______ ______ ?

4 너는 어디에 사니?

¿ ______ ______ ?

5 왜 우니?

¿ ______ ______ ?

6 어디에 있니?

¿ ______ ______ ?

7 이름이 무엇이니?

¿ ______ ______ ______ ?

8 누구세요?

¿ ______ ______ ?

9 너는 누구니?

¿ ______ ______ ?

10 언제 도착하니?

¿ ______ ______ ?

11 어떤 것을 원하니?

¿ ______ ______ ?

12 무엇을 원하니?

¿ ______ ______ ?

• 정답입니다! •
1 ¿Cuándo vienes? 2 ¿Cuánto cuesta? 3 ¿Dónde está el baño? 4 ¿Dónde vives?
5 ¿Por qué lloras? 6 ¿Dónde estás? 7 ¿Cómo te llamas? 8 ¿Quién es?
9 ¿Quién eres? 10 ¿Cuándo llegas? 11 ¿Cuál quieres? 12 ¿Qué quieres?

Practice
의문사 의문문

따라 말하기

성,수에 주의하여 의문사 의문문을 만들어보세요.

1 몇 명이나 올 거야?

¿ Cuántas personas vendrán ?

2 케이크 몇 개를 원하니?

¿ ?

3 우리에게 몇 시간이나 남아 있지?

¿ ?

4 너희는 총 몇 명이니?

¿ ?

5 신발을 몇 켤레 가지고 있니?

¿ ?

6 고양이 몇 마리를 키우니?

¿ ?

7 누가 전화했어?

¿ ?

8 그들은 누구인가요?

¿ ?

9 너희는 누구니?

¿ ?

10 누가 올 건가요?

¿ ?

11 어떤 것들을 골랐니?

¿ ?

12 어떤 것들을 원하니?

¿ ?

• 정답입니다! • 1 ¿Cuántas personas vendrán? 2 ¿Cuántas tartas quieres? 3 ¿Cuántas horas tenemos? 4 ¿Cuántos sois en total? 5 ¿Cuántos zapatos tienes? 6 ¿Cuántos gatos tienes? 7 ¿Quién llamó? 8 ¿Quiénes son? 9 ¿Quiénes sois? 10 ¿Quiénes vienen? 11 ¿Cuáles elegiste? 12 ¿Cuáles quieres?

Practice
의문사 의문문

따라 말하기

다음 문장을 스페인어로 옮겨 적어 보세요.

1 돈을 얼마나 가지고 있니? ¿Cuánto dinero tienes?

2 아침에 무엇을 먹었니?

3 그게 뭐야?

4 누가 껌을 가지고 있니?

chicle : 껌 [치끌레]

5 그들은 누구야?

6 왜 여기에 있니?

7 왜 안 되는데?

8 그의 이름은 무엇이니?

9 집에 어떻게 가니?

10 어떻게 가는지 아니?

11 무엇을 요리하니?

12 뭐 하니?

• 정답입니다! • 1 ¿Cuánto dinero tienes? 2 ¿Qué desayunaste? 3 ¿Qué es eso? 4 ¿Quién tiene chicle? 5 ¿Quiénes son? 6 ¿Por qué estás aquí? 7 ¿Por qué no? 8 ¿Cuál es su nombre? 9 ¿Cómo vas a casa? 10 ¿Sabes cómo ir? 11 ¿Qué cocinas? 12 ¿Qué haces?

Let's start

한눈에 배운다!
전치사 + 의문사

영어와 비슷하다

따라 말하기

'전치사 + 의문사'는 하나의 긴 의문사와도 같습니다. 따라서 의문사 뒤에 본 문장이 추가될 수 있습니다. 하지만 스페인어에서는 본 문장을 붙이지 않고 '전치사 + 의문사'로만 말하는 경우가 더 많습니다.

1 전치사 + dónde

어디서부터 From where ?

어디까지 To where ?

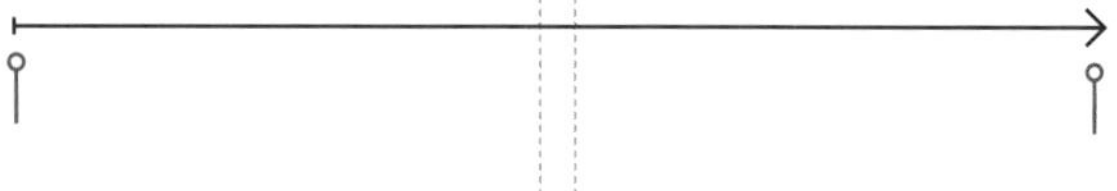

Desde dónde
[데쓰데 돈데]

¿Desde dónde / tengo que empezar?
데쓰데 돈데 / 뗑고 께 엠뻬싸르
어디서부터 / 시작하다

Hasta dónde
[아쓰따 돈데]

¿Hasta dónde / fluye / este río?
아쓰따 돈데 / 플f루예 / 에쓰떼 리오
어디까지 / 흐르다 / 이 강은

어디에서 From where?

De dónde
[데 돈데]

¿De dónde / eres?
데 돈데 / 에레쓰
어디에서 / 왔다

어디로 where to?

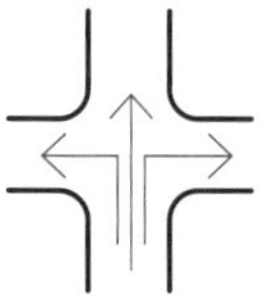

A dónde
[아 돈데]

¿A dónde / vas?
아 돈데 / 바쓰
어디로 / 가다

2 전치사 + cuándo

언제부터 Since when?

언제까지 Until when?

언제까지 By when?

Desde cuándo
[데쓰떼 꾸안도]

¿Desde cuándo / vives / en España?
데쓰떼 꾸안도 / 비베쓰 / 엔 에쓰빤냐
언제부터 / 살았다 / 스페인에서

Hasta cuándo
[아쓰따 꾸안도]

¿Hasta cuándo / te quedas?
아쓰따 꾸안도 / 떼 께다쓰
언제까지 / 머무르다

Para cuándo
[빠라 꾸안도]

¿Para cuándo / son / los deberes?
빠라 꾸안도 / 쏜 / 울로쓰 데베레쓰
언제까지 / ~이다 / 숙제들을

3 전치사 + quién

누구에 대해서
About who?

Sobre quién
[쏘브레 끼엔]

¿Sobre quién / están hablando?
쏘브레 끼엔 / 에쓰딴 아블란도
누구에 대해서 / 이야기 중이다

누구를 위해서
For who?

Para quién
[빠라 끼엔]

¿Para quién / es / la rosa?
빠라 끼엔 / 에쓰 / 라 ㄹ~오싸
누구를 위한 / ~이다 / 그 장미

누구랑
With who?

Con quién
[꼰 끼엔]

¿Con quién / estás?
꼰 끼엔 / 에쓰따쓰
누구랑 / -있다

누구한테
To who?

A quién
[아끼엔]

¿A quién / llamas?
아 끼엔 / 야마쓰
누구한테 / 전화하다

누구의
Of who?

De quién
[데 끼엔]

¿De quién / es / esto?
데 끼엔 / 에쓰 / 에쓰또
누구의 / ~이다 / 이것은

누구를 상대로
Against who?

Contra quién
[꼰뜨라 끼엔]

¿Contra quién / juegan / hoy?
꼰뜨라 끼엔 / 후에간 / 오이
누구를 상대로 / 시합하다 / 오늘

4 전치사 + qué

무엇에 관한
About what?

Sobre qué / De qué
[쏘브레 께] [데 께]

¿Sobre qué / hablan?
쏘브레 께 / 아블란
무엇에 관해서 / 이야기 하다

¿De qué / hablas ?
데 께 / 아블라쓰
무엇에 대해서 / 이야기 하나

무엇으로
With what?

Con qué
[꼰 께]

¿Con qué / hiciste / esta tarta?
꼰 께 / 이씨쓰떼 / 에쓰따 따르따
무엇으로 / 만들었다 / 이 케이크

뭐 하러
For what?

Para qué
[빠라 께]

¿Para qué / quieres / esto?
빠라 께 / 끼에레쓰 / 에쓰또
뭐 하러 / 원하다 / 이것

Practice

의문사+전치사

P262 따라 말하기

다음을 스페인어로 옮겨 적어 보세요.

1 (From where?) 어디서부터

2 (To where?) 어디까지

3 (From where?) 어디에서

4 (Where to?) 어디로

5 (Since when?) 언제부터

6 (Until when?) 언제까지

7 (By when?) 언제까지

8 (About who?) 누구에 대하여

9 (For who?) 누구를 위해서

10 (With who?) 누구랑

11 (To whom?) 누구한테

12 (Of who?) 누구의

13 (Against who?) 누구를 상대로?

14 (About what?) 무엇에 관한

15 (With what?) 무엇으로

16 (For what?) 뭐 하러

• 정답입니다! • 1 Desde dónde 2 Hasta dónde 3 De dónde 4 A dónde 5 Desde cuándo 6 Hasta cuándo 7 Para cuándo 8 Sobre quién 9 Para quién 10 Con quién 11 A quién 12 De quién 13 Contra quién 14 Sobre qué / De qué 15 Con qué 16 Para qué

Practice
의문사+전치사

따라 말하기

다음 문장을 스페인어로 옮겨 적어 보세요.

1 어디서부터 시작해야 하나요? ¿Desde dónde tengo que empezar?

2 이 강은 어디까지 흐르나요?

3 너는 어디에서 왔니?

4 어디로 가니?

5 스페인에 언제부터 살았니?

6 언제까지 있을거니?

7 숙제들을 언제까지 해야 하니?

8 무엇에 관해서 이야기하니?

9 이 케이크는 무엇으로 만들었니?

10 누구에 대해서 이야기하고 있나요?

11 이 장미는 누구를 위한 거니?

12 누구한테 전화하니?

• 정답입니다! •

1 ¿Desde dónde tengo que empezar? 2 ¿Hasta dónde fluye este río? 3 ¿De dónde eres? 4 ¿A dónde vas? 5 ¿Desde cuándo vives en España? 6 ¿Hasta cuándo te quedas? 7 ¿Para cuándo son los deberes? 8 ¿Sobre qué estás hablando? 9 ¿Con qué hiciste esta tarta? 10 ¿Sobre quién están hablando? 11 ¿Para quién es la rosa? 12 ¿A quién llamas?

Practice
의문사+전치사

다음 문장을 스페인어로 옮겨 적어 보세요.

1 언제부터 스페인에서 살았어? ¿Desde cuándo vives en España?

2 언제까지 스페인에 있을 거야?

3 너 누구랑 있니?

4 이거 누구 거니?

5 너 누구를 상대로 싸우니?

6 몇 시까지 자니?

7 이걸 왜 원하니?

8 몇 살부터 입장할 수 있나요?

9 무엇에 대해서 이야기하나요?

• 정답입니다! •
1 ¿Desde cuándo vives en España? 2 ¿Hasta cuándo te vas a quedar en España?
3 ¿Con quién estás? 4 ¿De quién es esto? 5 ¿Contra quién peleas?
6 ¿Hasta qué hora duermes? 7 ¿Para qué quieres esto? 8 ¿Desde qué edad puedes entrar?
9 ¿Sobre qué hablan?

memo
[nota]

08 이 표현 꼭 외우자!
의문사 활용하기

1 남자친구 있어요?

VICTOR
¿Tiene usted novio?
띠에네 / 우쓰뗄 / 노비오?
가지고 있다 / 당신은 / 남자친구?

JULIA
Sí, tengo novio.
씨, 뗑고 / 노비오.
네, 가지고 있다 / 남자친구.

VICTOR
¿Dónde está?
돈데 에쓰따?
어디 있다?

JULIA
Él está en el trabajo.
엘 에쓰따 / 엔 / 엘 뜨라바호.
그는 ~있다 / ~안에 / 직장.

VICTOR
¿A estas horas?
아 에쓰따쓰 / 오라쓰?
이런 ~에 / 시간들?

JULIA
Sí, él tiene mucho trabajo.
씨, 엘 띠에네 / 무초 뜨라바호.
네, 그는 가지고 있다 / 많은 일.

Pero va a venir aquí.
뻬로 / 바 / 아 베니르 / 아끼.
하지만 / 할 것이다 / 오는 것 / 여기로.

V : 남자친구 있으세요?
J : 네, 남자친구 있어요.
V : 어디에 있어요?
J : 직장에 있어요.
V : 이 시간에요?
J : 네, 일이 많아서요.
하지만 여기로 올 거예요.

TIP

Novio

연인을 지칭하는 '여자친구, 남자친구' 그리고 결혼식에서 말하는 '신랑, 신부'를 Novio[노비오], Novia[노비아]라고 합니다.

Trabajo

알고 있으면 정말 유용한 단어입니다. '일, 직장, 숙제'의 의미를 모두 가지고 있습니다.

Aquí

Aquí는 '여기', '이곳'을 의미합니다. 그렇다면 '저기', '저곳'을 의미하는 단어는 무엇일까요? 바로 'allí'입니다.

VICTOR

¿Cuándo viene?

꾸안도 비에네?
언제 옵니까?

JULIA

Él viene en 5 minutos.

엘 비에네 / 엔 / 씽꼬 미누또쓰.
그는 옵니다 / ~안에 / 5분.

VICTOR

La dejo entonces.

을라 데호 / 엔똔쎄쓰.
당신을 남겨두다 / 그렇다면.

V : 언제 오는데요?
J : 5분 뒤에 와요.
V : 저는 이만 가봐야겠네요.

2 o점 맞겠네.

TELESA

¿Estás bien Miguel?

에쓰따쓰 / 비엔 / 미겔?
(너는) ~상태이다 / 좋은 / 마이클(남성이름)?

MIGUEL

Estoy bien. ¿Y tú Teresa?

에쓰또이 / 비엔. 이 / 뚜 / 떼레싸?
(나는) ~상태이다 / 좋은. 그리고 / 너는 / 테레사(여성이름)?

TELESA

Yo estoy bien. ¿Revisaste mucho?

요 에쓰또이 / 비엔. 레비싸쓰떼 / 무초?
나는 ~상태이다 / 좋은. 복습했다 / 많이?

MIGUEL

¿Qué quieres decir?

께 / 끼에레쓰 / 데씨르?
무엇을 / 원하다 / 말하는 것?

T : 마이클, 잘 지내?
M : 나는 잘 지내지, 테레사 너는?
T : 나도 잘 지내. 복습 잘했어?
M : 무슨 말이야?

TIP

La dejo entonces

직역하면 '나는 그럼 당신을 두겠습니다'이지만, '저는 이만 가보겠습니다'라는 의미로 사용되는 표현입니다. 영어의 'I've gotta leave you now'와 비슷합니다.

Miguel

한국에서도 유명한 맥주 San Miguel, 다들 한 번쯤은 들어보셨죠? 아쉽게도 많은 사람이 [싼 미겔]을 [싼 미구엘]이라고 하는데 이는 잘못된 발음입니다. 기억하세요. gue는 '게' 발음입니다.

08 이 표현 꼭 외우자!
의문사 활용하기

TELESA

Tenemos un examen
떼네모쓰 / 운 엑싸멘 /
(우리는) 가지고 있다 / 시험이 /

de matemáticas hoy.
데 마떼마띠까쓰 / 오이.
수학의 / 오늘.

MIGUEL

¿Qué? No es verdad.
께? 노 / 에쓰 / 베르닫.
뭐? [부정] / ~이다 / 사실.

TELESA

Sí, es verdad.
씨, / 에쓰 / 베르닫.
맞아, / ~이다 / 사실.

MIGUEL

¿Desde cuándo?
데쓰데 / 꾸안도?
~부터 / 언제?

TELESA

Desde la semana pasada.
데쓰데 / 을라 쎄마나 / 빠싸다.
~부터 / 주 / 지난.

MIGUEL

Voy a sacar un 0.
보이 / 아 싸까르 / 운 쎄로.
할 것이다 / 꺼내는 것을 / 0을.

T : 오늘 수학 시험 있잖아.
M : 뭐라고? 거짓말이지?
T : 아니, 진심인데.
M : 언제 말했어?
T : 저번 주부터 있었지.
M : 0점 맞겠네.

TIP

Matemáticas
스페인 학생들은 Matemáticas '수학'을 줄여서 Mates라고 부릅니다. 하지만 아르헨티나와 파라과이 같은 남미 지방에서 Mates는 '마테차'를 뜻합니다!

Desde
Desde는 '~에서', '~로부터'를 의미하는 전치사입니다. 장소, 시간, 순서나 범위 등을 나타내는 단어입니다.

Voy a sacar un 0
스페인은 결과에 대해 이야기할 때 100점 만점이 아닌, 10점 만점으로 칩니다.

3 그런 상태로 어디를 가는 거야?

VICTOR
¿A dónde vas así?
아 돈데 바쓰 / 아씨?
어디를 가다 / 그렇게?

ALEJANDRA
Afuera.
아푸^{f}에라.
밖에.

VICTOR
¿Afuera dónde?
아푸^{f}에라 돈데?
밖에 어디?

ALEJANDRA
Voy a ver a mis amigos.
보이 / 아 베르 / 아 미쓰 아미고쓰.
할 것이다 / 보는 것을 / 나의 친구들을.

VICTOR
¿Qué amigos?
께 아미고쓰?
무슨 친구들?

ALEJANDRA
Mis amigos del colegio.
미쓰 아미고쓰 / 델 꼴레히오.
나의 친구들 / 학교의.

V : 그런 꼬락서니로 어디를 가는 거야?
A : 밖에.
V : 밖에 어디?
A : 친구들 보러 가.
V : 친구들 누구?
A : 학교 친구들.

TIP

Así

Así는 '그렇게', '이렇게'를 의미하는 단어입니다. 영어의 'like this', 'like that'과 같죠.

Hazlo así.
[아쓸로 아씨]
이렇게 해.

¿A dónde vas así?
[아 돈데 바쓰 아씨]
그렇게 하고 어디 가니?

Afuera

Afuera는 '밖에, 밖으로'를 의미합니다. 그렇다면 반대말도 배워야겠죠? '안에, 안으로'를 의미하는 스페인어는 'adentro'입니다.

Colegio

Colegio는 초등학교를 의미합니다. 스페인의 중고등학교는 'instituto', 혹은 'bachillerato'라고 부릅니다.

Primaria : 초등학교
Secundaria : 중학교와 고등학교 1학년
Bachillerato : 고등학교 2~3학년

08 이 표현 꼭 외우자! 의문사 활용하기

VICTOR
Quiero nombres.
끼에로 / 놈브레쓰.
(나는) 원하다 / 이름들을.

ALEJANDRA
Lucas, Carlos, Kevin.
을루까쓰, 까를로쓰, 께빈.
루카스(남성이름), 찰스(남성이름), 케빈(남성이름).

VICTOR
No te lleves con ellos.
노 / 떼 / 예베쓰 / 꼰 / 에요쓰.
(부정) / 너를 / 가져가다 / 함께 / 그들.

ALEJANDRA
¡Ellos son mis amigos!
에요쓰 쏜 / 미쓰 아미고쓰!
그들은 ~이다 / 나의 친구들!

VICTOR
¿Vas a seguir
바쓰 / 아 쎄기르 /
할 것이다 / 계속 ~것을 /

haciendo travesuras con ellos?
아씨엔도 / 뜨라베쑤라쓰 / 꼰 / 에요쓰?
하는 중 / 말썽 / 함께 / 그들?

ALEJANDRA
Vamos a ir a pasear.
바모쓰 / 아 이르 / 아 빠쎄아르.
할 것이다 / 가는 것 / 산책을.

VICTOR
Y hacer travesuras.
이 / 아쎄르 / 뜨라베쑤라쓰.
그리고 / 하다 / 말썽들.

V : 이름 대.
A : 루카스랑 찰스랑 케빈.
V : 그 애들이랑 다니지 마.
A : 내 친구들이야!
V : 그 애들이랑 또 바보 같은 짓을 할 거잖아!
A : 돌아다닐 거야.
V : 그리고 바보 같은 짓도 하겠지.

TIP

Con

Con은 '~와', '~와 함께', '~와 더불어'의 뜻을 가진 전치사입니다.

Café con leche
[까페f 꼰 을레체]
우유를 탄 커피

Voy al cine con mi novio.
[보이 알 씨네 꼰 미 노비오]
나는 남자친구와 영화관에 가.

Travesuras

Hacer travesuras는 '말썽부리다, 장난을 치다'입니다. 그렇다면 장난꾸러기, 말썽쟁이는 뭐라고 부를까요? 바로 'travieso', 'traviesa'라고 합니다.

Ella es muy traviesa.
[에야 에쓰 무이 뜨라비에싸]
: 그녀는 아주 장난꾸러기야.

Mi hijo es muy travieso.
[미 이호 에쓰 무이 뜨라비에쏘]
: 내 아들은 아주 장난꾸러기야.

ALEJANDRA

Uf. me voy.

우프^{f}, 메 보이.
아이고 (의성어), 나는 가다.

VICTOR

No, itú no sales!

노, 뚜 / 노 / 쌀레쓰!
아니, 너는 / (부정) / 나가!

¡Bam!

밤!
쾅 (의성어) !

A : 어휴, 나 나간다.
V : 아니, 너 나가지 마!
쾅!

4 오늘 우리 만나기로 했잖아.

YAMILI

¿Hola Pablo?

올라 / 빠블로?
여보세요 / 파블로 (남성이름) ?

PABLO

Sí, Yamili. ¿Qué pasa?

씨, 야밀리. 께 빠싸?
응, 야밀리 (여성이름). 무슨 일이야?

YAMILI

¿Dónde estás?

돈데 에쓰따쓰?
어디 있다?

Y : 여보세요, 파블로?
P : 응 야밀리, 무슨 일이야?
Y : 너 어디야?

TIP

Uf

Uf는 스페인어의 감탄사입니다. Uf는 피로나 불쾌함을 나타내기도 하지만 혐오를 나타낼 때도 많이 사용됩니다.

PABLO
Estoy sentado en un banco.
에쓰또이 / 쎈따도 / 엔 / 운 방꼬.
(나는) ~있다 / 앉아서 / ~안에 / 벤치.

YAMILI
¿Un banco?
운 방꼬?
하나의 벤치?

¿Dónde está ese banco?
돈데 에쓰따 / 에쎄 방꼬?
어디 있다 / 그 벤치?

PABLO
En el parque al lado de mi casa.
엔 / 엘 빠르께 / 알 을라도 / 데 미 까싸.
~안에 / 공원 / ~옆에 / 나의 집.

YAMILI
¿Por qué estás allí?
뽀르 께 / 에쓰따쓰 / 아이?
왜 / ~있다 / 거기?

PABLO
¿Qué quieres decir?
께 / 끼에레쓰 / 데씨르?
무엇을 / 원하다 / 말하는 것?

YAMILI
Hoy tenemos una cita.
오이 / 떼네모쓰 / 우나 씨따.
오늘 / (우리는) 가지고 있다 / 하나의 약속.

P : 나는 벤치에 앉아있어.
Y : 벤치에?
벤치가 어디에 있어?
P : 우리 집 옆에 있는 공원에 있어.
Y : 왜 거기에 있는 거야?
P : 무슨 말이야?
Y : 오늘 우리 만나기로 약속했잖아.

TIP

Banco
banco는 '은행'을 의미하기도 합니다.

Me siento en el banco del parque.
[메 씨엔또 엔 엘 방꼬 델 빠르께]
: 나는 공원에 있는 벤치에 앉는다.

Voy al banco a sacar dinero.
[보이 알 방꼬 아 싸까르 디네로]
: 나는 출금하기 위해 은행에 간다.

Cita
Cita는 '데이트'를 뜻하기도 하지만 '약속'이라는 뜻도 있습니다.

Tengo cita con el médico.
[뗑고 씨따 꼰 엘 메디꼬]
: 병원에 예약돼 있어.

Tengo una cita con mi novia.
[뗑고 우나 씨따 꼰 미 노비아]
: 여자친구와 데이트를 해.

¿Cómo? ¿A qué día estamos hoy?

PABLO

꼬모? 아 / 께 디아 / 에쓰따모쓰 / 오이?
뭐라고? ~에 / 무슨 요일 / (우리는) ~있다 / 오늘?

Hoy es viernes.

YAMILI

오이 / 에쓰 / 비에르네쓰.
오늘 / ~이다 / 금요일.

¡Ay caramba!

PABLO

아이 까람바!
아 이런!

P : 뭐라고? 오늘 무슨 요일인데?
Y : 오늘 금요일이잖아!
P : 이런…

TIP

¿A qué día estamos hoy?

직역하자면 '우리 어떤 날에 있어?'지만, '오늘이 무슨 요일이야?'라는 의미로 사용됩니다.

Caramba

Caramba는 놀라움, 당황과 분노를 나타내는 단어입니다. 한국말로 번역하면 '이런!' 또는 '저런!' 정도가 되겠죠?

5 무엇을 찾으시나요?

Buenos días, señora.

JAVIER

부에노쓰 디아쓰, 쎄뇨라.
좋은 날들, 부인.

¿Qué es lo que busca?

께 에쓰 / 을로 께 / 부쓰까?
무엇을 / ~하는 것 / 찾다?

Me gustaría un kilo de tomates y una lechuga, por favor.

RAQUEL

메 구쓰따리아 / 운 낄로 데 또마떼쓰 /
이 / 우나 을레추가, 뽀르 파f보르.
나는 원할 것이다 / 1킬로의 토마토들 /
그리고 / 하나의 양상추, 부탁합니다.

J : 안녕하세요, 부인.
무엇을 찾으시나요?
R : 토마토 1킬로그램이랑 양상추 하나 주세요.

Tomates

스페인은 세계 최고 토마토 생산국 5위 안에 들 정도로 많은 토마토를 재배합니다. 다들 한 번쯤 스페인 토마토 축제 '토마티나'에 대해서 들어보셨을 법한데요. 토마티나는 1945년에 몇몇 소년들이 축제에서 노점에 있던 채소를 던지며 싸움을 벌인 것으로부터 시작됐습니다. 축제에 모여 있던 군중들도 합류하여 토마토를 던지며 싸우기 시작했고, 경찰이 제지할 때까지 끝나지 않았다고 합니다. 그러나 다음 해에도 사람들의 토마토 싸움은 계속되었고, 그것이 오늘날까지 이어져 스페인의 대표적인 축제로 발전한 것입니다.

시의회는 참가자와 축제의 안전을 위해 다음과 같은 몇 가지 지침을 제시하고 있습니다.

- 부상을 방지하기 위해 으깬 토마토만 던질 수 있습니다.
- 토마토를 제외한 발사체는 허용되지 않습니다.
- 참가자들은 트럭이 지나갈 수 있는 거리를 확보해야 합니다.
- 토마토 던지기를 마치는 신호 후에는 더는 던질 수 없습니다.

08 이 표현 꼭 외우자!
의문사 활용하기

JAVIER
¿Necesita alguna otra cosa?
네쎄씨따 / 알구나 / 오뜨라 꼬싸?
필요하다 / 어떤 / 다른 것들?

RAQUEL
¡Ah sí! ¿Tiene usted cerezas?
아 씨! 띠에네 / 우쓰뗃 / 쎄레싸쓰?
아 네! 가지고 있다 / 당신 / 체리들?

JAVIER
No señora. Todavía no es la temporada de cerezas.
노 쎈뇨라. 또다비아 / 노 에쓰 / ㄹ라 뗌뽀라다 / 데 쎄레싸쓰.
아니요 부인. 아직 / (부정) ~이다 / 제철 / 체리들의.

Sino, tengo uvas.
씨노, 뗑고 / 우바쓰.
아니면, 가지고 있다 / 포도들.

RAQUEL
No, gracias. voy bien.
노, 그라씨아쓰. 보이 비엔.
아뇨, 감사합니다. 괜찮습니다.

¿Cuándo es la temporada de cerezas?
꾸안도 / 에쓰 / ㄹ라 뗌뽀라다 / 데 쎄레싸쓰?
언제 / ~이다 / 제철 / 체리들의?

JAVIER
Es en verano, alrededor de junio.
에쓰 / 엔 / 베라노, 알레데도르 / 데 후니오.
~이다 / ~안에 / 여름, 주변 / 6월에.

RAQUEL
¿Qué frutas tropicales tiene?
께 / 프f루따쓰 / 뜨로삐깔레쓰 / 띠에네?
어떤 / 과일들 / 열대 / 가지고 있다?

J : 필요하신 거 더 있나요?
R : 아, 네. 체리 있나요?
J : 아뇨, 부인, 아직 체리의 제철이 아니에요.
포도는 있습니다.
R : 아뇨, 괜찮습니다.
체리의 제철이 언제예요?
J : 여름입니다, 6월쯤이요.
R : 열대 과일은 무엇이 있나요?

TIP

¿Necesita alguna otra cosa?
'필요하신 게 더 있으신가요?'라는 문장으로 장을 보러 가면 자주 들을 수 있는 표현입니다.

Sino , Si no
No me gustan los gatos, sino los perros.
[노 메 구스딴 올로스 가또스, 씨노 올로스 뻬로스]
나는 고양이를 좋아하는게 아니라 강아지를 좋아한다.

Si no estudias, no aprobarás.
[씨 노 에쓰뚜디아쓰, 노 아쁘로바라쓰]
너는 공부하지 않으면, 불합격할거다.

Voy bien
직역하면 '잘 가고 있어요'이지만, 해석하면 '괜찮습니다'입니다. 알아두면 유용한 구어체 표현입니다.

Alrededor
Alrededor는 '주위에', '주변에', '근처에'를 의미하기도 하지만 '대략', '가량', '~정도'를 뜻하기도 합니다.

Alrededor de Junio.
[알레데도르 데 후니오]
6월쯤에.

Alrededor de mi casa.
[알레데도르 데 미 까싸]
나의 집 주위에.

JAVIER
Tengo piñas y granadas.
뗑고 / 삔냐쓰 / 이 / 그라나다쓰.
가지고 있다 / 파인애플들 / 그리고 / 석류들.

RAQUEL
Voy a llevarme una piña también.
보이 / 아 예바르메 / 우나 삔냐 / 땀비엔.
할 것이다 / 가져가는 것 / 하나의 파인애플 / 또한.

¿Cuánto es en total?
꾸안또 에쓰 / 엔 / 또딸?
얼마 ~이다 / ~안에 / 합계?

JAVIER
2,50€ los tomates, 90 céntimos la lechuga y 1,50€ la piña.
도쓰, 씽꾸엔따 / 올로쓰 또마떼쓰, 노벤따 쎈띠모쓰 / 올라 올레추가 / 이 / 우노,씽꾸엔따 / 올라 삔냐.
2.50유로 / 토마토들, 90센트 /
양상추 / 그리고 / 1유로50센트 / 파인애플.

4,90€ en total.
꾸아뜨로,노벤따 / 엔 / 또딸.
4.90유로 입니다 / ~안에 / 합계.

RAQUEL
Aquí tiene, gracias. Adiós.
아끼 띠에네, 그라씨아쓰. 아디오쓰.
여기 있습니다, 감사합니다. 안녕히 계세요.

JAVIER
Adiós señora.
아디오쓰 / 쎈뇨라.
안녕히 가세요 / 부인.

J : 파인애플과 석류가 있습니다.
R : 파인애플도 하나 주세요.
합쳐서 얼마예요?
J : 자, 토마토 2유로 50센트, 양상추 90센트,
그리고, 파인애플 1유로 50센트. 총 4유로 90센트입니다.
R : 여기요. 감사합니다. 안녕히 계세요.
J : 안녕히 가세요.

TIP

Granada
스페인어에서 석류는 granada[그라나다]라고 부릅니다. 그리고 '수류탄'이나 '유탄'을 의미하기도 합니다. 스페인 알람브라 궁전도 안달루시아 자치 지방의 그라나다 주에 있습니다.

90 céntimos
공식적으로 1유로는 100céntimos입니다. 유로화를 사용하기 이전에는 스페인 화폐가 peseta[뻬쎄따]였는데, 당시 스페인 화폐의 최하위 단위는 '쎈띠모'였습니다.

Adiós
Adiós는 A Dios에서 유래된 말입니다. A Dios를 직역하면 '하느님에게, 주에게'를 의미합니다. 유일신을 믿는 종교에서는 신을 부를 때 무조건 대문자로 시작합니다. 따라서 Dios는 유일신인 하나님을 뜻합니다. 스페인은 천주교 국가이기 때문에 유일신을 의미하는 Dios를 사용합니다. 반면, 소문자로만 적혀 있는 dios는 보편적인 신을 뜻합니다. 이와 관련한 표현 한 가지를 더 배워보겠습니다. ¡Dios Mio! [디오쓰 미오!] 'oh my God!'

6 같이 축구 할래?

ALBERTO
Hey Vicente. ¿Quieres jugar al fútbol?
에이 비쎈떼. 끼에레쓰 / 후가르 / 알 풋ᶠ볼?
어이 빈센트(남성이름). 원하다 / 노는 것 / 축구를?

VICENTE
No, lo siento Alberto. No puedo.
노, 을로 씨엔또 / 알베르또. 노 뿌에도.
아니, 미안해 / 알버트(남성이름). (부정) 할 수 있다.

ALBERTO
¿Por qué no puedes?
뽀르 께 / 노 뿌에데쓰?
왜 / (부정) 할 수 있다?

VICENTE
Porque tengo que ir a algún sitio.
뽀르께 / 뗑고 께 / 이르 / 아 / 알군 씨띠오.
왜냐하면 / (나는) ~해야 한다 / 가다 / ~로 / 어느 장소.

ALBERTO
¿A dónde vas?
아 / 돈데 / 바쓰?
~로 / 어디 / 가다?

VICENTE
Tengo que ir al dentista.
뗑고 께 / 이르 / 알 덴띠쓰따.
(나는) ~해야 한다 / 가다 / 치과의사에게.

A : 빈센트, 같이 축구 할래?
V : 아니, 미안해 알버트, 지금은 축구 못 해.
A : 왜 못 해?
V : 어디 가야 하거든.
A : 어디 가는데?
V : 치과에 가야 해.

TIP

Lo siento
Lo siento를 직역하면 '저는 느껴요'라는 뜻이지만, 보통은 '죄송합니다, 미안합니다'를 의미합니다.

Algún
Algún이 단수일 경우에는 '어느, 어떤'이라는 뜻이지만, 복수인 경우 (algunos / algunas)에는 '몇몇, 약간의'라는 뜻도 가지게 됩니다.

Alguna cosa
[알구나 꼬싸]
: 어떤 것, 무언가

Algunos amigos
[알구노쓰 아미고쓰]
: 몇몇 친구들

Dentista
Odontologo[오돈똘로고]도 '치과의사'를 의미합니다. 그리고 치과는 odontología[오돈똘로히아]라고 합니다. 이렇게 직업 뒤에 -ia라는 어미를 붙이면 장소가 됩니다.

Panadero[빠나데로] : 제빵사
Panadería[빠나데리아] : 빵집
Peluquero[뻴루께로] : 이발사
Peluquería[뻴루께리아] : 이발소

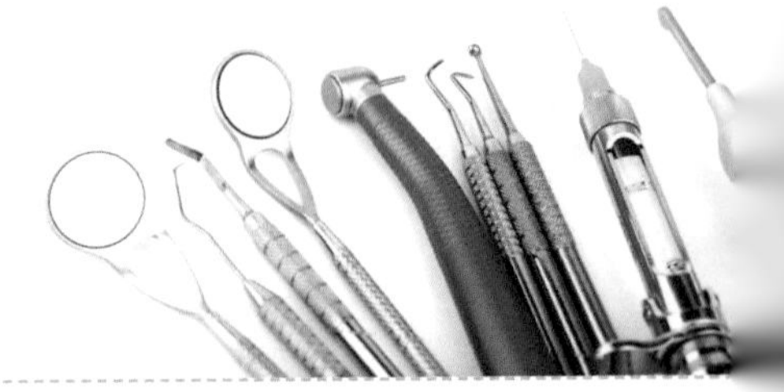

ALBERTO
¿Cuándo regresas?
꾸안도 / 레그레싸쓰?
언제 / 돌아오다?

VICENTE
Regreso en una hora.
레그레쏘 / 엔 / 우나 오라.
돌아오다 / ~안에 / 한 시간.

ALBERTO
Vale.
발레.
알겠어.

Te esperamos en el campo de fútbol.
떼 / 에쓰뻬라모쓰 / 엔 / 엘 깜뽀 데 풋[f]볼.
너를 / 기다리다 / ~안에서 / 축구 경기장.

VICENTE
¿Cuántos sois?
꾸안또쓰 / 쏘이쓰?
얼마나 / 너희는?

ALBERTO
Somos nueve, diez contigo.
쏘모쓰 / 누에베, 디에쓰 / 꼰띠고.
(우리는) ~이다 / 9, 10 / 너랑.

VICENTE
¿Quiénes hay?
끼에네쓰 / 아이?
누구들이 / ~있다?

A : 언제 돌아와?
V : 1시간 뒤에 돌아와.
A : 알았어,
그러면 우리는 축구장에서 기다리고 있을게.
V : 너희 몇 명인데?
A : 우리는 아홉 명이야, 너까지 하면 열 명.
V : 누구누구 있어?

TIP

Campo de fútbol

Campo는 '땅, 토지'의 뜻을 가지고 있지만 '어떤 활동을 위한 장소, 장, 터'의 뜻도 가지고 있습니다. 그래서 **campo de fútbol**이라고 하면 '축구장', **campo de batalla**라고 하면 '전쟁터'가 되는 거죠.

ALBERTO

Hay personas de nuestra clase, como Roberto, Ignacio y Alejandro.

아이 / 뻬르쏘나쓰 / 데 누에쓰뜨라 끌라쎄, 꼬모 /
로베르또, 익나씨오, 이 알레한드로
~있다 / 사람들 / 우리 반의, ~와 같은 /
로버트(남성이름), 익나시오(남성이름), 그리고 알렉산더(남성이름).

y también hay amigos.

이 / 땀비엔 / 아이 / 아미고쓰.
그리고 / 또한 / ~있다 / 친구들.

VICENTE

Vale, nos vemos en una hora.

발레, 노쓰 베모쓰 / 엔 / 우나 오라.
알겠어, 우리는 보다 / ~안에 / 한 시간.

A : 우리 반 애들 로버트, 이그나시오, 알렉산더
그리고 몇몇 친구들도 있어.
V : 알겠어, 1시간 뒤에 보자.

TIP

Como

Como는 영어의 'like'와 같은 뜻을 가지고 있습니다. '~처럼', '~과 같이'를 의미하지요.

Como antes.
[꼬모 안떼쓰]
Like before.
예전처럼

Nos vemos en un hora

'보다'의 뜻으로 사용되는 동사는 불규칙 동사 'ver'입니다. 직역하면 '서로를 보다.'이지만, 여기서는 '만나다'를 의미합니다.

7 알래스카로 가.

CARLOTA

Tío, me voy de viaje en unas semanas.

띠오, 메 보이 / 데 비아헤 / 엔 / 우나쓰 쎄마나쓰.
야, 나는 갈 것이다 / 여행하러 / ~안에 / 몇 주들.

YOOMIN

¿A dónde vas de viaje?

아 돈데 / 바쓰 / 데 비아헤?
어디 / 가다 / 여행하러?

CARLOTA

Me voy a Alaska.

메 보이 / 아 알라쓰까.
나는 갈 것이다 / 알래스카로.

C : 나 몇 주 뒤에 여행 가.
Y : 여행 어디로 가?
C : 알래스카로 가.

Tío

Tío / tía를 직역하면 삼촌을 의미하지만 스페인에서는 친한 젊은 남자나 여자를 부를 때 사용되기도 합니다. 쉽게 이야기하면 '야'와 같은 의미죠.

YOOMIN ¿A Alaska? ¿Por qué?
아 알라쓰까? 뽀르 께?
알래스카에? 왜?

CARLOTA Porque quiero ver pingüinos.
뽀르께 / 끼에로 / 베르 / 삥귀노쓰.
왜냐하면 / 원하다 / 보다 / 펭귄들.

YOOMIN Pero en Alaska no hay pingüinos.
뻬로 / 엔 / 알라쓰까 / 노 / 아이 / 삥귀노쓰.
하지만 / ~안에 / 알래스카 / 부정 / 있다 / 펭귄들.

CARLOTA ¿Qué dices?
께 / 디쎄쓰?
무슨 / 말하다?

Y : 알래스카에? 왜?
C : 펭귄이 보고 싶어서.
Y : 알래스카에는 펭귄이 없는걸.
C : 그게 무슨 말이야?

TIP

A Alaska? / To Alaska?
a는 '어디로'를 의미하는 전치사입니다. 영어의 전치사 'to'와 비슷합니다.

En Alaska / In Alaska
en는 '~안에 / ~안에서'를 의미하는 전치사입니다. 영어의 전치사 'in'과 비슷합니다.

YOOMIN

Los pingüinos viven en la Antártida,

을로쓰 삥귀노쓰 / 비벤 / 엔 / 을라 안따르띠다,
펭귄들은 / 산다 / ~안에 / 남극,

en África del Sur, en Chile, etcétera.

엔 / 아프f리까 델 쑤르, 엔 칠레, 엣쎄떼라.
~안에 / 아프리카 남부, ~안에 / 칠레, 등등.

Hay osos polares en Alaska.

아이 / 오쏘쓰 / 뽈라레쓰 / 엔 / 알라쓰까.
~있다 / 곰들 / 극지대 / ~안에 / 알래스카.

CARLOTA

No me gustan los osos polares.

노 / 메 구쓰딴 / 을로쓰 오쏘쓰 뽈라레쓰.
부정 / 나는 좋아하다 / 북극곰들을.

YOOMIN

¡Los osos polares son tan lindos!

을로쓰 오쏘쓰 뽈라레쓰 쏜 / 딴 을린도쓰!
북극곰들은 ~이다 / 엄청 귀여운!

CARLOTA

No, tengo que cambiar la destinación.

노, 뗑고 께 / 깜비아르 / 을라 데쓰띠나씨온.
아니, (나는) ~해야 한다 / 바꾸는 것 / 목적지.

YOOMIN

¿A dónde quieres ir?

아 돈데 / 끼에레쓰 / 이르?
어디로 / 원하다 / 가다?

Y : 펭귄들은 남극, 남아프리카, 칠레 같은 곳에 살아.
알래스카에는 북극곰이 있어.
C : 나는 북극곰을 좋아하지 않아.
Y : 북극곰들이 얼마나 귀여운데!
C : 아니야, 목적지를 바꿔야 해.
Y : 어디가 가고 싶은데?

TIP

Etcétera.

스페인에서도 영어와 마찬가지로 '등등'을 나타낼 때 라틴어의 **etcétera** (스페인식 발음)를 사용합니다.

Lindo

Lindo는 '귀여운'을 뜻하는 형용사입니다. 예쁘거나 귀여운 여성을 가리킬 때는 성에 맞춰 **linda** 라고 부릅니다.

CARLOTA

Me voy a Chile.

메 보이 / 아 칠레.
나는 갈 것이다 / 칠레로.

YOOMIN

¿Por qué a Chile?

뽀르 께 / 아 칠레?
왜 / 칠레로?

CARLOTA

Quiero ver pingüinos y lamas.

끼에로 / 베르 / 삥귀노스 / 이 / 을라마스.
원하다 / 보다 / 펭귄들 / 그리고 / 라마들.

YOOMIN

¡Buen viaje!

부엔 비아헤!
좋은 여행!

C : 칠레로 가겠어.
Y : 칠레는 왜?
C : 펭귄이랑 라마를 보고 싶어.
Y : 즐거운 여행을 하기 바랄게!

TIP

Chile

남미에 있는 나라 **Chile**는 '고추'를 의미하기도 합니다.

Pingüinos

Pingüinos라는 단어에는 '**diéresis**'가 들어갑니다. 즉, 일반 '**u**'가 아닌 '**ü**'가 들어간다는 말이죠. 그렇기 때문에 '삥기노쓰'가 아닌 '삥귀노쓰'라고 발음해야 한다는 것을 잊지 마세요!